OSCE

歐洲安全暨合作組織與巴爾幹──東南歐任務團

吳萬寶 著

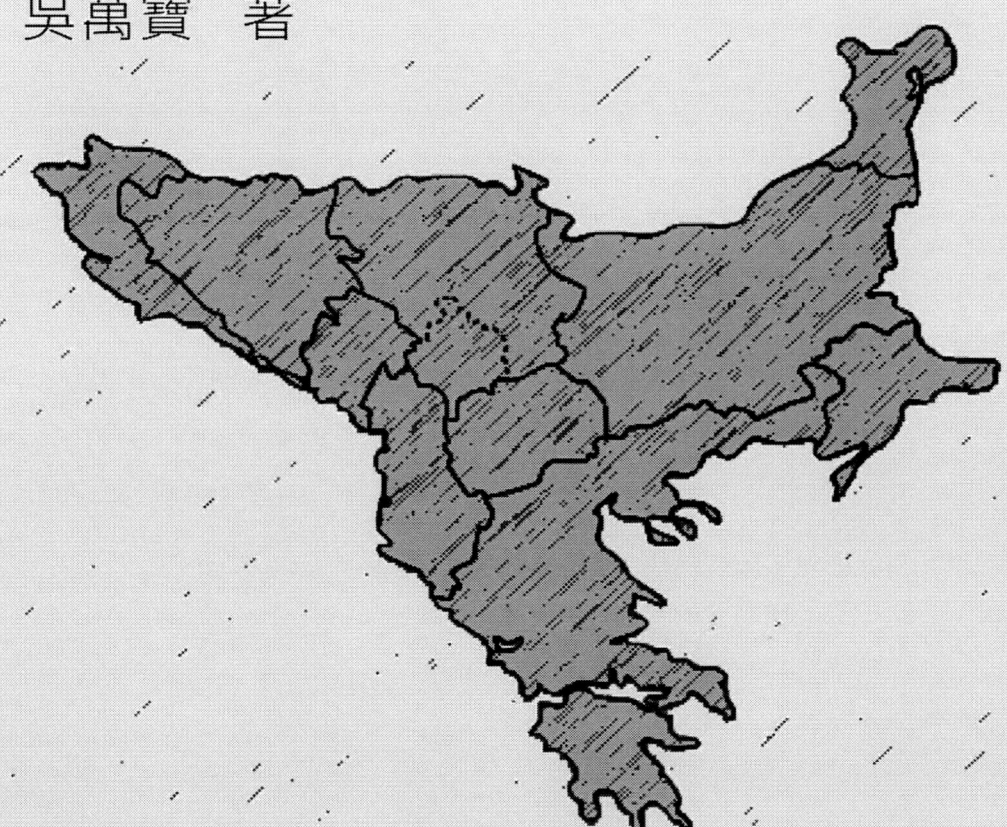

天空數位圖書出版

目錄

表目錄・III

圖目錄・IV

序・01

前言・02

第壹章　歐安組織與長期任務團／13

　　第一節　決策與行政機構……………………………… 14
　　第二節　長期任務團的源起…………………………… 36
　　第三節　長期任務團的制度與組織…………………… 42

第貳章　阿爾巴尼亞與歐安組織／57

　　第一節　歷史發展與概況……………………………… 59
　　第二節　阿爾巴尼亞任務團…………………………… 75
　　第三節　任務團的成效與困難………………………… 78
　　第四節　結語…………………………………………… 89

第參章　塞爾維亞與歐安組織／93

　　第一節　歷史發展與概況……………………………… 95
　　第二節　塞爾維亞任務團……………………………… 107
　　第三節　任務團的成效與困難………………………… 119
　　第四節　結語…………………………………………… 131

I

第肆章　蒙特內哥羅與歐安組織／133

　　第一節　歷史發展與概況 ·· 134
　　第二節　蒙特內哥羅任務團 ·· 152
　　第三節　任務團的成效與困難 ····································· 164
　　第四節　結語 ·· 169

第伍章　北馬其頓與歐安組織／171

　　第一節　歷史發展與概況 ·· 173
　　第二節　斯科普里任務團 ·· 183
　　第三節　任務團的成效與困難 ····································· 199
　　第四節　結語 ·· 203

第陸章　科索沃與歐安組織／207

　　第一節　歷史發展與概況 ·· 208
　　第二節　科索沃任務團 ··· 223
　　第三節　任務團的成效與困難 ····································· 241
　　第四節　結語 ·· 245

第柒章　波士尼亞與赫塞哥維納與歐安組織／247

　　第一節　歷史發展與概況 ·· 248
　　第二節　波士尼亞與赫塞哥維納任務團 ······················· 265
　　第三節　任務團的成效與困難 ····································· 270
　　第四節　結語 ·· 278

結論・282

參考文獻・287

表目錄

表 1：歐安組織任務團派駐情形一覽表（2022）⋯⋯⋯⋯⋯ 5

表 2：歐安組織年度預算一覽表（2010-2021）⋯⋯⋯⋯⋯ 34

表 3：歐安組織人員編制數目一覽表（2017-2020）⋯⋯⋯ 35

表 4：歐安組織派駐參與國各類任務團一覽表（2023.07）⋯ 40

表 5：2021 年歐安組織任務團人數與年度經費一覽表⋯⋯⋯ 52

表 6：阿爾巴尼亞任務團人數與年度經費一覽表
　　　（2016-2021）⋯⋯⋯⋯⋯⋯⋯⋯⋯⋯⋯⋯⋯⋯⋯⋯ 90

表 7：塞爾維亞任務團人數與年度經費一覽表（2016-2021） 119

表 8：蒙特內哥羅受訪民眾對北約與歐盟的意見調查⋯⋯⋯ 151

表 9：蒙特內哥羅任務團人數與年度經費一覽表
　　　（2016-2021）⋯⋯⋯⋯⋯⋯⋯⋯⋯⋯⋯⋯⋯⋯⋯⋯ 157

表 10：北約與歐盟在北馬其頓的軍事任務團⋯⋯⋯⋯⋯⋯ 182

表 11：斯科普里任務團人數與年度經費一覽表
　　　（2016-2021）⋯⋯⋯⋯⋯⋯⋯⋯⋯⋯⋯⋯⋯⋯⋯⋯ 199

表 12：科索沃任務團人數與年度經費一覽表（2016-2021）⋯ 242

表 13：岱頓協定有關波士尼亞與赫塞哥維納戰後重建事項
　　　一覽表⋯⋯⋯⋯⋯⋯⋯⋯⋯⋯⋯⋯⋯⋯⋯⋯⋯⋯⋯ 260

表 14：波赫各委員會成員組成分配一覽表⋯⋯⋯⋯⋯⋯⋯ 261

表 15：波赫任務團人數與年度經費一覽表（2016-2021）⋯ 279

表 16：歐安組織東南歐任務團工作項目一覽表（2022）⋯ 285

圖目錄

圖 1：東南歐簡圖···8

圖 2：歐安組織決策機構階層圖·····························17

圖 3：阿爾巴尼亞簡圖···59

圖 4：塞爾維亞簡圖···95

圖 5：南斯拉夫戰爭 1991-1999·····························106

圖 6：科索沃、山德亞克和沃伊沃地那簡圖················108

圖 7：蒙特內哥羅簡圖··134

圖 8：北馬其頓簡圖···173

圖 9：科索沃簡圖··209

圖 10：波士尼亞與赫塞哥維納簡圖·························248

序

　　撰寫本書費時約三年有餘，若再加上起心動念，以及 2023 年幾乎一整年的匿名審查，恐怕有五年之久。本書的主題圍繞著巴爾幹地區，撰寫過程中，腦海時常浮現洪茂雄教授的身影。洪老師堪稱為研究中東歐的先行者，早在官方護照內頁自我限制行動自由的年代（1969 年），即前往東歐旅遊。1991 年鐵幕崩塌後，親自帶領研究生前往巴爾幹走一遭。當時筆者正在德國求學，也親身經歷如天崩地裂的「歐洲大地震」，但卻未能如洪老師般前進中東歐，如今想來未免覺得遺憾。還好 30 年後完成這本有關西巴爾幹國家的書，總算了卻一件心中的憾事。

　　本書書稿曾於 2023 年 2 月申請國科會人文社會科學研究中心期刊審查專書書稿，通過資格審後，進入書稿實質審查。經《歐美研究》編輯委員會和三位匿名審查專家的初審和複審，最終獲得推薦出版（國科會人社中心函，發文字號：人社中發字第 11212290001 號）。筆者感謝國科會人社中心的補助，感謝《歐美研究》編輯委員會的辛勞，更感謝三位學術先進提出的獨到見解與精闢建議。他們的建議，有些是筆者在撰寫過程時未曾注意，或者疏漏的地方。本書經三位專家的慧眼過目，更完善不少。

　　淡江大學為筆者的母校，亦是目前服務的學校。筆者衷心感謝淡江提供的幽靜環境，可讓我專心寫作，儘管兼職的行政工作，有時挺煩瑣的。筆者才疏學淺，書中若尚有疏漏之處，文責當然由筆者承擔。

吳萬寶
外語大樓 FL509 室
2024.09

前言

歐洲安全暨合作組織（Organization for Security and Co-operation in Europe，以下簡稱歐安組織）在描述組織所涵蓋的區域時，總是以「從渥太華到海參崴」（from Vancouver to Vladivostok）來彰顯其規範與義務適用的地理廣闊性。[1] 若以通用的地理名稱和國家來看，歐安組織包含北美的加拿大和美國、整個歐洲（含土耳其和俄羅斯的亞洲領土）、中亞五國、南高加索[2]，以及亞洲的蒙古國，大概就是北緯 38 度線以北的大部分國家。

歐安組織的名稱雖冠上歐洲兩字，其現今的涵蓋範圍卻遠超過歐洲的疆域之外。其實在 1990 年以前，中亞五國和南高加索地區國家皆屬於蘇維埃社會主義共和國聯邦（Union of Soviet Socialist Republics，以下簡稱前蘇聯）。因此歐安組織的歐洲兩字，還算名符其實。

歐安組織並非是二戰後，歐洲大陸上唯一且首創的國際組織，它卻是將所有歐洲國家（除了阿爾巴尼亞和安道爾侯國以外）和美國與加拿大，納入對話框架內的組織。二戰結束後，（西）歐美國家為了永久解決困擾歐洲長達百年之久的「德國問題」，相繼簽署或建立具軍事防衛性質的布魯塞爾條約（Treaty of Brussels 1948）和西歐聯盟（Western European Union 1954），以及涵蓋美國和加拿大在內的北大西洋公約組織（The North Atlantic Treaty Organization，以下簡稱北約）；在經濟方面則是建立日後發展成為歐洲聯盟（European Union，以下簡稱歐盟）

---

[1] 歐安組織的前身為歐洲安全暨合作會議（簡稱為歐安會議）。除非有特別需要之處，為全書行文方便，會以歐安組織來稱呼 1994 年更名前的歐安會議。

[2] 高加索地區（Caucasus）指的是高加索山脈涵蓋的地區，共有四個國家（俄羅斯、喬治亞、亞美尼亞和亞塞拜然），面積約 44 萬平方公里之廣。土耳其和伊朗算是與高加索地區接壤的國家。高加索山脈以北稱之為北高加索或內高加索，以俄羅斯為主；以南稱之為南高加索或外高加索，喬治亞、亞美尼亞和亞塞拜然皆屬之。除了這四個國家之外，高加索地區還有一些隸屬俄羅斯的自治共和國，或是不被國際社會承認的共和國，如喬治亞境內的阿布哈茲和南奧塞提亞。

2

的歐洲煤鋼共同體（European Coal and Steel Community）。這三個組織的核心目標可以說是預防德國軍事主義再起，以及把德國牢牢「綁」在西方的陣營內。北約還有另外兩個目標，亦即將美國含蓋在內，而把前蘇聯阻擋在外。[3]

面對西方的軍事與經濟整合，以前蘇聯為首的中東歐社會主義國家，亦在其領導下成立華沙公約組織（Warsaw Treaty Organization）和經濟互助委員會（Council for Mutual Economic Assistance）以資抗衡。兩大集團的互相對峙，以及彼此所具有的互相毀滅能力，促成兩方思考如何建立歐洲的集體安全制度，最終促成歐洲安全暨合作會議（Conference of Security and Co-operation in Europe，以下簡稱歐安會議）的誕生。

1972年成立歐安會議將東西兩大集團結合在一起，其目的既要避免歐洲大陸上再度爆發戰火（安全問題），同時亦要為思想型態相異的兩大集團規劃出一條可以合作的道路。歐安會議不是一個傳統意義下的國際組織，它毋寧是以召開連續性的後續會議（Follow-up Meeting）方式，讓參與會議的歐美國家討論各國實踐赫爾辛基最後議定書（Final Act）內各項原則與規範的情形。

後續會議一共召開過三次，貝爾格勒後續會議（1977.10-1978.03）、馬德里後續會議（1980.11-1983.09），以及維也納後續會議（1986.11-1989.01）。在召開後續會議期間，還召開無數場的各領域專家會議，討論歐洲的安全與參與國之間的合作問題。維也納後續會議期間，歐洲的東半部地區已開始動盪不安，雅爾達體系遭受強烈的衝擊。

1990年歐安會議參與國在巴黎召開繼1972年之後的第二次高峰會議，會議正式宣告冷戰結束；另一方面，隨著冷戰走入歷史，中東歐回歸歐洲，前蘇聯和前南斯拉夫共和國卻相繼陷入解體。這兩個國家的解體過程不僅充滿血腥，而且也為歐洲大陸帶來長達十年之久的動

---

[3] 吳萬寶著《邁向歐盟建軍之路—歐盟共同歐洲安全暨防衛政策》，（新北市：韋伯文化，2003），頁124。

溫不安。[4]歐洲大環境的劇變為度過冷戰考驗的歐洲國際組織，帶來巨大的挑戰，但也開啟了擴大與深化的機會：前者指的是接納新的會員國，後者則是建立自身的危機處理和衝突解決能力。毫無疑問，受前蘇聯和前南斯拉夫解體困擾的歐安組織東半部區域，遂成為歐洲國際組織的能力實踐場域。為解決歐洲東半部區域的衝突問題，歐安組織、北約、歐盟，甚至是歐洲理事會（儘管規模很小），不約而同地發展出各類型態的任務團（Mission），用以從事危機處理、衝突預防和衝突後重建的工作。

就歐安組織而言，派遣任務團的目的乃是協助處理衝突問題、建立符合歐安組織參與國（Participating States）[5]有義務遵守的規範與制度。任務團依地理區域可分為東南歐、東歐、南高加索和中亞（見表1）。不過此一劃分將大部分參與國除排在外，彷彿歐安組織內部存在兩種對照組似的：安全 vs 不安全，或穩定 vs 不穩定。甚至少數參與國認為任務團清一色派遣到歐安組織東半部區域，乃是西方國家有意為之，暗地裡將歐安組織劃分成「維也納以西」和「維也納以東」兩大區域，這毋寧存在著雙重標準。[6]

---

[4] 參閱：Alis Aslerov, Stefan Brooks, and Lasha Tchantouridez (ed.), Post-Soviet Conflicts – The Thirty Years' Crisis, (Maryland: The Rowman & Littelfield Publishing Group, Inc., 2020).

[5] 不同於其他國際組織以會員國（member state）來稱呼組成組織的主體單位，歐安組織之所以使用參與國一詞，乃是其前身只是一個連續性的會議，而不是一個固定的組織。參與會議的主體單位稱之為參與國。儘管歐安組織在1990年後開始制度化，並將會議改名為組織，為紀念過往的歐安會議過程，依舊使用參與國一詞。2022年歐安組織共有57個參與國。

[6] 參閱：吳萬寶著《歐洲安全暨合作組織》，（台北：五南圖書出版公司，2000），頁170-171。

表1：歐安組織任務團派駐情形一覽表（2022）

地理區域	國家	已結束
東南歐	阿爾巴尼亞、波士尼亞與赫塞哥維納、科索沃、蒙特內哥羅、塞爾維亞、北馬其頓	克羅埃西亞
東歐	摩爾多瓦、烏克蘭	愛沙尼亞、拉脫維亞、白俄羅斯
南高加索	輪值主席特別代表與個人代表[7]	喬治亞、亞塞拜然、亞美尼亞
中亞	烏茲別克、哈薩克、土庫曼、塔吉克、吉爾吉斯	

資料來源：筆者自行製表

　　本書以東南歐（South-Eastern Europe）的六個任務團為分析對象，將東歐和高加索地區的任務團排除在外，乃是這兩個地區更適合放在「被凍結的衝突」（Frozen Conflict）的標題下，來檢視歐安組織涉入這兩個地區的過程與結果。所謂「被凍結的衝突」，顧名思義，乃是引發衝突的根本原因仍存在，只是衝突的表現形式（通常是武裝衝突）已被制約，亦即不再發生，或者只發生低強度的衝突。一般而言，「被凍結的衝突」指的是摩爾多瓦的涅斯特河沿岸區（Transdniestria），亞美尼亞與亞塞拜然之間的納哥羅－卡拉巴赫地區（Nagorny Karabakh），以及喬治亞共和國境內的阿布哈茲（Abkhazia）和南奧塞提亞（South Ossetia）；烏克蘭原本也屬於「被凍結的衝突」，然烏克蘭因2022年爆發的烏俄戰爭，已進入另一個探索的範疇。[8]

---

[7] 自派駐本地區的任務團或辦公室相繼結束工作後，歷屆輪值主席先後任命輪值主席個人代表與特別代表，協助處理南高加索地區的衝突問題。個人代表專責納哥羅卡拉巴赫地區的衝突問題，而特別代表則代表歐安組織，與聯合國和歐盟共同主持日內瓦國際會議，討論和處理2008年俄國與喬治亞戰爭結束後的後續問題。

[8] 參閱：Michael Emerson (ed.), Beyond Frozen Conflict – Scenarios for the Separatist Disputes of Eastern Europe, (London:Rowman & Littlefield International, 2020). 也有將塞浦路斯和科索沃納入「被凍結的衝突」，見：Anton Bebler (ed.), "Frozen conflicts" in Europe, (München: Verlag Barbara Budrich GmbH, 2015).

　　本書也未將中亞五國納入，原因其實很簡單。歐安組織在此地的工作單位，沒有任何一個以任務團為正式名稱。五個工作單位的名稱，有：計畫辦公室（Programme Office）、中心（Centre）和專案協調員（Project Co-ordinator）。這些單位雖也屬於長期任務型態的任務團，處理的項目也和任務團大體相似，但它更偏向專案性質，且不論人員編制或年度預算的規模都較小。

　　歐安組織派駐東南歐地區的任務團中，原本屬於此一地區的任務團還有克羅埃西亞任務團。克羅埃西亞原為前南斯拉夫社會主義聯邦共和國（以下簡稱前南斯拉夫）的成員國之一，1991年6月宣布脫離前南斯拉夫後，境內爆發與前南斯拉夫人民軍和塞裔武裝部隊的暴力衝突。直到1995年克國政府軍發動強大攻勢，內部尋求獨立的克拉伊納塞爾維亞共和國（Serb Republic of Krajina）不敵政府軍，克軍收回失土後，才結束境內的分離戰爭。1995年底克羅埃西亞相繼簽訂《埃爾杜特協議》（Erdut Agreement）[9]和《岱頓和平協定》（Dayton Peace Agreement），才算是全境統一。

　　克羅埃西亞於1992年加入歐安組織，但要到克國全境進入後衝突時代，歐安組織始決議派遣長期任務團，協助建立人權、法治與民主等符合歐安組織規範與義務的制度，以及促進族群之間的諒解。[10] 2007年12月鑑於任務團的成效顯著[11]，常設理事會（Permanent Council）決議

---

[9] 《埃爾杜特協議》係克羅埃西亞政府與境內塞裔於1995年11月簽訂的和平協議，主要規範塞裔居住地區和平地回歸中央政府的管轄，以及確保少數族群的權利和難民返鄉。埃爾杜特位於克羅埃西亞東部與塞爾維亞交界處，多瑙河流經此處，為兩國的國界。因協議在此簽訂，故以小鎮之名為名。

[10] 見：OSCE/Permanent Council, Decision No.112, 18 April 1996, in: https://www.osce.org/files/f/documents/d/5/21634.pdf (2022/11/01)

[11] 任務團的人數曾一度高達786人之多，除了總部外，在克國全境共設有15處的地區辦公室。任務團的成效是否顯著，見仁見智。部分工作人員接受訪問時曾表示，很難評估究竟獲得多少成效，因為歐安組織缺少一套成效評估的機制。參閱：Nanja Nickel/Danijela Cenan, "Der langsame Rückzug der OSZE aus Kroatien", IFSH (ed.) OSZE-Jahrbuch 2007, (Baden-Baden: Nomos Verlagsgesellschaft, 2007), pp.141-154.

結束任務團的工作,改設札格瑞布辦公室(OSCE Office in Zagreb),主要工作:監督前南斯拉夫國際法庭(International Criminal Tribunal for the former Yugoslavia)相關規範的落實情形、協助關懷住房計畫等。[12] 2011年辦公室主任在其向常設理事會提交的定期報告書內,敘述辦公室的工作進展後,常設理事會決議自 2012 年 1 月起結束札格瑞布辦公室的工作(常設理事會第 1026 號決議)。札格瑞布辦公室結束後,原本屬東南歐的任務團就剩下巴爾幹半島(Balkans)上的六個任務團。[13]

巴爾幹半島向來有「歐洲火藥庫」或「歐洲火藥桶」之稱[14],指的是這個地區位於東西往來的交通要道,因族群與宗教複雜,且週遭大國企圖控制此一地區,再加上居住於此的族群也追求壯大聲勢和擴充領土,致使半島內戰火頻傳。[15]上一世紀的第一次(1912-1913)和第二次(1913)巴爾幹戰爭、第一次與第二次世界大戰,以及 1990 年代的前南斯拉夫解體所引發長達十年之久的分離戰爭(1991-1999),充分說明此一地區的濃厚火藥味。無論是否被誤解,或者多數的戰爭都發生在我們記憶仍可溯及的上一個世紀[16],巴爾幹半島上總是充滿著動盪不安。由於各種錯綜複雜的負面因素的加總,致使發展出一個負面的名詞:巴爾幹化(Balkanization),意指碎片化與敵意。[17]巴爾幹化型塑了

---

[12] OSCE/Permanent Council, Decision No.836 Establishment of an OSCE Office in Zagreb, 21 December, in: https://www.osce.org/files/f/documents/8/3/30280.pdf (2022/11/01)

[13] 巴爾幹一詞源自土耳其語,原意為「山脈」或「森林覆蓋的山脈」,有關巴爾幹地區的自然地理、歷史和族群的複雜性,洪茂雄博士在其《南斯拉夫史-巴爾幹國家的合與分》一書中有非常詳盡的解說,參閱:洪茂雄著《南斯拉夫史-巴爾幹國家的合與分》,(台北:三民書局股份有限公司,2011 增訂二版)。

[14] Mark Mazower,劉會梁譯《巴爾幹:被誤解的歐洲火藥庫》,(台北:左岸文化,2005)。

[15] J.F. Brown, Nationalism, Democracy and Security in the Balkans, (Vermont: Ashgate Publishing Company, 1998), pp.3-6.

[16] Mihailo Crnobrnja,許綬南譯《南斯拉夫分裂大戲》,(台北:麥田出版,1999),頁 29。

[17] Council of Europe, Democracy in the Western Balkans: slipping towards a model of managed democracy, DDP Open Thoughts Paper No 22, 9 October 2014, in: https://rm.coe.int/090000168046fc7a (2022/11/03)

歐洲對巴爾幹地區的偏見，而此一偏見的對照指標就是二戰後濃縮於歐洲統合成果的歐式常態（European normality）。

依據傳統的地理認知，巴爾幹半島指的是東南歐一塊比較狹小的區域，也就是今日保加利亞、塞爾維亞、蒙特內哥羅、波士尼亞與赫塞哥維納、北馬其頓、阿爾巴尼亞、科索沃[18]和希臘等八個國家所在之處。這八個國家再加上克羅埃西亞、斯洛維尼亞和羅馬尼亞則構成東南歐（見圖1）。[19]

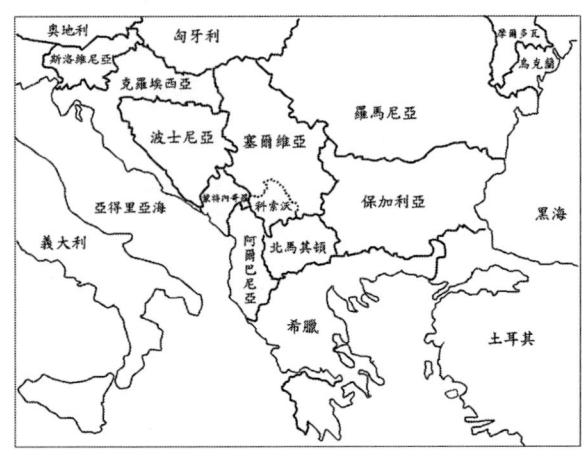

圖1：東南歐簡圖　資料來源：筆者自製

本書處理的六個任務團，其地理區域屬於歐安組織劃分之下的東南歐。不過，這六個任務團所在的國家，歐安組織民主制度與人權辦公室（Office for Democratic Institutions and Human Rights，以下簡稱民主辦公室）稱之為西巴爾幹（Western Balkans）地區。民主辦公室與媒體自由代表（Representative on Freedom of the Media）在此一地區執行選舉改革、司法改革或建立媒體自由制度的專案計畫。這類計畫通常由歐洲聯盟的執行委員會（European Commission）提供經費資助，由歐安組織的相關機構執行。此類專案計畫的目的乃是協助西巴爾幹國

---

[18] 科索沃自自行宣布迄今，已獲得超過120個國家的外交承認，但因塞爾維亞堅持聯合國安理會第1244號決議案之故，科索沃仍未能加入以國家為主體的國際組織。換言之，在某些國家眼裡，科索沃是個獨立自主的國家，但在國家組織的定義中，科索沃名義上仍屬於塞爾維亞，為一個自治的實體。本書視科索沃為一個獨立的個體（國家），在相關的地圖內，則以虛線標示出它與塞爾維亞的邊界線。

[19] Müller Dietmar, "Der Balkan und Europa", Bundeszentrale für politische Bildung, 13.01.2022, in:https://www.bpb.de/themen/europa/suedosteuropa/322595/der-balkan-und-europa/ (2022/10/27)

家，建立符合加入歐盟所要求的制度。其實「西巴爾幹」為歐洲聯盟於 1998 年在其擴大政策（enlargement policy）中所使用的名詞，指的就是本書處理的六個國家。

　　本書的主要章節共有六章，為求內容安排一致起見，每章分成四個小節，分別處理歷史發展與概況、歐安組織任務團、任務團的成效與困難，以及結語。「歷史發展與概況」陳述該國的歷史發展，時間長度可從羅馬帝國時期起至 21 世紀初的發展。當然，本書並非歷史教科書或專講國別史的歷史書，因此在歷史敘述方面以簡略卻不忽視重要史實的方式，讓閱讀者對各國的過往發展歷程獲得一定的認識。「歐安組織任務團」小節是處理任務團派遣至該國的前因、決議與工作權限範圍，以及實際工作處理的項目。由於六國的國情與面臨的問題不盡相同，因此在工作項目的整理和陳述方面也不盡相同。

　　「任務團的成效與困難」指的是任務團在派駐國的執行經過、獲得的成效，以及面對的困難。在工作執行方面，依各國情形，以三到五項的工作項目為例，敘述任務團的工作投入和執行過程。歐安組織任務團乃是協助參與國建立符合組織規範的制度，而制度從建立到可運作，乃至成熟並非一蹴可幾，往往需要經年累月的實踐與經驗累積，才可能建立比較成熟穩健的制度，因此在成效評估方面有其困難之處。克羅埃西亞任務團成員在接受訪問時指出，「很難說我們是否獲得更多的成果。沒有歐安組織，或許連 13%的少數族群返鄉都無法達到。經常是以要評估的面向為依據，依此來評價成功或失敗。」[20]

　　雖是如此，本書利用四個國際非官方組織：自由之家（Freedom House）、記者無國界（Reporter without Border）、國際透明組織（Transparence International）和國際少數族群權利團體（Minorities rights Group International）所採用的指標，來看西巴爾幹國家在全球範圍內的得分情形，並以台灣在這四個國際非官方組織的得分為參考座標。

---

[20] Nanja Nickel/Danijela Cenan, "Der langsame Rückzug der OSZE aus Kroatien", IFSH (ed.) OSZE-Jahrbuch 2007, (Baden-Baden: Nomos Verlagsgesellschaft, 2007), p.154.

　　以台灣為參考座標，乃是透過閱讀者在台灣的自身經驗，去「想像」西巴爾幹國家在各指標項目內的可能情形。如在國際少數族群權利團體的評分項目「受到威脅的人民指數（Peoples under Threat）」中，台灣從未被納入評比，亦即台灣少數族群並未受到任何威脅。而 2021 年的蒙特內哥羅如同台灣未被納入評比，而塞爾維亞內部的克羅埃西亞裔、阿爾巴尼亞裔和吉普賽人，在法治、政治穩定性，以及代表和透明方面受到較不平等的對待。簡言之，在保護少數族群權利方面，蒙特內哥羅和台灣一樣「好」，而塞爾維亞仍有待「改善」。

　　四個國際非官方組織的評比項目：

1. 自由之家：全球自由分數（Global Freedom Scores），包括政治權利（Political Rights）和公民自由（Civil Rights）兩項，得分越高代表越自由，共調查 210 個國家或地區。

2. 記者無國界：世界媒體自由指數（World Press Freedom Index），共調查 180 個國家或地區，排名越前代表媒體自由的程度越高。

3. 國際透明組織：貪污印象指數（Corruption Perceptions Index），得分 100 表示非常乾淨，0 分代表高度貪污，共調查 180 個國家或地區。

4. 國際少數族群權利團體：受到威脅的人民指數，代表人民遭受種族屠殺、大量殺害或系統性暴力壓迫的程度，排名越前代表少數族群受到的威脅越大。「nn」代表不列入排名，亦即少數族群不受到威脅。

　　四個國際非官方組織的項目評比得分，僅代表各國在特定年度裡的相對位置。至於主觀上的認定，如 60 分比 58 分「好」，屬於個別的認知，這部分留待有興趣的讀者自行判斷。不過從項目得分，倒是可以比較出，在特定項目中，A 國比 B 國要來得進步，而任務團的目的正是協助各國在制度建立與運作上取得進展；或者如「巴爾幹歐洲基金」（European Fund for the Balkans）[21]和塞爾維亞歐洲運動（European

---

[21] 巴爾幹歐洲基金是由三個歐洲層級的基金會所成立：奧地利第一基金會（ERSTE Foundation），德國波許基金會（Robert Bosch Foundation）和比利時博杜安國王基金會（King Baudouin Foundation）。成立巴爾幹歐洲基金的宗旨乃是協助西巴爾幹國家強化民主制度和促進歐洲統合。巴爾幹歐洲基金的官網為：https://www.balkanfund.org/about-the-efb

Movement in Serbia）組織合作成立的「鄰里」（Okruženje, Vicinity）網路平台的宗旨一般，最終的目的是讓西巴爾幹國家能真正接受歐洲的價值。22

本書以四個國際非官方組織的評比分數，去檢視歐安組織任務團在該國的工作成效，自有可討論之處。問題一是，為何是這四個國際非官方組織，而非其他機構？問題二，歐安組織並非是唯一派遣任務團至西巴爾幹國家的組織，歐盟、歐洲理事會、聯合國，甚至北約都涉入其中。如何證明成效來自歐安組織任務團？問題三，是否可將任務團的工作成效與四個組織的評比分數鏈結在一起？

就問題一，筆者試著提供的答案是，這四個國際非官方組織的評比項目，恰好含蓋在歐安組織任務團所從事的工作項目內，而且具有高度相關（見本書結論的表16）。因此，以這四個國際非官方組織的年度評比來檢視任務團的成效，自有其恰當之處。

就問題二，若以負面表列方式來問，問題會是：若無歐安組織，則任務團所從事的工作，哪一個（或哪些）國際組織可承擔責任？就實際層面而言，任何一個國際組織都有其能力侷限性，這也是為何冷戰結束後，各方一再強調國際組織之間環環相扣（interlocking）的重要性。倘若各自求表現，則將淪為彼此互相掣肘（interblocking）的局面。因此，任務團在西巴爾幹國家所從事的工作，正是歐安組織較能發揮其能力所長之處。1995年岱頓協定即可看出國際組織在波士尼亞的分工合作和各組織的特長（參閱本書第柒章表13）。

若把問題一和二的答案加總，也是可用來回答問題三，是可以將任務團的工作成效與四個非官方組織的評比分數鏈結在一起，只是其間的消長互動，仍有隙縫存在。

本書每篇專章的第四節「結語」為各章的綜合性評論，對個別國家在歐安組織任務團的協助下，所達致的成就或需再進一步努力之處，

---

22 參閱：Okruženje, in: About us – Okruženje (okruzenje.com) (2022/11/14)

提供綜合看法與建議。本書最後一章「結論」則是對西巴爾幹國家，提出區域性的評論，包含兩個部分：共同、普遍性的問題和國家之間的差異，亦即國家內部較為獨特的問題。文末則是為歐安組織與其任務團做出總結性的評語。

撰寫本書所使用的文獻資料，一半以上以國際組織的官方文件為主，其中自然以歐安組織的各式文件為最大宗。由於使用的官方文件數量相當龐大，故本書採用隨頁注的方式說明文獻出處，書末的參考文獻只臚列出紙本資料。再者，拜網際網路之福，如今蒐集資料已非難事。手中滑鼠按鍵點個幾下，各式數位化的文章、評論、新聞等隨手可得。這一方面的資料也以隨頁注的方式說明出處。數位化資料有時因提供者更新網頁或資料庫重整的緣故，以至於以筆者提供的網址，「按圖索驥」方式上網查詢資料，可能會發生無法查閱的窘境。無法查詢並不代表該份資料不曾存在。因此書中使用的數位化資料，筆者會標明上網取用的日期。

本書參考的資料絕大多數為英文或德文資料，在國家、人名和地名的轉譯方面，以外交部網頁提供的中文譯名為主，網路內各家翻譯的名稱為輔。人名盡量採納英文音譯。有一名稱必須一提，「Jews」通常譯成「猶太」，但因「猶」字的部首為犬部，與古代四夷（東夷西戎南蠻北狄）類似，通指異族人士，帶有歧視味道，故本書改以尤太一詞。

本書所使用的地圖乃是由筆者自谷哥地圖（Google map）自行繪製而成。由於繪製的技術能力有限，故在各國邊界的描繪方面，並沒有那麼精確。俗語有云：「失之毫釐，差之千里」，或許可以用之於挑剔筆者所繪製的地圖。不過，本書的地圖只是顯示出巴爾幹地區與區內各國的相對地理位置和相鄰關係，以便閱讀時，可協助了解各國彼此間的複雜關係而已。

第壹章
歐安組織與長期任務團

　　比起其他歐洲大陸上的國際組織，歐安組織是第一個不僅名實相符，甚至實質超過名稱所揭示的組織。它的組織涵蓋區域從溫哥華到海參崴（from Vancouver to Vladivostok），也就是包含歐洲和北美的美國和加拿大。不過，說它是一個「組織」，卻又有些名實不符。畢竟在很長的一段時間裡（1975-1990），會議是它存在的主要形式，是一個以召開連續會議為主要活動的論壇。冷戰結束後，歐安組織開始制度化的工作，並將組織定位為聯合國憲章第八章意義下的區域組織，從事早期預警、衝突預防和危機處理的任務。為處理區域內層出不窮的衝突問題，歐安組織開啟自身的制度化，成立了決策與行政機構，以及用以處理危機與衝突的工具。

第一節　決策與行政機構

　　歐安組織的制度化，或者是從歐安會議過渡到歐安組織的過程中，最明顯的特徵是將會議定期化，從部長會議、資深官員委員會會議、常設理事會會議到安全合作論壇等都是。再者為籌備會議召開，乃成立固定的工作單位：秘書處。[1]隨著「業務」的擴增，以及面對越來越複雜的問題和日漸增多的「工具」（instruments）需求，歐安組織成立的機構和各項處理問題的工具也隨之增加。

　　歐安組織係一個由主權國家組成的區域性國際組織，故有權決定成立機構或設置工具的乃是參與國的代表（Representative）。參與國的最高代表為其國家元首（總統制）或政府首長（內閣制），其次是各國的（外交）部長。這兩個職位都是各國國內最重要的職位，無法經常性地定期集會，商討歐洲的問題是必然的，故政務次長層級的資深官員會議乃成為部長會議的次級會議。此外歐安組織是個國際組織，各參與國派有代表團，常駐歐安組織「總部」維也納。[2]由於各國的政務次

---

[1] Gunter Hauser, Die OSZE - Konfliktmanagement im Spannungsfeld regionaler Interessen, (Opladen: Verlag Barbara Budrich, 2016), p.19.
[2] 參與國派駐維也納的代表團，使用的名稱不盡相同，使用最多的名稱是常設特遣團（Permanent Mission），其次是代表團（Delegation），第三為常設代表團（Permanent

長也無法經常到維也納開會，於是各代表團的團長乃成為參與國經常性集會的成員。從國家元首或政府首長、部長、政務次長到團長，反射出權力和政策的等級：權力越高，政策的政治性越濃；反之，權力越低，政策的事務性越重。

　　歐安組織的制度化歷程，1990年的巴黎高峰會議是一個重要的起點，它成立了兩個具決策權的機構：部長理事會（Ministerial Council）和資深官員委員會（Committee of Senior Officials），並賦予各自的決策權限。另外還成立了衝突預防中心（Conflict Prevention Center，設於維也納）和自由選舉辦公室（Office for Free Election，設於華沙）兩個「業務」單位，以及在布拉格設立支援會議行政工作的歐安會議秘書處。巴黎峰會之後，每年舉行至少一次的部長會議和每兩年舉行一次的高峰會議，兩者奠定歐安會議轉型為歐安組織的制度化工作，擴充原有機構的功能與權限、成立新的機構和引進新的工具。這一連串的制度化決議讓歐安組織機構之間的權力和業務關係越來越複雜，且越來越難以了解。為了提升歐安組織整體的運作效率，2005年的部長會議提出11項改革措施，由常設理事會（於1994年成立，取代常設委員會）討論，並於2006年提出建議案，供部長會議決議。這11項改革提案為：程序規則（Rules of Procedure）、改善諮詢過程、提升各項會議的效能、強化各項活動的效能和透明度、強化秘書長的角色、秘書處的現代化、強化各機構與實地行動的效能、思考歐安組織的法律地位和外交豁免權的給予、提升計畫擬定能力，以突出歐安組織的政策優先性、促進歐安組織人員的專業化與人力資源管理，以及思考設立主題式任務團（thematic mission）的可能性。[3]這11項改革提案的目的就是要改革歐安組織的機構與程序，以提升組織的效能，避免組織的日漸龐大與臃腫。

Delegation），法國和葡萄牙使用常設代表（Permanent Representation），美國使用的名稱為特遣團（United Sstates Mission to the OSCE）。歐盟也在維也納設立駐歐安組織代表團。

[3] 見：OSCE Thirteenth Meeting of the Ministerial Council 5 and 6 2005, Decision No.17/05, in: https://www.osce.org/files/f/documents/6/5/18778.pdf (2022/11/15)

　　常設理事會接下改革提案後，就議題成立不同的專門工作小組，並在部長會議召開之前，完成多項建議提案。其中最完整的提案為程序規則提案，專門工作小組將程序規則予以規格化，並明訂統一的名稱。在布魯塞爾召開的 2006 年部長會議，通過常設理事會提出的多項建議案。[4]依據新的程序規則，歐安組織的機構分成兩類：決策機構（decision-making bodies）和非正式機構（informal bodies）。[5]前者為參與國決議成立，並被賦予決策權限，且其決議對全部參與國具政治約束力的機構。被歸屬於這類機構的稱之為官方或正式（office/formal）機構，不屬於此類機構的稱之為非正式機構。

　　決策機構的決策採共識決（consensus），共識決的定義是不存在反對（objection）或異議。所有經共識決通過的決策（decision）、聲明（statement）、宣言（declaration）、報告（report）、函件（letter），皆稱之為歐安組織決策或歐安組織文件（document），具有政治約束力。倘若是由決策機構主席或行政機構主管發出的文件，不屬歐安組織的文件，無需參與國的同意。

　　每一個決策機構可以成立或解散附屬（次級）的決策機構，並明確訂定出（或擴充）其權限；也可以成立或解散無決策權力的附屬工作機構（informal subsidiary working bodies，稱為非正式附屬機構），這類機構必須向上一級單位遞交工作報告。此外也可以成立非正式工作小組（informal working groups），工作小組開放給參與國參加，不具決策權力。若附屬工作機構或非正式工作小組被解散時，須將其工作轉移給其他的工作機構或小組。

　　決策機構可以成立或解散經參與國決議執行之任務的特殊結構（specific structure），特殊結構包括秘書處、單位（Institutions）、實地

---

[4] 2006 年的部長會議共通過 11 項改革提案中的 8 項，尚未定案的有：秘書處的現代化、強化各機構與實地行動的效能和主題式任務團等三項。

[5] 見：OSCE Fourteenth Meeting of the Ministerial Council 4 and 5 2006 III. Rules of Procedure of the Organization for Security and Co-operation in Europe, .69-83, in: https://www.osce.org/files/f/documents/d/4/25065.pdf (2022/11/15)

行動、特別代表或其他操作性的工具,通稱為行政(執行)結構(executive structures)。

　　歐安組織的最高決策機構為高峰會議(Summit),其下的決策機構有部長理事會(Ministerial Council)、常設理事會(Permanent Council)、安全合作論壇(Forum for Security Co-operation)。[6]其他結構和機構有常設理事會底下的籌備委員會(Preparatory Committee)、管理與財政諮詢委員會(Advisory Committee on Management and Finance)、經濟暨環境次級委員會(Economic and Environmental Subcommittee)、兩類合作夥伴的接觸小組(Contact groups)[7],如下圖所示:

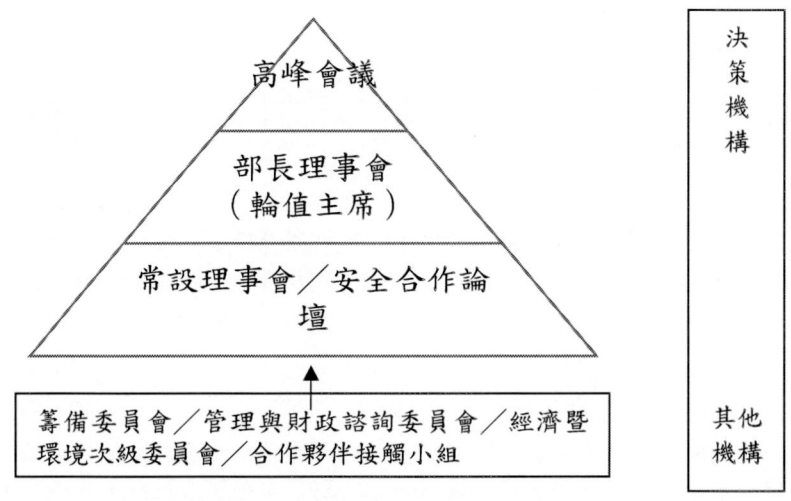

圖2:歐安組織決策機構階層圖
資料來源:筆者自行製圖

---

[6] Ibid., (B) Structure of the OSCE decision-making bodies, pp.71-72.
[7] 歐安組織的兩個合作夥伴為地中海合作夥伴和亞洲合作夥伴,前者有6個國家(阿爾及利亞、埃及、以色列、約旦、摩洛哥和突尼西亞),後者有五個國家(阿富汗、澳洲、日本、韓國和泰國)。

17

　　在決策方面，輪值主席（Chairperson-in-Office）或安全合作論壇的主席、任一或數個參與國可以向決策機構的主席，提出書面建議案（Proposal），並盡可能通知其他參與國。主席必須確定該建議案已經過附屬工作機構、非正式工作小組的事先討論，或經過次級決策機構的同意，如果該建議案是要送給上一級決策機構的話。決策機構的主席必須將建議案以決策草案的形式，排入議程內。若某參與國的代表缺席決策機構的會議，該缺席不得被視為拒絕，或構成通過決議的阻礙。決策必須在決策機構的會議中以共識決通過，或者主席可在會中宣布利用沉默程序（silence procedure）來通過決議。[8]決策機構雖採共識決，但若參與國對某項決議存有其他意見，則可以「正式保留」（formal reservation）或「解釋聲明」（interpretative statements）的名義，以書面形式表達己國對該決議的不同意見。

　　2012 年 11 月都柏林部長會議通過蒙古共和國加入歐安組織的議案，俄羅斯隨即發表「解釋聲明」，並附在決議文件之後。俄羅斯的聲明主張，歐安組織做為聯合國憲章下的區域安排，其涵蓋範圍為歐洲。因此蒙古共和國獲准加入歐安組織，不應被視為是其他歐安組織合作夥伴（Partners for Co-operation）的先例。[9] 2022 年 6 月，俄羅斯就常設理事會波蘭籍主席在會議中，討論到與烏克蘭相關問題時，並未事先徵詢所有參與國的意見就提出會議討論議題，提出「正式保留」書

---

[8] 所謂的沉默程序指的是，在會議期間主席可以建議某案在特定的時間點之前，採沉默程序通過，若當場無代表提出異議，則該案適用沉默規則，不在會中討論。會後，主席必須將該案標示為暫時性決議（interim text）。若在該特定的時間點之前，無任何參與國以書面提出異議或修正案，該暫時性決議視為正式通過。沉默程序只適用於常設理事會和安全合作論壇，不適用於部長理事會。

[9] 俄羅斯的用意是其他合作夥伴國家不得以蒙古國為先例，要求加入歐安組織。2022 年歐安組織共有 11 個合作夥伴：亞洲合作夥伴為阿富汗、澳大利亞、日本、韓國和泰國；地中海合作夥伴有阿爾及利亞、埃及、以色列、約旦、摩洛哥和突尼西亞。俄羅斯的聲明，見：OSCE/Ministerial Council, Interpretative Statement under Paragraph IV.1(A) 6 of the Rule of Procedure of the Organization for Security and Co-operation in Europe by the Delegation of the Russian Federation, MC.DEC2/12, 21 November 2012, in: https://www.osce.org/files/f/documents/e/6/97439.pdf (2022/08/23)

面意見。書面意見中，要求波蘭籍主席停止訂定討論議題時的任意性（arbitrariness），以及確保討論時，各參與國擁有不受歧視的環境。[10]

一、決策機構

（一）高峰會議

高峰會議係歐安組織參與國國家元首或政府首長的對話場所，也是歐安組織層次最高的政治和決策機構。歐安組織的首次高峰會議召開於冷戰時期的1975年8月。[11]當時除了阿爾巴尼亞之外的所有歐洲國家，再加上美國和加拿大，皆集會於芬蘭首都赫爾辛基參與會議，會議的結果是各國領袖簽訂「赫爾辛基最後議定書」。最後議定書成為日後歐安會議/組織的基本文件，也是各參與國應遵守的價值、規範與原則。自赫爾辛基高峰會議之後，冷戰期間未曾舉行過高峰會議。

面對1989年中東歐劇變，以及為了規畫後冷戰時代的歐洲安全藍圖，法國前總統密特朗（François Mitterrand）邀請各參與國領袖到巴黎召開特別會議。會議一共舉行三天（1990年11月9日至11日），通過「一個新歐洲的巴黎憲章」（Charter of Paris for a New Europe，以下簡稱巴黎憲章），與會各國正式宣告冷戰結束。[12]有關歐安組織的制度化議題，依據巴黎憲章規定，高峰會議每兩年召開一次[13]，每次為期兩天。

---

[10] 見：OSCE/Permanent Council, Formal Reservation by the Russian Federation Concerning the Agenda of the 1379th Meeting of the OSCE Permanent Council, PC.DEL/907/22, 23. June 2022, in:
https://www.osce.org/files/f/documents/8/3/521317.pdf (2023/08/04)

[11] 有關赫爾辛基高峰會議的召開緣由，請參閱：吳萬寶著《歐洲安全暨合作組織》，（台北：五南圖書出版公司，2000），頁3-13；Peter Steglich/Günter Leuschner, KSZE – Fossil oder Hoffnung?, (Berlin: edition ost, 1996), pp.13-46.

[12] 見：OSCE, Charter of Paris for a New Europe, Paris, 19-21 November 1990, in: https://www.osce.org/files/f/documents/0/6/39516.pdf (2022/11/15)

[13] 憲章中並無明定高峰會議兩年聚會一次，但在「歐洲安全暨合作會議-過程的新結構與制度」段落中，對高峰會議的召開寫著：「我們，國家元首和政府首長，下一次將會在赫爾辛基值1992年歐洲安全暨合作會議—後續會議之際集會。之後，我們將會值後續會議之際集會。」

1996年以前,高峰會議依其規律每兩年舉行一次;但之後,各參與國因意見不一,高峰會議的召開間隔已不再固定。繼1996年的里斯本高峰會之後,遲至1999年才於土耳其伊斯坦堡舉行第五次高峰會議。之後,由於美國的反對,高峰會議一直無法召開。直到2010年12月,亦即11年後,才又在哈薩克首都阿斯塔納(Astana)召開第六次高峰會議。[14]

高峰會議的功能在於為組織確立政策優先性,以及指出未來的發展方向。每一次的高峰會議皆為歐安組織立下重要的里程碑,如1975年的「赫爾辛基最後議定書」、1990年的「一個新歐洲的巴黎憲章」、1992年的「赫爾辛基高峰會議文件—變遷與挑戰」、1994年的「布達佩斯文件—新世紀中邁向真正伙伴之路」、1996年的「里斯本高峰會議文件」、1999年的「伊斯坦堡高峰會議宣言」,以及2010年的「阿斯塔納紀念宣言—邁向一個安全共同體」。

高峰會議固然為歐安組織的未來確立具指標性的發展方向,但在短短的兩三天會議中,會議也成為各國領袖唇槍舌劍的激辯場所;甚至因各國意見不一,對重要議題無法達成共識,以至於僅能通過只具宣示性質的文件。以2010年的阿斯塔納高峰會議為例,高峰會議的焦點在於討論如何解決南奧塞提亞和阿布哈茲、納哥羅-卡拉巴赫,以及涅斯特河沿岸等地區的長期性衝突問題。各國也就一份解決區域問題的行動方案進行協商,但因俄羅斯堅決反對該項行動方案,導致高峰會議無法就該方案達成一致的共識。[15]

---

[14] 2006年部長理事會通過的新程序規則,明定高峰會議的召開時間與地點,由部長理事會或常設理事會決定。高峰會議也可以自行決定會議的召開頻率。會議主席由地主國的首長擔任,會議全程對外公開。

[15] 俄羅斯反對把南奧塞提亞和阿布哈茲列入解決區域衝突的行動方案裡。俄羅斯不僅承認兩個地區的獨立地位,還指謫喬治亞共和國試圖以武力解決該地區的領土衝突問題。參閱:Frank Evers, "The OSCE Summit in Astana – Expectations and Results", Hamburg, October 2011, in: https://d-nb.info/1024525082/34 (2022/08/18); RadioFreeEurope, "Summit in Astana Seeks To Revitalize Role Of OSCE", December 02, 2010, in: https://www.rferl.org/a/osce_summit_astana_kazakhstan/2235809.html (2022/08/18)

歐安組織未制度化之前，是以連續性的會議來檢討各參與國是否遵守「赫爾辛基最後議定書」的規定。這連續性的會議即為後續會議（follow-up Meeting）。後續會議一共召開過四次：貝爾格勒（1977/10/04-1978/03/09）、馬德里（1980/11/11-1983/09/09）、維也納（1986/11/04-1989/01/19）和赫爾辛基（1992/03/24-07/08）。1992年將後續會議定位於高峰會議之前舉行的會議，名稱也更改成為檢討會議（Review Conference）。自1994年起，高峰會議就成為整個檢討會議的最後一個會議。

一般說來，不論是後續會議或是檢討會議，會議的最終結果都會形成一份具共識的文件，稱之為最後文件（Final Document）。但如果會議沒有發布最後文件，即表示會中的某些議題，仍有待各國領袖的最後決定。此時，檢討會議的會議結果，會使用報告（Report）或者最後報告（Final Report）的名稱。但不管名稱如何，在其後召開的高峰會議會後文件裡，通常都可見到檢討會議的會議結果，亦即各參與國領袖已就仍有爭議的部分，達成某種一致或妥協性的結論。

(二) 部長理事會

部長理事會由參與國的外交部長組成，每年在擔任輪值主席一職的參與國首都集會一次，為歐安組織高峰會議不集會期間的核心決策和治理機構。部長理事會為歐安組織內部最主要的政治論壇，可就任何與組織有關的事項，進行討論和做出決策。部長理事會亦執行高峰會議的決議。若有需要，也可舉行其他部長的定期或特別會議，此類部長會議亦具有決策權。

部長理事會從1990年迄今，除了最初幾年曾召開臨時會議之外，其餘年份皆每年召開一次，每次的會期皆為兩天，時間在每屆輪值主席即將卸任之際。部長理事會雖可視為歐安組織「最高」決策機構，但因每年才召開一次會議，故其決策缺少時效性，無法立即有效地面對變動不居的情勢。為補足此一缺點，乃設立常設理事會（Permanent Committee）。

(三)常設理事會

1993年羅馬部長會議成立常設委員會,目的在於強化政治協商與決策,1994年的布達佩斯高峰會將其更名為常設理事會。常設理事會由參與國派駐歐安組織的代表團團長組成,在輪值主席主持下,除了春夏冬三季各有休會日外,每週開會一次,商討和議決歐安組織的日常事務,決策採共識決。常設理事會可說是歐安組織的主要決策機構,也是日常事務的主要治理機構。常設理事會執行高峰會議和部長會議的決議。必要時,常設理事會還可舉行參與國資深官員的特別會議。會議的地點固定在維也納,會議不對外公開,採閉門會議。由常設理事會決議的事項有:接納新的參與國與新的合作夥伴國家、成立新的任務團和新增任務團的任務項目、任命秘書長和任務團團長,決定部長會議和高峰會議的時間與地點,並準備議程、議決年度預算等。

常設理事會固定每週集會一次,議程由會議主席擬定,主要分成兩個部分:各單位報告與討論事項。各單位報告包含輪值主席活動報告、秘書長報告、任務團團長報告和各單位主管報告。[16]輪值主席的每週活動報告讓參與國代表知悉輪值主席的各項行程和處理的事務。秘書長報告說明各行政單位的每週行事與工作進展。任務團團長的報告中包括任務團的工作進展與派駐國的政治情勢,讓參與國代表可就報告進行資訊交換或表達各自國家的官方立場。這些單位的報告讓參與國代表得以掌握歐安組織的內外情勢。

常設理事會下設非正式的附屬機構(如工作委員會),協助理事會處理日常事務、討論議題,並提出建議案,以及為理事會準備供決議的草案等。這些委員會中,最主要的為負責歐安組織三個面向(政治一軍事、經濟和環境,以及人道)的委員會:安全委員會(Security Committee)、經濟與環境委員會(Economic and Environmental

---

[16] Jutta Stefan-Bastl, "Die Bedeutung des Ständigen Rates der OSZE". in:IFSH (ed.), OSZE-Jahrbuch 2002, (Baden-Baden:Nomos Verlagsgesellschaft, 2002), pp.378-379.

Committee）和人道面向委員會（Human Dimension Committee）。這三個委員會各自就面向內的議題，向常設理事會提出政策建議。

（四）安全合作論壇

　　安全合作論壇為具自主性的決策機構之一，顧名思義，乃是集會討論與安全有關，尤其是安全的軍事面向的會議。這個論壇的會議主題集中於歐安組織區域內的軍備管制、裁軍、建立信任暨安全措施，以及安全合作。設立安全合作論壇的宗旨是希望藉由公開與透明，增進區域內的軍事安全與穩定，以及減少衝突與危機。[17]安全合作論壇每週開會一次，主席依據參與國的法語國名輪流擔任，一任四個月。參與國可藉擔任輪值主席之便，將關切的議題列為會議討論的優先議題。

　　安全合作論壇下設三個工作小組：工作小組 A 監管論壇各項決議的實踐情形、籌備年度實踐評估會議，以及準備供論壇討論之相關決議的執行草案。工作小組 B 處理軍事安全的未來挑戰議題，以及發展建立、維持和增進安全與穩定的措施。第三個作小組為資訊小組 C，負責各參與國首都之間的網絡聯繫與資訊傳輸。[18]

　　安全合作論壇通過的決議文件部分已成為參與國有義務遵守的規範，如「安全之軍事面向的行為準則」（Code of Conduct on Politico-Military Aspects of Security）、「有限區域之危機情勢的穩定措施」（Stabilizing Measures for Localized Crisis Situations）等。此外安全合作論壇亦協助歐安組織派駐各地的任務團，處理有關清除地雷、小型武器和傳統彈藥的安全管理等任務。

---

[17] OSCE/Conflict Prevention Center, Consolidated References to the OSCE Forum for Security Co-operation Mandates, Vienna, 01.06.2022, p.5., in: https://www.osce.org/files/f/documents/a/1/508424_0.pdf (2022/08/19)

[18] OSCE/Forum for Security Co-operation, OSCE Communications Network Document, October 1999, p.1., in: https://www.osce.org/files/f/documents/3/4/29839.pdf (2022/08/19)

二、行政結構

（一）輪值主席

歐安組織的「最高領導人」是擔任部長理事會主席一職的參與國外交部長，而非該國的總統或首相（總理）。由於「最高領導人」並非固定職，通常都是參與國之間輪流擔任，任期一年。與其他國際組織不同的是，歐安組織的輪值主席並非以各國的英文（或法文）國名字首來輪流擔任，而是由部長理事會以共識決的方式，決定兩年後擔任輪值主席的國家。[19]之所以會有兩年的提前決定，主要是讓預備接任的國家有較充裕的時間準備，以便可提出一整年的政策重點。

部長理事會雖以共識決決定輪值主席國，但並不代表個別參與國不會提出其他意見。2018 年的米蘭部長會議通過由阿爾巴尼亞擔任 2020 年的輪值主席國，塞爾維亞和俄羅斯就提出解釋性聲明（interpretative statement）。塞爾維亞認為由於阿爾巴尼亞強烈支持科索沃的獨立宣示，該國期望阿國在擔任輪值主席期間能以負責任、透明和不帶偏見的方式，依據聯合國安理會第 1244 號決議案、歐安組織的各項規範，以及歐安組織在科索沃議題上的中立地位，執行它的義務。[20]從 1991 年起至今，部分參與國（如英國、俄羅斯）還未曾輪到擔任輪值主席國，而德國、義大利、奧地利和瑞士等國已經擔任過兩次。

輪值主席國在「就任」時，可提出政策優先事項，亦即該國擔任主席後的施政重點。由於各國的國情不一，在政策優先事項方面也會有差

---

[19] 如 2016 年 7 月召開的部長會議決定 2018 年的輪值主席國由義大利擔任，12 月的部長會議決議 2019 年的輪值主席國由斯洛伐克擔任。見：Decision No. 2/16 OSCE Chairmanship in the year 2018, in: https://www.osce.org/cio/288126?download=true_(2022/11/15); Decision No. 7/16 Chairmanship in the year 2019, in: https://www.osce.org/cio/288156?download=true (2022/11/15)

[20] 見：OSCE Twenty-Fifth Meeting of the Ministerial Council 6 and 7 December 2018 Decision No.1/18 OSCE Chairmanship in the Year 2020, p.17. in: https://www.osce.org/files/mcdec0001c1%20osce%20chairmanship%20in%202020%20en.pdf (2022/11/15)

異。哈薩克是 1991 年以來第一個擔任輪值主席的中亞國家，在這之前，輪值主席皆由歐洲國家擔任。其實早在 2003 年時，哈薩克即提出擔任輪值主席的要求。但由於歐盟內部、美國和俄羅斯相繼表達不同的意見，以致遲至 2007 年才決定由哈薩克擔任 2010 年的輪值主席。[21]哈國外交部長沙達巴耶夫（Kanat Saudabajews）接任時，提出 15 項優先政策，其中有三項可以說是符合俄國的利益（歐洲安全條約、歐洲傳統武力條約和、以及與國際組織的合作），有兩項為哈薩克特別關心的議題（阿富汗和裁減核子武器），其餘的皆為歐安組織本身的日常議題。[22]

其實輪值主席一職既非決策機構，也非行政結構。輪值主席除擔任部長理事會和常設理事會的會議主席之外，最主要的功能是協調與危機處理，亦即對內協調各機構的工作，擔任衝突預防和危機處理的樞紐；對外代表歐安組織，與各國際組織進行接觸，可說位居歐安組織的核心位置。輪值主席因事務異常繁重，在分身乏術之下，會任命特別或個人代表（Chairperson-in-Office Representatives），於明確規範的職權與任務的範圍內，代表輪值主席執行特定任務。

輪值主席在任務團的成立、組成、執行與結束的過程中，扮演核心的角色。由她／他所主持的常設理事會會議通過成立任務團的議案，並明定任務團的任務與經費。任務團的團長雖由各參與國提供人選名單，最後是由輪值主席向常設理事會提名，由後者同意。在最終提名之前，輪值主席必須和被派駐國政府討論該人選的適當性。團長的工作表現由秘書長評估，且必須將評估結果送給輪值主席，以便有必要時，後者可和相關當事國進一步協商。輪值主席每年與每位團長會面一次，討論任務的執行成效，以及評估任務的完成進度。若團長建議可結束任務團的工作時，輪值主席便將此建議案排入常設理事會的議程內。

---

[21] Pál Dunay, "Kasachtans einzigartiger OSZE-Vorsitz 2010", in: IFSH (ed.), OSZE-Jahrbuch 2011, (Baden-Baden: Nomos Verlag, 2013), pp. 55-71.
[22] 這 15 項優先政策為：歐洲安全條約、與其他國際組織的合作、歐洲傳統武力條約、解決長期性的衝突、裁減核子武器、對抗非法貿易與恐怖主義、協助阿富汗、處理環境危機、協助歐安組職的三個機構、改善陸路交通運輸、對抗人口販運、性別平等政策、促進司法獨立、以及強調人權與基本自由。

（二）秘書處

1990年以前，歐安組織的會議皆由主辦國的外交部負責，並沒有一個籌備會議的固定機構。1990年由巴黎高峰會議開啟的制度化，決議在布拉格設立秘書處，以支援各項會議的行政事務。1993年羅馬部長會議依據前資深官員委員會的決議，決定在維也納成立秘書處，下設議會服務、行政與預算、支援輪值主席，以及衝突預防中心等四個部門。[23]先前在布拉格的秘書處則改制為歐安組織文件中心（OSCE Documentation Center）。經過多年的發展，現今隸屬秘書處的單位有秘書長辦公室、衝突預防中心、經濟暨環境事務協調專員辦公室、管理與預算部、人力資源部，以及內部監督辦公室。歐安組織的參與國雖達57個之多，各單位的人員編制一向偏少，秘書處人員只有416人（2021年），其中包含當地雇員199人。若再加上長期任務團成員，歐安組織聘用的人員數每年可達3,600人。

1. 秘書長

秘書處首長或歐安組織行政機構的最高行政首長（Chief Administrative Officer）為秘書長。秘書長一職由1992年的斯德哥爾摩部長會議設立，各參與國可提名一位秘書長人選，連同相關履歷送交輪值主席。輪值主席再召開非正式的諮詢會議，邀請候選人向參與國代表發表演說。參與國參與的諮詢會議可召開多回，直到與會者依共識決選出一位人選為止。輪值主席再將這位人選推薦給部長理事會任命。秘書長一任三年，得連任一次。[24]秘書長的職掌，經過歷屆部長會議的擴充，主要如下：

---

[23] 見：Fourth Meeting of the Council – OSCE and the New Europe – Our Security is Indivisible Decisions of the Rome Council Meeting, VII CSCE Structures and Operation 8, in:
https://www.osce.org/files/f/documents/3/6/40401.pdf (2022/11/15)

[24] 1992年的任期規定為一任三年，得連任一次（二年）。2008年將連任的任期延長為三年。首任秘書長為德國籍何恩克（Wilhelm Hoynck），其次依序為義大利籍亞拉果那（Giancario Aragona）、斯洛伐克籍庫比斯（Jan Kubis）、法國籍布里夏包特（Marc Perrin de Brichambaut）、義大利籍查尼爾（Lamberto Zannier）、瑞士籍葛雷明恩（Thomas Greminger）。出任秘書長的各國人士皆為該國的資深外交官。

第壹章　歐安組織與長期任務團

- 確保歐安組織的決策能被妥善執行
- 擔任輪值主席的代表，協助和支援輪值主席的各項活動，以完成歐安組織的目標
- 擔任歐安組織各級行政單位的首長，協助常設理事會並對其負責
- 透過草擬和執行決策，以及藉由協助輪值主席，籌備和召開各項會議，促進參與國之間的政治對話與協商
- 協助輪值主席與各國際組織保持密切關係
- 監督管理歐安組織任務團和協調它們之間的工作；在任務團團長任職命令上副署，並傳達相關的規定與規則
- 在輪值主席的同意之下，任命秘書處各單位的主管，所屬行政工作人員對秘書長負責
- 負責執行財政規定

在實際履行職務過程中，秘書長非但只是最高行政首長而已，她／他還可以扮演常設理事會或安全合作論壇會議的緊張情勢或潛在衝突預警者，以及專業和背景知識的提供者。秘書長必須與各參與國的代表團保持密切聯繫，也必須與歐安組織各機構首長（或主管）定期協商，以維持執行政策時的一致性。在任務團方面，團長雖有其自主性，但秘書長是各任務團彼此合作的協調者。自 1993 年以來，歐安組織總共出現過六位秘書長，一般任期為三年，最長任期為義大利籍外交官薩尼爾（Lamberto Zannier）的六年。第七任秘書長為 2020 年就任的德籍外交官史密特女士（Helga Maria Schmid）。

2. 衝突預防中心

衝突預防中心是歐安組織最早設立的單位之一，其成立依據直接來自 1990 年 11 月巴黎高峰會議的決議。1991 年 3 月於維也納正式展開工作，起先為獨立單位，1994 年納入秘書處。中心在秘書長的領導下，於早期警告、衝突預防、危機處理和衝突後重建等面向內，為輪值

主席和其他部門提供必要的協助。此外該中心並為派駐各地的任務團於政治一軍事面向內,提供直接的協助與專門知識。

衝突預防中心最主要的工作為「政策支援服務」(Policy Support Service),此一服務由四個「區域服務台」(regional desks)組成,各自為高加索、中亞、東南歐和東歐等四個區域內的任務團,於計劃、政策和執行等方面,提諮詢和建議。「政策支援服務」可說是歐安組織任務團、秘書處和輪值主席三者之間主要的協調站,並且監視派駐地區的政治情勢發展。

再者「政策支援服務」部門也向各參與國提供各任務團的定期報告,以及如果派駐地區出現緊張情勢,向輪值主席和各參與國代表團,提出早期預警。最後,當歐安組織的高級官員(如輪值主席、秘書長等)欲訪問任務團派駐的地區時,「政策支援服務」負責規劃與籌備相關的行程。

(三)民主制度與人權辦公室

民主制度與人權辦公室(The Office for Democratic Institution and Human Rights,以下簡稱民主辦公室)的前身為1990年設於波蘭首都華沙的自由選舉中心(Office for Free Elections),主要功能在於蒐集參與國的各項選舉資訊、促進各國的選舉資訊交流,以及協調有意進行選舉觀察的國家與被觀察國之間的聯繫。此一機構由美國提議成立,主要用意乃是將民主制度推廣到中東歐,協助脫離「鐵幕」的中東歐國家建立民主制度。辦公室設於華沙,而非總部維也納,亦有重視中東歐國家的意味。1992年布拉格部長會議將其更名為現今的名稱,辦公室的人員編制共150人(2022年)。民主辦公室的年度預算約只有164萬歐元(2021年),算是個「小而美」的重要單位。民主辦公室主任(Director)由部長理事會任命,一任三年,得連任一次。

民主辦公室的任務在於協助參與國建立民主制度,以及促進保護和尊重人權與基本自由。為實踐任務目標,民主辦公室的工作要項有:選舉觀察,協助參與國的選舉制度符合歐安組織的相關規範與國際標

準、協助參與國改善法治與民主治理、執行人權教育、協助參與國政府對抗仇恨犯罪（hate crimes）、促進吉普賽人的權利等。

在所有的行政機構中，民主辦公室可說是與長期任務團合作最密切的單位。尤其是各參與國的選舉，通常都由民主辦公室籌組國際選舉觀察團；之後在任務團的協助下，分赴各地選區進行選舉觀察。[25]觀察結束後，民主辦公室根據觀察結果提出最終報告書（Final Report），報告書內皆會提出針對選舉制度與選務的改善建議，而任務團正是協助當事國政府，依據建議案，改善選舉制度的單位。此外歐盟在與西巴爾幹國家談判有關加入歐盟的條件時，歐盟會把最終報告書內，前次選舉的改善結果與本次選舉的改善意見，列為參考依據。易言之，民主辦公室提出的改善意見正有助當事國加入歐洲聯盟。

民主辦公室每年出版的年度報告（Annual Report），除揭露參與國舉辦選舉的重要資訊外，並對民主制度、公民社會、人權教育、對抗仇恨犯罪等重要議題，提出個別參與國或區域性的觀察報告。年度報告對了解各參與國的民主進程相當有幫助。

（四）少數民族高級委員

少數民族高級委員（High Commissioner on National Minorities，以下簡稱高級委員）為1992年赫爾辛基高峰會議設立的機構，主要負責監視歐安組織區域內的族群關係，以及各參與國內部少數民族的情勢，以便在早期階段，發揮衝突預警的功能，必要時採取早期措施。少數民族高級委員由部長理事會任命產生，一任三年，得連任。[26]高級委員的工作方式，一方面是透過訪問參與國，以靜默外交（Quiet Diplomacy）

---

[25] 自1996年以來，民主辦公室已經在57個參與國，舉辦超過400次的選舉觀察，動員超過58,000人次的長短期選舉觀察員。

[26] 首任高級委員為荷蘭籍范德史托爾（Max van der Stoel），其次依序為瑞典籍艾可伊斯（Rolf Ekéus）、挪威籍弗洛貝克（Knut Vollebaek）、芬蘭籍索爾斯女士（Astrid Thors）、義大利籍查尼爾（Lamberto Zannier）。現任代表為哈薩克籍Kairat Abdrakhmanov。

形式，與當事國政府、少數族群代表和民間社團等討論該國內部少數民族面臨的問題，並提出立法的和政策的改善建議。另一方面，在提出改善建議後，規劃專案，長期協助當事國政府改善與提升少數民族的權利地位與生活環境。高級委員辦公室的年度預算相當少，2021年僅編列約350萬歐元，人員編制也只有37人。

高級委員執行工作任務的自主性相當高，無需常設理事會或當事國政府的同意，便可介入內部有關少數族群的問題。之所以如此，乃是高級委員一職的公正、中立與獨立性受到參與國的重視，也唯有在不帶立場與不偏私的情形下，高級委員才得就情勢作出正確的判斷與評估。[27]高級委員必須定期向常設理事會提出報告，就歐安組織區域內的少數族群議題，以及訪問參與國和會見各方代表的過程與結果提出評估與建議。在報告內，常可見到高級委員對參與國的立法或政策提出其職務內的關切，如2022年7月的報告指出，波士尼亞有關非屬憲法三族的其他少數族群的權利，在立法上仍有改善的空間[28]；拉脫維亞在教育與歷史記憶方面的立法辯論，可能限制少數族群（主要是俄裔）的權利。[29]

高級委員的定期報告具有早期預警的功能，可提醒當事國事先預防可能爆發的動盪或衝突。然而，歐安組織是由主權國家成立的國際組織，決策機構的決策固約束所有的參與國，行政機構提出的建議案，對參與國來說，卻只具建議性質，是否改善以及如何改善，端視參與國的政治意願。

---

[27] 參閱：Kurt Tduyka, Das OSZE-Handbuch, (Opladen:Leske+Budrich, 2002), pp.125-129.

[28] 波士尼亞憲法明定的三族為克羅埃西亞裔、波士尼亞裔和塞爾維亞裔，其他族群雖然具有相同的憲法權利，但不具有參選總統或國會議員的權利。高級委員在報告內就這方面的不平等提出改善建議，但該報告僅具建議性質，波士尼亞迄今仍未就高級委員的報告提出任何改善之道。

[29] OSCE/High Commissioner on National Minorities, OSCE High Commissioner on National Minorities to the 1381st Plenary meeting of the OSCE Permanent Council, HCNM.GAL/3/22Corr.1, 7 July 2022, pp.5-7., in: https://www.osce.org/files/f/documents/0/1/522352.pdf (2022/08/19)

（五）媒體自由代表

　　成立於 1997 年的媒體自由代表（The Representative on Freedom of the Media）是歐安組織最晚成立的機構。媒體自由代表由部長理事會任命，一任三年，可連任。[30]媒體自由代表的職責主要觀察參與國的媒體發展，並注意違反表達自由與媒體自由的事件，且以報告的方式，在常設理事會中提醒各參與國注意（早期預警）。近年來媒體自由代表的工作重點乃注意各國（尤其是巴爾幹地區）仇恨言論（hate speech）的興起，以及媒體工作者的人身安全。在這方面，除透過公開談話之外，媒體自由代表尚且訪問當事國，商討違反媒體自由事件，以及和相關單位合作，協助改善。自 2015 年起，在媒體自由代表與東南歐任務團的合作下，每年召開東南歐媒體會議（OSCE South East Europe Media Conference），邀請東南歐各國政府和國會代表、大學教授和媒體專家、媒體機構與從業人員代表、獨立記者等，討論媒體立法、媒體的獨立與中立、媒體倫理與專業、媒體環境等議題，通過各項有關媒體自由的宣言，敦促相關國家政府與國會採取必要措施，以實現媒體自由的理念。[31]

　　歐安組織設立媒體自由代表一職，顯見各參與國對媒體自由的重視，因為媒體自由不僅是公民社會的核心內涵，其所涵蓋的表達自由更是選舉過程中不可或缺的要素。因此，民主辦公室的選舉觀察最後報告書中，有一段落專屬選戰中的媒體自由與表達自由，而這又和媒體自由代表息息相關。媒體自由代表算是秘書處底下三個重要機構當中最小的一個，它的人員編制只有 17 人，年度預算也才 160 萬歐元（2021 年）。

---

[30] 首任代表為德國籍的杜佛（Freimut Duve），依序為匈牙利籍 Miklós Haraszti、波士尼亞籍 Dunja Mijatović 和法國籍 Harlem Désir。現任代表為葡萄牙籍禮拜羅女士（Teresa Ribero）。

[31] 見：OSCE, OSCE South East Media Conference, in: https://www.osce.org/representative-on-freedom-of-media/445867 (2022/08/19)

（六）其他

1. 語言

歐安組織有 57 個參與國，各參與國的官方語言並不相同，因此明訂英語、法語、德語、義大利語、俄語和西班牙語為工作語言（working languages）。決策機構的會議必須提供兩種語言之間的翻譯。但若主席提出明確的理由，且也獲得參與國的同意，則開會時可以使用單一語言。若參與國代表使用工作語言之外的語言，必須提供任一種官方語言的翻譯服務。會議記錄，不論是紙本或電子檔，都必須提供六種工作語言的版本。不過由於歐安組織的正式編制人員有限，重要的文件可提供六種語言版本（如高峰會議和部長會議的決議），其他機構或單位的文件大多只提供英語版本。

2. 預算與人力

歐安組織的預算依據經濟規模大小，由參與國依比例分攤（Contribution），比例則由常設理事會決定。57 個參與國大概可以分成四個等級：最高等級為繳交額度在總預算的 10%以上，共有美國（12.9%）、德國（10.9%）、英國、法國和義大利（約為 10.4%），五國合計繳交 55%的年度預算。[32] 其次是繳交比例介於百分之一到十之間的國家，共有 13 個國家屬於此一等級，其中以加拿大繳交的比例最高（5.4%）。再來是繳交比例在 1%以下的國家，共有 30 個。最後為僅只繳交基本款數，所占的比例為零的國家，共有 9 個國家僅只繳交基本款數。[33]

參與國繳交的額度出現極大的落差，也反映出內部經濟規模的不對等。以 2021 年為例，共有 39 個參與國的繳交比例在 1%以下，其中更有 26 個參與國的繳款在 0.1%以下。[34]一向不太重視歐安組織的美

---

[32] 參閱：OSCE, Annual Report 2021, in: 520912.pdf (osce.org) (2022/08/19)

[33] 此一基本款數每年調整，2018 年為 45,035 歐元，2019 年微幅調整為 45,276 歐元。亞美尼亞、亞塞拜然、喬治亞、吉爾吉斯、摩爾多瓦、蒙古、蒙特內哥羅、塔吉克和土庫曼等 9 國。

[34] 以 2021 年為基準，0.1%約為 91,052 歐元。

國,堪稱是「繳款大戶」。在歐安組織尚被稱為歐安會議的年代,俄國繳交的比例約在 10%以上,然冷戰結束後,俄羅斯經濟不振,繳款的比例已降至 4%左右,還落在加拿大、西班牙(4.8%)之後。

歐安組織總預算的編列程序,依據 2003 年常設理事會的決議,其過程依序為 1.各單位設定計畫優先順序;2.預算的準備、提交與核准;3.執行計畫;4.計畫修正、評估和成果報告,最後的步驟則是總預算修正與財務結算。2021 年常設理事會通過的年度預算為 138,204,100 歐元。年度預算主要分為兩大部分:秘書處與其他行政單位,以及與任務團相關的經費。前者為 62,381,700 歐元,約占年度預算的 45%,後者 75,822,400 歐元(55%)。近幾年來,45:55 已經成為兩大項目的固定分配比率。分配於任務團的經費中,東南歐任務團所佔的經費比例最高(34%),其次是中亞地區(15%),第三為東歐地區(4%),最少的是高加索地區,僅佔 2%。這一個分配比率也逐漸固定下來。

歐安組織沒有自有財源,所需經費全來自參與國的提供。在編列年度預算時,每每因為參與國的利益不一,重視的工作領域也不同,常常有針鋒相對的情形出現。[35]長久以來,俄羅斯和部分國家對民主辦公室或高級委員等機構常有微詞,於編列預算時,往往採較為嚴格的審查。而大力支持這些機構的美國,則常抱怨這些機構的預算編列不足,以致影響它們的政策執行能力。[36]歐安組織的預算歷年來都不足[37],

---

[35] 如亞美尼亞派駐歐安組織的大使塔比比昂(Jivan Tabibian)將編列預算比喻為「泰坦們的戰爭」(the battle of titans),每位參與者各有所鍾愛的面向、機構、任務等。見:OSCE/Delegation of the Republic of Armenia, Statement On 2008 Unified Budget Proposal Delivered by Ambassador Jivan Tabibian At the 693 Meeting of the OSCE Permanent Council December 21, 2007, PC.DEL/55/08, 24 January 2008, in: http://www.osce.org/pc/30486?download=true (2022/08/19)

[36] 見:OSCE/Permanet Council, Decision No. 1197 Approval of the 2016 Unified Budget, PC.DEC/1197, 31 December 2015, Attachment 6, in: http://www.osce.org/pc/215416?download=true (2022/08/19)

[37] 早在 1993 年,羅馬部長會議就曾對部分參與國不繳納「會費」表達出憂心,「一個如歐安會議般的合作性計畫,沒有參與國的多方援助,是不會興盛的。」見:Fourth Meeting of the Council–OSCE and the New Europe–Our Security is Indivisible Decisions of the Rome Council Meeting, VII CSCE Structures and Operation 9.2, in: https://www.osce.org/files/f/documents/3/6/40401.pdf (2022/11/16)

更糟糕的是,自 2008 年起,年度預算每年微幅調降(見表2),原因在於部分參與國堅持預算的名目零成長,這等於預算年年實際減少。預算減少的原因雖可歸諸於任務團結束、任務轉給其他國際組織等,最主要原因還是部份參與國堅持總預算必須往下調降。[38]

表2:歐安組織年度預算一覽表(2010-2021)

年度	年度預算(歐元)	與前一年相比
2010	157,650,000	-1,000,000(-0.7%)
2011	150,764,700	-6,885,300(-4.4%)
2012	148,055,400	-2,709,300(-1.8%)
2013	144,822,600	-3,232,800(-2.2%)
2014	142,304,100	-2,518,500(-1.7%)
2015	141,107,600	-1,196,500(-0.84)
2016	142,053,800	+946,200(+0.007%)
2017	138,982,600	-3,071,200(-2.16%)
2018	137,801,200	-1,181,400(-0.85%)
2019	138,204,100	+402,900(+0.003%)
2020	138,204,100	0
2021	138,204,100	0

資料來源:http://www.osce.org/funding-and-budget
筆者自行整理

歐安組織的年度經費除預算外,還有來自參與國或其他國家和國際組織的捐款資助(Voluntary Contributions),2021 年這一部分共計 5,300 萬歐元。資助金額最多的是歐盟,共捐款 2,100 萬歐元;其次是「繳款大戶」美國,與應繳的「年費」相當,約資助 1,000 萬歐元。非參與國中,日本(675,326 歐元)、韓國(84,700 歐元)、聯合國發展計畫(157,000 歐元)、可口可樂基金會(82,400 歐元)都出現在捐贈者

---

[38] Marc Perrin de Brichambaut, "Sechs Jahre als OSZE-Generalsekretär: ein analytischer und persönlicher Rückblick", in: IFSH (ed.), OSZE-Jahrbuch 2011, (Baden-Baden: Nomos Verlagsgesellschaft, 2011), p.48.

名單當中。俄國僅只捐助 5,997 歐元，少於拉脫維亞的 1 萬歐元。接受捐贈最多的單位為秘書處，有 1,800 萬歐元，其次是民主辦公室的 726 萬歐元，第三名為烏克蘭專案計畫協調處（Project Co-ordinator Ukraine）458 萬歐元。

與其他歐洲國際組相比較，歐安組織的參與國數目最多，但年度預算卻是最少的一個泛歐組織。2019 年，歐洲理事會的年度預算有 2 億 4 千萬歐元，比歐安組織整整多出一億歐元的預算。就個別會員國來說，差距更大。以德國為例，2018 年德國繳交歐洲理事會的「年費」為 3,600 萬歐元，繳給歐安組織僅 1,503 萬歐元，不到前者的一半。法國則是 3,822 萬歐元與 1,483 萬歐元之比。純以繳交款數而言，大國是「厚彼薄此」；但若以比例而言，小國的繳交差距更是明顯：亞美尼亞繳給歐安組織的「年費」屬「基本費」45,891 歐元，但繳給歐洲理事會的年費卻達 49 萬歐元，為前者的十一倍。即使是蕞爾小國聖馬利諾繳給歐洲理事會的「年費」（142,522 歐元）也比繳給歐安組織的多（88,722 歐元）。

2020 年歐安組織編制人員總共為 3,591 人，其中總部行政人員有 616 人，其餘為任務團的工作人員（見表 3）。歐安組織各類人員來源有三；國際招募、參與國派任和當地雇員。人員的聘用任期不一。單位主管的聘用任期為 4 年，專門技術人員 7 至 10 年不等。任期屆滿，若工作或任務需要，秘書長可向常設理事會提出聘期延長的申請。

表 3：歐安組織人員編制數目一覽表（2017-2020）*

年度	總數	行政機構人數	任務團人員數
2017	3,416	596	2,820
2018	3,605	613	2,992
2019	3,606	589	3,016
2020	3,591	616	2,975

資料來源：歐安組織秘書處年度報告
筆者自行製表
*2021 年的年度報告只提供編制人員總數（3603 人），
不再提供各機構人員數

在任務團方面,工作人員分兩類:一類由各參與國派遣,另一類則招募派遣地的專門技術人員(當地雇員)。由參與國派遣的工作人員,其與薪資相關的給付由各參與國負責。但因為參與國的經濟情況不一,致使部分財政較為弱勢之參與國的派遣人員必須依賴較為富有的國家的協助(如提供住宿或額外津貼)。此一情形不僅導致參與國之間的不平衡,亦即富有國家必須額外擔負經濟弱勢之參與國的費用,還可能導致貪污的情形發生。[39]再者由於各參與國招募工作人員的條件不一,再加上其他國際組織(如歐盟、聯合國)亦同樣需要任務團工作人員,致使歐安組織的任務團人員招募情形不甚理想,往往一個位置,僅有個位數的求職者前來應徵。

招募情形較佳的為派遣地的當地雇員。其原因在於派遣地往往是動盪不安,且經濟較為落後的地區。歐安組織提供的工作,不僅有一份較為穩定的薪水,且此份所得與當地薪資相比較高。不過,由於歐安組織提供的薪資不到聯合國建議薪資的 80%,甚至遠不及歐盟提供的薪資,致使當地工作人員一經訓練和熟悉工作之後,頻頻轉換到給付較佳的國際組織工作。[40]人員招募不易,再加上流動性大,往往不利技術的養成與工作經驗的累積。

第二節　長期任務團的源起

任務團的概念,或者引進專家,著手處理相關領域的問題的想法,最早出現在 1990 年的巴黎高峰會議。在「一個新歐洲的巴黎憲章」內,參與國於人道面向(The Human Dimension)內,決定引進新的方法來充實人道面向的機制(Mechanism)。新的方法「預先考慮到專家的協助,或提出一份具人權問題經驗的著名人士的名單,此人權問題可能

---

[39] Marc Perrin de Brichambaut, "Sechs Jahre als OSZE-Generalsekretär:ein analytischer und persönlicher Rückblick", in: IFSH (ed.), OSZE-Jahrbuch 2011, (Baden-Baden: Nomos Verlagsgesellschaft, 2013), p.48.
[40] Ibid.

是此機制的處理對象。」[41]參與國決定在莫斯科人道面向會議（1990/09-1991/10）上，繼續討論專家協助的新方法。莫斯科人道面向會議於9月10日開幕，一直持續到1991年10月才閉幕。會議最主要的成果，也將「名留歐安組織歷史」的，是參與國決定採納的人道面向專家和報告員機制（Rapporteurs Mechanism）。[42]

依據人道面向機制的規定，當參與國境內發生人權問題疑慮時，當事國可邀請或請求歐安組織派遣至多三位專家，組成專家任務團（Mission of Experts），進入當事國查證事實（Fact-finding），以釐清問題的真相，化解不必要的誤解。專家任務團主要的工作為查證事實和撰寫考察報告，並不就問題提出建議。在事實查證之後，進一步提出建議或解決方案的是報告員任務團（Rapporteur Mission）。不同於專家任務團的啟動方式，在一定數目的參與國的支持下，一個參與國可要求組成人數最多亦三人的報告員任務團，到另一個參與國內，查證人權問題疑慮，並做出解決問題的建議案。[43]參與國可就此建議案，「敦促」當事國採取必要措施，以符合歐安組織的相關規範。無論是專家或報告員任務團，兩者的成立和派遣都需要當事國的同意（主權原則），以及善意的合作。

依據莫斯科機制派遣任務團，在任務團的歷史中至少有過三次的經驗。[44]不過歐安組織的首次任務團，並不是莫斯科機制下的任務團，而是依據該機制的報告員任務團模式，於阿爾巴尼亞獲准加入歐安組織不久之後，派遣到阿爾巴尼亞，就歐安組織的規範是否被遵守一事，

---

[41] 吳萬寶著《歐洲安全暨合作組織—導論與基本文件》，（永和：韋伯文化國際出版有限公司，2003），頁165。
[42] Alexis Heraclides, Helsinki–II and Its Aftermath, (London and New York: Pinter Publishers, 1993), p.18
[43] 有關這兩類任務團的組成與任務，請參閱：吳萬寶著《歐洲安全暨合作組織》，（台北：五南圖書出版公司，民89年），頁134-137。
[44] 這三次的經驗分別是1992年9月底到克羅埃西亞、同年12月到愛沙尼亞和1993年1月到摩爾多瓦；也有遭到當事國拒絕的例子，如美國要求烏茲別克邀請專家任務團進入該國查證人權事實，卻遭到烏國的拒絕，認為此舉干涉內政。見：Alexis Heraclides, op.cit., p.19.

進行勘查和事實蒐集的任務。⁴⁵阿爾巴尼亞於 1990 年初由該國外交部長致函歐安組織，表達加入歐安組織的意願。起初阿爾巴尼亞僅獲得觀察員的地位（observer status），參與國的用意在於讓阿國先熟悉歐安組織的規範體系，並改善內部的法規與制度，以符合各項規範的要求。一年後，阿爾巴尼亞於柏林部長會議中獲准加入，但被要求必須「歡迎」（welcome）歐安組織籌組報告員任務團，進入阿國，確認該國遵守各項規範的意願。⁴⁶ 由於阿爾巴尼亞是 1989 年後，第一個獲准加入歐安組織的歐洲國家，阿爾巴尼亞的加入模式乃成為日後其他國家可依循的模式：以書面表達加入的意願，並聲明願遵守歐安組織各項規範，獲准加入，派遣報告員任務團入境。

不過，阿爾巴尼亞模式並非普遍適用，日後加入歐安組織的國家仍有因特殊考量而偏離阿爾巴尼亞模式的。例如波羅的海三國於 1991 年 9 月的莫斯科臨時會議中獲准加入時，由於長期被「佔領」，歐安組織沒有要求三國應邀請報告員任務團入境。⁴⁷反而是在加入的隔年，因境內的俄裔人士問題，歐安組織成立長期任務團，派遣至愛沙尼亞和立陶宛。再者烏克蘭、摩爾多瓦、白俄羅斯，以及高加索和中亞等共 10 個國家於 1992 年 1 月獲准加入時，全部都邀請報告員任務團入境。

---

45 Gunther Hauser, Die OSZE–Konfliktmangement im Spannungsfeld regionaler Inteessen, (Opladen:Verlag Barbara Budrich, 2016), p.57.
46 阿爾巴尼亞於 1991 年 6 月寫給歐安組織輪值主席的信中說：「阿爾巴尼亞政府歡迎部長會議主席安排的報告員任務團的拜訪，阿國政府會盡可能便利和協助該任務團。阿國政府確信該任務團會知會其他參與國有關阿國在實踐歐安組規範方面的進步，以及協助阿國實踐該目標。」見：Berlin Meeting of the Council 19-20 June 1991 Summary of Conclusions, in: https://www.osce.org/files/f/documents/5/1/40234.pdf (2022/08/21)
另參閱：Theodor Meron and Jeremy S. Sloan, "Democracy, Rule of Law and Admission to the Council of Europa", in: Israel Yearbook on Human Rights:1996, Volume 26 (The Hague/Boston/London: Martinus Nijhoff Publisher, 1996) p.142.
47 波羅的海三國從提出申請到獲准加入的時間相當短，只有 4 到 5 天的時間。見：Additional Meeting, at https://www.osce.org/files/f/documents/3/8/40241.pdf Ministerial Level, of the Representatives of the Participating States in Moscow on the Question of the Admission of the Republic of Estonia, Latvia and Lithuania, in: https://www.osce.org/files/f/documents/3/8/40241.pdf (2022/08/21)

[48]稍晚加入的克羅埃西亞和斯洛維尼亞，先被賦予觀察員的身分，等到獲准加入時，兩國表達「特別邀請」（specifically invites）人權報告員任務團（Human Rights Rapporteur Mission）到該國訪問。[49]2011 年 10 月，蒙古共和國外交部長致函歐安組織，表達加入該組織的意願。一年後，都柏林部長會議接受蒙古共和國成為歐安組織第 57 個參與國，卻沒隻字片語提到阿爾巴尼亞模式中的報告員任務團。[50]

如上所言，在歐安組織的用語當中，專家任務團和報告員任務團的工作性質不同，前者僅限於查證事實和撰寫與繳交實地考察報告，後者則進一步就記錄到的問題，提出建議解決方案。兩者的性質不同，但期限短（short term）則是共同的特徵。專家任務團需在成團之後的三個星期內，繳出結果報告；而報告員任務團必須在任命第三位成員後的兩個星期內，向歐安組織和當事國提出建議報告。

不論是莫斯科機制的兩類任務團，或為考察新獲准加入的參與國的內部規範而成立的報告員任務團，這些都是短期性質的任務團。然而，南斯拉夫內戰的惡化，迫使歐安組織的決策單位思考必須成立長期且任務特定的任務團，以處理日愈複雜的內部衝突問題。在南斯拉夫內戰的背景下，歐安組織的前資深官員委員會遂於 1992 年 8 月，通過長期任務團（Missions of Long Duration）的決議，成立派駐「科索沃、山德亞克和沃伊沃地那長期任務團」（Missions of Long Duration in Kosovo, Sanjak und Vojvodina）。[51]這是歐安組織的第一個長期任務團，從此開啟派駐長期任務團的歷史。

---

[48] 見：OSCE, Prague Meeting of the CSCE Council 30-31 1992 Summary of Conclusions, in: https://www.osce.org/files/f/documents/7/b/40270.pdf (2022/11/16)
[49] Ibid.
[50] 蒙古共和國在加入之前，曾是歐安組織的合作夥伴國家（2004 年）。俄羅斯就此表明，蒙古共和國的獲准加入不應被視為是歐安組織合作夥伴的先例。目前（2020）歐安組織共有 11 個合作夥伴國家。見：OSCE/Ministerial Council, Decision No. 2/12 Accession of Mongolia to the OSCE, MC.DEC/2/12, in: https://www.osce.org/files/f/documents/e/6/97439.pdf (2022/08/21)
[51] CSCE, Fifteenth Meeting of the Committee of Senior Officials, "Decision on Mission of Long Duration", 15-CSO/Journal NO. 2, Prague 1992, in: https://www.osce.org/files/f/documents/1/1/16159.pdf(2023/10/19)

在上述的決議中，前資深官員委員會不僅明確訂定任務團所應執行的任務，而且也指出指揮鏈與工作人員的來源。在執行任務期限方面，預定為期 6 個月，屆滿時，經雙方同意得再延長 6 個月。這 6 個月的期限，也就成為長期任務團執行任務的標準期限，如 1992 年派駐在摩爾多瓦、愛沙尼亞、拉脫維亞等任務團都是。[52]另外，也有初期 3 個月，延長時為 6 個月的，如 1992 年的喬治亞任務團。從 1992 年迄 2023 年，歐安組織總共派遣超過 30 個以上的各類任務團到參與國執行特定的任務（見下表）：

表 4：歐安組織派駐參與國各類任務團一覽表（2023.07）

地理區域	執行任務中 （成立時間）	已結束 （起訖時間）
東南歐	科索沃任務團 （1999）	● 科索沃、山德亞克和沃伊沃地那任務團（1992.09-1993.07） ● 道頓協定輪值主席個人代表（1995-2015）
	波士尼亞任務團 （1994）	
	塞爾維亞任務團 （2006）	
	蒙特內哥羅任務團 （2006）	
	北馬其頓任務團 （1992）	
	阿爾巴尼亞任務團 （1997）	
東歐	摩爾多瓦任務團 （1993）	● 愛沙尼亞任務團（1993.02-2011.12） ● 拉脫維亞任務團（1993.11-2011.12） ● 烏克蘭任務團（1994.11-1999.04）
	烏克蘭專案協調員 （1999）	

---

[52] 見：OSCE Annual Report 1993 https://www.osce.org/files/f/documents/7/2/14581.pdf

援助烏克蘭計畫（2022）		● 烏克蘭別監視團（2014.03-2000.03） ● 烏克蘭專案協調員（1999.06-2022.06） ● 克羅埃西亞任務團（1996.07-2007.12）* ● 白俄羅斯諮詢與監視小組（1998.01-2002.12） ● 俄羅斯頓內茲克檢查哨觀察任務團（1998.01-2002.12） ● 歐安組織愛沙尼亞軍事監獄專家委員會（1994-2006）
高加索	高階計劃小組（1994）	● 喬治亞任務團（1992.11-2008.12） ● 車臣協助小組（1995.04-2002.12） ● 葉里溫辦公室（2000.02-2017.08） ● 巴庫辦公室（2000.07-2015.12） ● 明斯克辦公室（2003.01-2011.03）
	處理明斯克衝突議題的輪值主席個人代表（1992）	
中亞	哈薩克計畫辦公室（1998）	● 中亞辦公室（1995.03-2000.12）**
	土庫曼中心（1998）	
	吉爾吉斯計畫辦公室（1998）	
	烏茲別克專案協調員（2006）	
	塔吉克計畫辦公室（1993）	

* 克羅埃西亞任務團任務期滿後，改為薩格勒布辦公室至 2012 年 1 月。

** 中亞辦公室 2001 年一月併入歐安組織塔什干中心（烏茲別克），2006 年成立烏茲別克專案協調員取代塔什干中心。

資料來源：
OSCE, Where we are, in: https://www.osce.org/where-we-are (2023/07/31)
筆者自行整理製表

第三節　長期任務團的制度與組織[53]

歐安組織派遣到參與國的任務團，因參與國的需求或情勢要求，而出現不同性質和不同功能的任務團，且在任務團的名稱上也不一致，呈現出一幅多元的圖像。以下分別從名稱與期限、派遣與指揮鏈，以及任務與人員配置等三個方面來闡述長期任務團。

一、名稱與期限

在歐安組織的用語中，「Mission」指的是派到參與國的工作團隊或代表歐安組織的個人，執行歐安組織賦予之明確且特定的任務，以發揮早期預警、衝突預防和危機處理的作用。藉由外派工作團隊的實地工作，在不同程度上穩定各別參與國的內部情勢，以及協助處理制度建立和解決內部問題；一旦派駐後，隨著時間的進展，或許有必要擴大原先的任務範圍，以便取得進一步的成果。不過，對所有的任務團來說，有兩項因素是需要的：耐心和各方的合作。[54]有關外派的工作團隊名稱，歐安組織的用語歷經不同的變化。1992年派出8個工作單位，其中有7個使用任務團名稱，分別派駐在巴爾幹、波羅的海和高加索等三個地區，只有塔吉克用「歐安組織代表」（OSCE Representative）。此外在任務團之前還有冠上「外溢監督」（Spillover Monitor）或「協助禁運」（Sanctions Assistance），用以標示出任務團的主要任務。比較特別的是在塔吉克的歐安組織代表，這不是個團隊，而是個個人，類似聯合國的特使（special envoy），主要用意是彰顯歐安組織的經常性涉入該地區，亦即彰顯歐安組織的地區性存在（presence）。

---

[53] 本節標題使用的制度與組織兩名詞，制度指的是涉及任務團的相關規則（如命令鍊）和決策單位建立任務團的決議書，決議書內都會載明任務團的權限、預算規模與時間；而組織為任務團的人數與部門編制。

[54] 見：OSCE/ The Secretary General, Annual Report 1993 on CSCE Activities, p.4, in: https://www.osce.org/files/f/documents/7/2/14581.pdf (2022/11/17)

1996 年歐安組織將外派工作單位，區分為「長期任務團」（Mission of Long Duration）和其他實地活動（Other OSCE Field Activities）兩類，兩者的區分在於只要冠上「Mission」名稱的，皆屬前者，其他的屬後者。1997 年外派工作單位已增加到四類：長期任務團（Long-Term Mission）、其他實地活動、輪值主席個人代表，以及協助實踐雙邊協定的歐安組織代表。1998 年長期任務團和其他實地活動被合併成一類，稱之為「任務團與其他實地活動」（Mission and Other Field Activities）。2000 年歐安組織使用「實地活動」（Activities in the Field）名稱來涵蓋所有外派工作單位，2002 年在實地活動的名稱下，將所有外派單位以派駐地，歸納成為四個地區：東南歐、東歐、高加索和中亞四區。此後，實地活動名稱加四個地理區域即成為歐安組織外派工作單位的標準歸納模式。

2022 年歐安組織共派出 15 個外派工作團隊，另有 16 個工作團隊完成工作後宣告結束（見前頁表 4）。這 15 工作團隊的名稱更加多元。有 7 個冠上「Mission」的名稱，當中有 2 個任務團還加上修飾定語：特別監視（Special Monitoring Mission）和觀察員（Observer Mission）；另外還有 3 個「計畫辦公室」（Programme Office），2 個「專案共同協調專員」（Project Co-ordinator），一處「中心」（Centre），一處「隊」（Presence），以及一位「輪值主席個人代表」。

對歐安組織的門外漢來說，不同的名稱不僅容易引起誤解，也會混淆彼此之間的內容差異。歐安組織為何不統一採用任務團這個容易理解的名稱？事實上，名稱的多樣性反映出參與國的不同態度。一般說來，使用「Mission」字眼的參與國，比較具有親歐洲的傾向，以及期望歐安組織可以盡速協助處理其內部的制度建立和衝突問題。[55]但另一方面，部分參與國又認為，「Mission」這個字對其國家的聲譽有害，仿佛被派駐國還無法獨立自主管理，需要國際組織介入，協助其建設

---

[55] 參考：Wolfgang Zellner & Frank Evers, The Future of OSCE Field Operations (Options), (The Hague: December 2014), pp.11-12.

內部各項治理事務。[56]阿爾巴尼亞是一個比較特殊的例子。由於阿國政府反對使用「任務團」此一名稱，在雙方協調之下，將派駐阿爾巴尼亞的任務團定名為「OSCE Presence in Albania」，這是雙方妥協出來的結果。[57]其他的名稱（如辦公室）顯示出被派駐國「感覺上」不需要任務團，因此在任務項目與規模方面有其侷限性。名稱多元顯示出歐安組織在外派任務方面的複雜性，因此在處理問題時，得因應情勢選擇較多元的名稱與工具。

撇開傳統的任務團名稱不論，「計畫辦公室」這個名稱分別使用於中亞的哈薩克、吉爾吉斯和塔吉克，但在1998年歐安組織開始派駐三國的工作團隊時，使用的名稱是中心（centre），直到2007年，才將中心改為計畫辦公室。不論是先前的中心或是改名後的計畫辦公室，它們都是規模相當小的辦公室（office），配置的歐安組織國際工作人員約5到21人不等，另有為數較多的當地雇員。

1994年歐安組織成立烏克蘭任務團（Mission to Ukraine），協助該國建立憲政制度與發展經濟事務，以及監視克里米亞半島的情勢發展。該任務團歷經數次的延長後，烏克蘭不再同意延長任務團的期限，這等同於歐安組織將結束其在烏克蘭的任務團。但有鑑於該任務團的工作卓有成效，雙方同意自1999年6月起，創立「一個新的合作形式」（a new form of co-operation），亦即以「專案共同協調員」（Project Co-ordinator）來持續雙方已經建立的合作模式。[58]所謂的專案共同協調員，依據雙方簽署的諒解備忘錄，是與烏克蘭政府協商後，由輪值主席所派遣的個人。[59]專案共同協調員，顧名思義，重點有二：專案與共同協調。前者指的

---

[56] Herbert Grubmayr, "Probleme und Schwierigkeiten der Langzeitmissionen der OSZE", in: IFSH (ed.), OSZE-Jahrbuch 1998, (Baden-Baden: Nomos Verlagsgesellschaft, 1998), p.238.
[57] Ibid.
[58] 見：OSCE Permanent Council Decision No. 295(PC.DEC/295), in: https://www.osce.org/files/f/documents/3/a/29031.pdf(2022/11/17)
[59] 見：OSCE, Memorandum of Understanding between the Government of Ukraine and the Organization for Security and Co-operation in Europe (OSCE) concering the Creation of a new Form of Co-operation, in: https://www.osce.org/files/f/documents/8/f/37928.pdf(2011/11/17)

是歐安組織計畫在烏克蘭境內執行的專案，而後者表明每項專案的籌畫與執行，該個人（亦即協調員）必須完整知會烏克蘭外交部。用協調二字，只是稍微「掩蓋」一下烏克蘭政府欲透過專案計畫討論和爭取（共同）決定的權力而已。[60]再者，「專案」兩字意涵著短期的味道，專案開始執行時，相關人員入境烏克蘭；專案一結束，人員即離境，不像任務團屬長駐型的工作人員。烏克蘭專案共同協調員的辦公室依舊使用先前任務團設於基輔的辦公室，所需的經費亦由任務團的剩餘經費支付。不同的是，除了協調員之外，只能有兩位國際工作人員，及若干當地聘用的雇員。2022 年 2 月 24 日俄羅斯入侵烏克蘭，在討論專案共同協調員的期限延長時，由於俄羅斯反對延長，致使該單位的工作必須於 7 月 1 日終止，結束在烏克蘭長達 23 年的工作。[61]

　　歐安組織還有另一個專案共同協調員，派駐於中亞的烏茲別克。類似其他中亞國家的模式，這一個協調員的前身為 2000 年成立的「烏茲別克歐安組織中心」（OSCE Centre in Uzbekistan）。如同烏克蘭創立「一個新的合作形式」的模式，自 2006 年 7 月 1 日起，中心正式更名為歐安組織專案共同協調員。這個單位的編制規模亦不大，只有兩位國際工作人員。

　　至於任務團的期限，6 個月本來已經成為標準的期限模式。2006 年布魯塞爾部長會議決議，為強化實地行動的效能，參與國一致同意將期限從 6 個月延長成為一年。[62]任務團開始工作的初期階段和期限延長，皆有明確的時間期限，但何時終止或結束任務，則沒有一定的規範。1999 年伊斯坦堡高峰會議決議要求被派駐國，在歐安組織的協助

---

[60] Berthold Meyer, "Unendliche Geschichten? Zwischenbilanz der Langzeitmissionen", in:IFSH (ed.) OSZE-Jahrbuch 2000, (Baden-Baden: Nomos Verlagsgesellschaft, 2000), p.160.
[61] OSCE, OSCE Chairman-in-Office and Secretary General announce upcoming closure of Project Co-ordinator in Ukraine, Warsaw, 30 June 2022, in: https://www.osce.org/chairmanship/521779 (2022/11/17)
[62] 見：OSCE, OSCE Fourteenth Meeting of the council 4 and 5 December 2006, Decision No 18/06, p. 56, in:
https://www.osce.org/files/f/documents/d/4/25065.pdf (2022/11/17)

下應該培養和建設自身的知識和能力，俾便任務團的任務能有效地移轉給被派駐國，藉此而結束實地任務。[63]

在過往的實踐當中，只要當事國不再同意延長期限，則任務團必須中止任務，人員盡速離境。1992年8月通過的「科索沃、山德亞克和沃伊沃地那長期任務團」，經數次延長後，終因前南斯拉夫不再同意延長而撤出。而在愛沙尼亞和拉脫維亞方面，任務團的期限原本延長至2001年12月31日，但在任務團團長向常設理事會的報告中指出，由於工作已經完成，他們建議結束歐安組織在兩國的任務團工作，常設理事會最終接受兩位團長的建議，不再延長任務團的期限。[64]

歐安組織最初於1993年派遣任務團到愛沙尼亞和拉脫維亞，協助兩國獨立後，處理內部俄裔人士的社會整合問題。1996年時，兩國就開始討論如何結束歐安組織任務團。1999年愛沙尼亞前總統梅里（Lennart Meri）甚至建議將任務團轉型成為科學機構，因為它的任務已經完成了。[65]由於俄羅斯聯邦的異議，認為俄裔人士的處境並沒有獲得改善，以至於任務團是否能結束或可以結束一直懸而未解。之後在奧地利輪值主席、兩國政府，以及其他參與國的多邊協調下，提出是否結束任務團工作的評估準則。2001年11月愛沙尼亞廢除競選國會和地方議會的候選人必須會說愛沙尼亞語的規定，終於終止俄裔人士因語言而受歧視的地位。[66] 2001年年底，兩位團長分別就評估準則，提出進展報告，建議任務團可結束它的工作。

---

[63] 歐安組織伊斯坦堡高峰會議文件，請見：OSCE, OSCE Istanbul Summit 1999, IV Our Common Instruments, No.41, p.10, in: https://www.osce.org/files/f/documents/6/5/39569.pdf (2022/11/17)

[64] 見：OSCE, Last day of OSCE Missions to Estonia and Latvia, in: https://www.osce.org/node/58737(2022/11/17)

[65] Sabine Machl, "Die OSZE-Missionen im Baltikum", in: IFSH (ed.) OSZE-Jahrbuch 2002, (Baden-Baden: Nomos Verlagsgesellschaft, 2002), p.234.

[66] Don Hill, "Estonia: OSCE Mission Believes It Has Fulfilled Its Purpose", RadioFreeEurope, November 23, 2001, in: https://www.rferl.org/a/1098076.html (2022/08/21)

第壹章　歐安組織與長期任務團

　　有關愛沙尼亞和拉脫維亞欲盡早結束歐安組織在其境內的任務團工作，固然與任務團的工作獲得實際的成效有關，但最主要原因在於兩國想要盡早加入歐盟和北約，而歐安組織任務團的存在不啻為通往兩大組織之路上的陰影。[67]歐安組織結束它在兩國的任務團後，兩國成為兩大歐洲組織的會員國又往前邁進一大步，最後於 2004 年獲准加入。

　　另有一種結束任務團的方法，也就是一方把它的結束意願通知另一方。1992 年 8 月前資官員委員會決議在北馬其頓首府史高比耶（Skopje），成立監視任務團（Spillover Monitor Mission），以監視北馬其頓與塞爾維亞和蒙特內哥羅的邊界地區情勢，確保該國的領土完整和促進和平。[68]有關該任務團的工作期限，決議文中寫著，「依據參與各方的多邊協議，將會盡速開始它（任務團）的工作。上述的協議將於 1992 年 11 月 7 日生效，直到參與的任一方於 15 日前通知另一方，有意要求終止第一條所描述的工作為止（亦即派遣監督任務團並執行監督的任務）」。[69]儘管如此，該任務團也以每次 6 個月的期限執行任務。2010 年，此一任務團更名為「歐安組織史高比耶任務團」（OSCE Mission to Skopje），不再監視邊界情勢，而是協助北馬其頓建立符合歐安組織規範與國際標準的民主和司法制度。

　　任務團結束其工作的原因也可能是來自其他參與國不再同意延長其工作期限所致。2008 年喬治亞任務團和 2022 年烏克蘭專案協調員的中止工作，皆因俄羅斯反對延長期限，導致兩個單位必須於期限屆滿時停止工作，並逐步關閉辦公室和撤出國際工作人員。

　　任務團結束工作的原因，不外乎當事國不再同意延長（如前南斯拉夫）、其他參與國的反對延長（如俄羅斯），或是任務團的工作成效顯著，取得進展，因此「可以」將工作結束（如愛沙尼亞）。前兩項結

---

[67] Ibid.
[68] 見：OSCE, Mandate Articles of understanding Concerning CSCE Spillover Monitor Mission to Skopje, in:
https://www.osce.org/files/f/documents/d/4/42366.pdf (2022/08/21)
[69] Ibid.

束的原因相當明確，在共識決的規則下，難有討論的空間。但後一項結束原因則比較不是那麼明確，更何況歐安組織至目前為止尚缺少一套用以評估任務團工作成效的機制。任務團的工作期限能否延長，很大程度上取決於當事國或其他參與國的態度。

二、任務團的派遣與指揮鏈

歐安組織的任務團派遣在實踐初期中有不同的模式，1992年赫爾辛基高峰會議之後才將之制度化，1999年的伊斯坦堡高峰會議明確指定常設理事會建立實地行動，並決定任務與預算。

依據人道面向的莫斯科機制，不論是專家任務團或報告員任務團，所謂的派遣指的是三位專家或報告員被任命後，任務團即成立，並可進入當事國執行任務。由於人道面向主要處理的是人權問題，故由參與國提供的專家人力名單（每個參與國最多任命三位），存放於民主辦公室。當有需要組成任務團時，再從名單中任命三位專家。在1991年和1992年之間，新獲准加入的參與國「歡迎」或「邀請」至該國進行實地考察的報告員任務團，則是由部長理事會主席籌組（arrange），主要還是由協助主席的秘書處負責。

依據1992年赫爾辛基高峰會議決議的第二章「早期預警、衝突預防和危機處理」，前資深官員委員會可以派遣任務（mission）給輪值主席（包括個人代表和三巨頭）、參與國的特別指導小組，以及衝突預防中心的協商委員會或其他機構。決定後，前資深官員委員會訂定明確的行動權限（mandate）與期限（duration）。再者，前資深官員委員會或衝突預防中心的協商委員會得經由共識，決定執行查證和報告員任務團。前資深官員委員會為派遣任務團的主要決策機構。但由於它每年僅只於布拉格集會兩次（至少），實在無法積極有效地處理歐安組織區域內的衝突問題。於是為強化政治協商與決策，1993年的羅馬部長會議決議成立常設理事會（Permanent Council），以決議如新參與國申請案、新的合作夥伴國家、新任務團的任務與期限（或現有任務團的期限延長）等。以

「歷史最悠久」的史高比耶任務團為例，它的成立和延長，在 1993 年之前由前資深官員委員會決議，之後則由常設理事會處理。

任務團的派遣屬常設理事會的權責，從實際派遣前往的地理區域來看，主要在東南歐和前蘇聯的區域內（高加索、中亞）。此一地理分布的不均，引起俄羅斯的不滿，以致在 2000 年的維也納部長會上，杯葛部長決議公報的產生，致使該屆部長會議只通過歐安組織在東南歐的「維也納宣言」（Vienna Declaration），而非輪值主席奧地利外長草擬的「部長宣言」（Ministerial Declaration）。兩者的差別在於前者為具宣示性質，後者是部長的共識決議。[70]

任務團成立後，輪值主席是它的直屬「上司」，由其負責政治上的領導，且任務團團長必須每週向輪值主席提交工作報告。秘書長則是評估團長的工作成效，並向輪值主席報告，輪值主席再依此評估報告，與團長舉行個別會談。任務團從成立到執行任務，秘書處的衝突預防中心位居重要的地位。它不僅籌備任務團的成立，擴大或改組，也執行任務團的結束與關閉工作。在派駐國執行任務時，任務團常與當事國各級政府、民間社團和組織合作與聯繫，也和在當地的國際政府和非官方組織合作執行共同的計畫。在歐安組織其他機構方面，任務團經常是民主辦公室、高級委員或媒體自由代表的協助者。尤其是民主辦公室籌組的國際選舉觀察團，經常需要任務團與當地政府的事先協調和規畫。

三、任務與人員配置

任務團一經常設理事會決定成立，便會賦予明確的任務（mandate）項目和預算，再依據內部程序任命團長、副團長與招募任務團工作人員。任務團被賦予的任務，會因需要被處理和解決的問題的不同而不

---

[70] Victor-Yves Ghebali, "Das Woener Ministerrattreffen und die Folgen-Vom Umgang mit der russischen Malaise", in: IFSH (ed.) *OSZE-Jahrbuch 2001*, (Baden-Baden: Nomos Verlagsgesellschaft, 2001), pp. 29-30.

同，亦即視被派駐國的內部問題而定。儘管參與國內部的紛爭或衝突問題相當複雜，歐安組織所能處理的問題面向，集中於 1992 年赫爾辛基高峰會議決議所列出的面向：早期預警、衝突預防和危機處理，其中又以人道面向內的議題為核心任務。1993 年羅馬部長會議即強調人道面向議題是歐安組織全面性安全概念的基礎，因此歐安組織任務團的任務和後續的任務團報告中，必須強調人道面向議題。而民主公室必須在籌組任務團時，扮演重要的角色。

經過數年的實際發展後，1999 年的伊斯坦高峰會議為任務團訂下明確的任務項目：[71]

1. 在歐安組織和當事國同意的領域內，提供協助和諮詢，或規劃改革建議案
2. 監督歐安組織義務的被遵守，以及提供進行改善的諮詢或建議
3. 協助籌辦和監督選舉
4. 在法律和民主制度的優先性，以及維護和恢復法律與秩序方面提供協助
5. 協助建立和平解決衝突的協商，或其它能夠更便利和平解決衝突的措施
6. 遵守和平解決衝突之協議的查核或協助
7. 協助社會不同面向之復建與重建

任務團的任務類型主要有兩類：一是承擔與其他國際組織合作計畫中的部分任務，而國際合作對象又以聯合國為主，二是歐安組織與被派駐國協商後設定的任務。前者以 1999 年歐安組織科索沃任務團為代表，其他多數的任務團皆屬後者。1999 年 7 月常設理事會通過第 305 號決議案，成立科索沃任務團，「在聯合國臨時行政當局（United Nations

---

[71] 見：OSCE Istanbul Summit 1999, IV Our Common Instruments, No.38, pp.9-10. in: https://www.osce.org/files/f/documents/6/5/39569.pdf (2020/06/12)

Interim Administration Mission in Kosovo）的全面性框架內，構成一個明顯不同的組成」，在有關「民主與制度建立和人權方面，擔任領導的角色」。[72] 歐安組織科索沃任務團承擔的任務有警察與司法人員訓練、民主化與治理、籌辦和監督選舉、保護和促進人權等。聯合國的臨時行政當局底下共有四個支柱，除了歐安組織外，其他三個支柱的任務分別由聯合國民政事務（Civil Affairs）、聯合國難民署（Office of the UN High Commissioner for Refugees）和歐盟負責。

1993 年啟動的歐安組織協助禁運任務團（Sanction Assistance Missions）也屬於支援聯合國行動的任務之一。該任務團的主要任務是依據聯合國安理會第 713 號（對前南斯拉夫各共和國實施武器禁運）、第 757 號（對塞爾維亞和蒙特內哥羅實施禁運）、第 787 號（敏感物資的轉運）和第 820 號（擴大禁運）等決議案，於 7 個國家提供諮詢與實際協助，以執行聯合國的禁運措施。[73]

在歐安組織與參與國協商出的任務方面，以 1998 年成立的歐安組織吉爾吉斯中心為例，該中心的第一項任務為：「鑒於歐安組織為早期預警、衝突預防、危機處理和衝突後重建的主要工具，（中心）促進和實踐歐安組織的原則與承諾，以及吉爾吉斯於歐安組織框架內的合作。」這類的任務，如 1999 年伊斯坦堡高峰會議所示，主要在於協助參與國實踐其對歐安組織義務的承諾。[74]

任務團的人員配置，一般來說規模並不大，通常是團長和副團長各一名，再加上由歐安組織（參與國）派遣（second）或招募的國際工作人員若干人，以及自當地約聘的工作人員若干人。早期，國際工作人員通常不會超過 10 人，如 1992 年的喬治亞任務團只有 8 人、摩爾

---

[72] 見：OSCE/Permanent Council, Decision No.305, PC.DEC/305, 1 July 1999, in: https://www.osce.org/files/f/documents/e/0/28795.pdf (2022/11/21)

[73] 歐安組織在阿爾巴尼亞、保加利亞、克羅埃西亞、匈牙利、馬其頓、羅馬尼亞和烏克蘭組成協助禁運任務團，並指派一位禁運協調專員（Sanctions Co-ordinator），共有超過 160 位專家協助執行該項任務。

[74] 見：OSCE/Permanent, Decision No.245, PC.DEC/245, 23 July 1998, in: https://www.osce.org/files/f/documents/9/6/40155.pdf (2022/11/21)

多瓦任務團也是 8 人、1993 年的愛沙尼亞任務團 6 人、拉脫維亞任務團 4 人、1994 年的烏克蘭任務團 6 人、塔吉克任務團 4 人等。1999 年的科索沃任務團可說是有史以來規模最大的任務團，國際工作人員和當地聘僱人員加起來超過 2,500 人（前者 649 人，後者 1,900 人）。規模大的任務團顯示出歐安組織有能力派出和聯合國、北約或歐盟同等級的任務團，無形當中自然提高歐安組織的地位與聲譽。[75]不過，任務團編制的人員規模越大，相對的也就越難招滿編制的人數。

表 5：2021 年歐安組織任務團人數與年度經費一覽表

	人員	年度經費歐元 （不含捐款）
烏克蘭特別監視任務團*	1,291	91,300,000
烏克蘭計畫協調員*	102	3,618,500
烏俄邊界檢查哨觀察員任務團*	22	1,031,800
摩爾多瓦任務團	52	2,302,700
阿爾巴尼亞任務團	104	2,981,200
波士尼亞任務團	314	11,682,000
科索沃任務團	490	17,462,600
蒙特內哥羅任務團	41	2,152,100
塞爾維亞任務團	133	6,258,600
北馬其頓任務團	38	6,506,100
土庫曼中心	29	1,661,200
吉爾吉斯計畫辦公室	123	6,811,000
塔吉克計畫辦公室	182	7,311,600
哈薩克計畫辦公室	28	2,232,700
烏茲別克專案協調員	40	2,499,200

資料來源：歐安組織 2021 年年度報告書，筆者自行整理
* 與烏克蘭有關的任務團，皆因俄烏關係惡化，而陸續於 2022 年結束，或未能繼續執行工作。

---

[75] Herbert Grubmayr, "Probleme und Schwierigkeiten der Langzeitmissionen der OSZE", in: IFSH (ed.), OSZE-Jahrbuch 1998, (Baden-Baden: Nomos Verlagsgesellschaft, 1998), p.241.

任務團團長人選由輪值主席提名，常設理事會任命，一任三年，最多得延長一年（在同一個任務團內）。團長人選可由參與國在徵人期限前，向秘書長提出建議名單。收件截止後，秘書長須向參與國公布名單一覽表。參與國提名的人選一般都是大使級資深外交官員，且與被派駐國或該地區有外交事務方面的關係和處理對外事務的嫻熟經驗。如 2016 年 10 月就任科索沃任務團團長的德籍伯恩波赫特（Bernd Borchardt），曾擔任德國駐阿爾巴尼亞大使（2007-2010）、歐盟駐科索沃法治任務團（EULEX Mission）團長（2013-2014），具有相當豐富的東南歐事務經驗。[76]2019 年 5 月派駐塔吉克首都杜尚別（Dushnabe）計畫辦公室主任（Head of Programme Office）的齊尉里（Valeriu Chiveri），曾擔任摩爾多瓦對外事務暨歐洲統合部副部長、駐奧地利大使、摩爾多瓦駐歐安組織代表團團長，涉外足跡遍及中亞哈薩克、土庫曼、烏茲別克和吉爾吉斯等國。[77]由於任務團團長必須與被派駐國的外交部、國際組織和當地民間團體往來協調與溝通，故嫻熟的涉外事務經驗乃成為團長人選必備的條件之一。

　　團長到任開始工作後，必須每周向輪值主席提交工作報告，以及定期參與各任務團團長在維也納召開的工作會議。參加此一會議的人員還包括秘書長、常設理事會主席、三巨頭代表，以及歐安組織其他機構的代表。此一工作會議不僅是各團長交換在派駐國的工作經驗與各參與國的內部情勢，也是歐安組織其他單位實際了解任務團工作的主要管道。[78]秘書長必須定期評估團長和副團長的工作表現，並將評估報告送給輪值主席。輪值主席再據此報告與被派駐國政府，以及秘書長商量，討論任務的執行成效，以及評估任務的完成進度。

---

[76] 有關波赫特的簡歷，請見：Ambassador Bernd Borchardt, in: https://www.osce.org/presence-in-albania/head-of-presence
[77] 有關齊尉里的簡歷，參閱：OSCE, Ambassador Valerius Chiveri assumes his duties as Head of the OSCE Programme Office in Dushanbe, Dushanbe 13 May 2019, in: https://www.osce.org/programme-office-in-dushanbe/419321 (2022/08/23)
[78] 參閱：Kurt P. Tudyka, Das OSZE-Handbuch, (Opladen:Leske+Budrich, 2002), p.153.

早期，任務團的國際工作人員多由歐安組織指派，一般多具有軍事或外交背景，或具特定領域的專家。依據人道面向內的莫斯科機制，所謂的人道面向專家指的是「具人權問題經驗的著名人士」。各參與國可以提出最多三位專家的名單給歐安組織彙整，等到有需要組成專家或報告員任務團時，再由名單中任命三位。專家的任命過程秉持公正、中立與獨立等原則。1992 年的赫爾辛基決議曾對專家的任命做出明確的指示：少數民族高級委員得決定敦請專家協助，專家「不包括涉及之參與國的國民或居民，或涉及之參與國所任命的人員或專家，若參與國以前曾對某些人員表達過保留意見，則也不得被選為專家。專家不包括參與國自己的國民或居民，或任何它提名於名單中的人，或比其他國家多出一位國民或居民。」[79]

任務團工作人員的招募與管理由秘書處人力資源部（Department of Human Resources）負責，不過所謂的招募事實上包含各參與國調派（second）或自行應徵的契約人員。參與國調派的好處在於人力資源部既不用負責招募作業，歐安組織也無需支付薪水給該類人員。不過也有參與國調派的人員，因國內的薪資不高，以至於偶爾會發生貪污事件。[80]

另一方面，人員的專業能力是否符合任務的需求，以及人力是否滿足任務所需，又是另外的問題。早在 1993 年的羅馬部長會議時，部長們即指出歐安組織任務團，尤其是預防外交任務團，人力與經濟資源的短缺是必須正視的問題。為了讓工作人員盡速了解任務內容，自 1996 年起秘書處開始辦理訓練講座。1999 年的伊斯坦堡高峰會議再度要求，「在招聘實地行動的工作人員方面，必須確保參與國提供具資格的人員。」人力是否滿足任務所需，一直以來都是歐安組織必面對和處理的問題。與其他國際組織相比，歐安組織任務團人員的薪水較低，

---

[79] 參閱：吳萬寶著《歐洲安全暨合作組織—導論與基本文件》，（永和：韋伯文化國際出版有限公司，2003），頁 207。

[80] Marc Perrin de Brichambaut, "Sechs Jahre als OSZE-Generalsekretär:ein analytischer und persönlicher Rückblick", in: IFSH (ed.), OSZE-Jahrbuch 2011, (Baden-Baden: Nomos Verlagsgesellschaft, 2011), p.48.

尤其是當地的聘僱人員薪水不到聯合國建議的百分之八十。因此，聘僱人員在累積一段豐富的工作經驗後，轉換到其他國際組織工作是常有的事。這對任務團工作的持續性與穩定性會帶來不利的影響。[81]

　　任務團的工作人員，固定任期是一任兩年。但若是參與國指派的人選，任內的表現被評價為滿意者，最多可再延長三年。若是約聘僱人員表現良好者，任期可再續延，但工作時間總計不得超過七年（在同一個任務團內）。由於歐安組織不是一個可以累積職場經驗而「升官」的組織，任務團工作人員的工作時間長度，最多不超過 10 年。

---

[81] Ibid.

歐洲安全暨合作組織與巴爾幹──東南歐任務團

第貳章
阿爾巴尼亞與歐安組織

歐洲安全暨合作組織與巴爾幹——東南歐任務團

　　1972 年當所有的歐洲國家，以及美國和加拿大齊聚芬蘭首都赫爾辛基，舉行成立歐洲安全暨合作會議的籌備會議時，阿爾巴尼亞是唯二沒有（或拒絕）與會的歐洲國家之一。[1]阿爾巴尼亞之所以拒絕參加籌備會議，一方面除了它與前蘇聯交惡，退出華沙公約組織，以至於無法參與華沙公約國家內部商討蘇聯前外長莫洛托夫（Vyacheslav Molotov, 1890-1986）於 1954 年提出的《泛歐洲集體安全條約》（Pan-Europe Treaty of Collective Security）與西方國家對此條約的建議案之外，阿爾巴尼亞的獨裁者霍查（Enver Hoxha, 1908-1985）譴責該案是美蘇兩國為鞏固與擴張它們在歐洲的霸權地位的計畫。1973 年芬蘭政府邀請阿國參加成立會議時，阿爾巴尼亞遞交外交備忘錄給芬蘭政府，宣稱「在歐洲，自我孤立的阿爾巴尼亞比靠邊站的阿爾巴尼亞來得更好。」[2]阿爾巴尼亞不僅自我孤立，還宣稱是社會主義獨特性的捍衛者，是巴爾幹半島上的社會主義燈塔。[3]

　　直到 1990 年提出申請參與歐安會議之前，阿爾巴尼亞一直與歐安會議保持互不往來。冷戰結束後，阿國於 1990 年 6 月提出以觀察員的身份，申請參與歐安會議，並首次派遣代表參加 6 月 5 日至 29 日，在哥本哈根召開的人道面向（Human Dimension）會議。1991 年 6 月在德國前外交部長根舍（Hans-Dietrich Genscher）訪問阿國首都地拉那（Tirana），探詢阿爾巴尼亞政府實踐民主的意願與承諾後，阿爾巴尼亞前外交部長卡普蘭尼（Muhamet Kapllani）遂於 18 日，以外交函件表達願意簽署赫爾辛基最後議定書與巴黎憲章，以及遵守歐安組織所有的規範與義務，並歡迎派遣一支報告員任務團（Rapporteur Mission）到阿國，考察其法律與制度和歐安會議規範與義務相符合的情況。19 日，在歐安會議柏林部長會議上，根舍報告他的訪問結果後，與會的

---

[1] 另一個沒有參加的國家為安道爾（Andorra），安道爾於 1996 年加入歐安組織。
[2] Paulin Kola, The Search for Greater Albania, (London: C. Hurst & Co. (Publishers) Ltd., 2003), p.153.
[3] Christine Jaenicke, Albanien – Ein Länderporträt, (Bonn: Bundeszentrale für politische Bildung, 2019), p.51.

各參與國外交部長們隨即歡迎阿爾巴尼亞成為歐安會議的參與國[4]，阿國成為歐安會議成立 25 年以來，第一個獲准加入的國家。[5]

第一節　歷史發展與概況

阿爾巴尼亞位於巴爾幹半島上，是一個被歸類屬於東南歐的共和國。阿國的北邊與蒙特內哥羅和科索沃接壤，東邊與北馬其頓為鄰，南邊則是希臘。首都地拉那，國土面積為 28,748 平方公里，約為台灣的四分之三，人口約 3 百萬。不過，歷史的命運讓阿裔族群除主要居住在阿爾巴尼亞外，還散居在科索沃、北馬其頓、蒙特內哥羅和希臘等周遭鄰國，致使阿國政府向來極為關心同胞在鄰國的處境。

圖 3：阿爾巴尼亞簡圖

阿爾巴尼亞的內部族群相當單一，在總人口約 3 百萬人當中（1989 年），阿爾巴尼亞裔就佔了約 98%，其餘少數族群只佔 2%，包括希臘人、羅馬尼亞人、馬其頓人，以及少數的吉普賽人。不過到了 2020 年，阿爾巴尼亞的人口數不增反減，只剩 287 萬人，人口成長率接近於零。[6] 人口減少的主要原因為外移，尤其是 1992 年到 1995 年之間，因經濟環境相

---

[4] OSCE, Berlin Meeting of the CSCE Council 19-20 June 1991, in: https://www.osce.org/files/f/documents/5/1/40234.pdf (2022/01/03)

[5] 阿爾巴尼亞加入歐安會議的過程，見：吳萬寶，<歐洲安全暨合作組織擴大與擴張之研究>，《動態與研究》，(彰化：大葉大學通識教育中心)，第十一期，頁 107-133。

[6] 見：Worldometer, Albania Population, in: https://www.worldometers.info/world-population/albania-population/(2022/01/03)

當惡化，人口大量移出，光是 1995 年的移出人口就高達 88,642 人。近年雖有減緩，但每年移出人口皆在萬人以上。[7]據估計約有 186 萬阿爾巴尼亞人移居外國，以歐盟國家中的德國、法國、義大利和希臘最多。[8]阿爾巴尼亞人口中以信奉伊斯蘭教為主，約占 80%以上，其餘為東正教徒與天主教徒。

阿爾巴尼亞人屬歐洲大陸上古老的民族之一，落腳在今日阿爾巴尼亞、科索沃、蒙特內哥羅和西馬其頓等地區。[9]阿爾巴尼亞人自認為是歐洲人，長久以來也為這個認同身分努力奮鬥過，然而阿爾巴尼亞人的命運卻是一次又一次地被外來強權和自己的獨裁者壓迫。[10]地理位置、數百年來的外來統治，以及長達 45 年與歐洲的自我隔離，形成阿爾巴尼亞的獨特個性，一種被稱為混雜著古老─東方─歐洲（Archaic-Oriental-European）的個性。[11]

在歐洲，阿爾巴尼亞向來是一個相當奇特的地區。由於阿爾巴尼亞位在古代東西貿易的交通要道上，受到希臘─羅馬文明非常大的影響。西元 395 年羅馬帝國分裂成東西兩個羅馬帝國後，居住在此一地區的阿爾巴尼亞人即成為東西的交會處。但從西羅馬帝國來看，它卻是帝國的邊陲地帶，一個發展落後的野蠻（barbaric）地區。西元 6 世紀末斯拉夫人進入東南歐，逐漸成為較為強勢的族群。西元 7 世紀後，居住此一地區的人稱自己為阿爾伯人（Arbër），之後稱為阿爾邦人

---

[7] Ibid.
[8] Tim Judah, "The Clock Ticks for Albania's 'Demographic Dividend'", BalkanInsight, November 14, 2019, in: https://balkaninsight.com/2019/11/14/the-clock-ticks-for-albanias-demographic-dividend/(2022/11/22)
[9] 自西元前三世紀起，有三波印歐民族陸續向西邊移。首波移民定居於今日的希臘，第二波進入今天的羅馬尼亞、保加利亞和土耳其西邊的歐洲部分。第三波移民被稱之為伊利里亞人（the Illyrians）在阿爾巴尼亞、部分前南斯拉夫聯邦國家，以及義大利東南的普利亞（Apulia）區落腳。見：Frank Kressing and Karl Kaiser, *Albania – a country in transition*, (Baden-Baden: Nomosverlagsgesellschaft, 2002), pp.15-16.
[10] Christine von Kohl, *Albanien*,(München:C.H. Beck'sche Verlagsbuchhandlung, 1998), 11.
[11] Frank Kressing and Karl Kaiser, *Albania – a country in transition*, (Baden-Baden: Nomosverlagsgesellschaft, 2002), p.14.

（Albans），12 世紀初建立一個阿爾邦人的封建國家。從 12 到 15 世紀，阿爾邦人向南方和東南方拓展居住地，北中南區也出現過三個統治家族。三個家族中以卡斯特里歐提（Kastrioti）家族較為強勢，在強（Gjon Kastrioti）的領導下，機巧應變周旋於土耳其人、塞爾維亞人和威尼斯人之間，從而擴展家族的統治領土，但代價是強的兒子必須送往鄂圖曼帝國的首都埃迪爾內（Edirne）當質子。[12]強的第三個兒子喬治（Gjergj）在擔任質子期間，習得軍事技能與知識。

1444 年阿爾巴尼亞各地的封建家族聯合成萊什聯盟（League of Lezhë），並以喬治為盟主，團結阿爾巴尼亞人民對抗鄂圖曼帝國的箝制。義大利的威尼斯、拿不勒斯和教宗紛紛和他簽訂協定，並視他為對抗土耳其人的堅強堡壘。而喬治確實也屢屢擊退土耳其人的入侵。不過在喬治於 1468 年死於瘧疾之後，阿爾巴尼亞的萊什聯盟也隨之瓦解，整個阿爾巴尼亞便成為鄂圖曼帝國佔領下的土地，為帝國轄下的一個省份，時間長達 500 年之久。[13]在鄂圖曼帝國的統治之下，阿爾巴尼亞人逐漸接受土耳其的日常文化、將土耳其的專有名詞帶入阿爾巴尼亞語的文字內、接受帝國的徵兵，以及逐漸改信奉伊斯蘭教，也因為此一因素，在阿爾巴尼亞獨立建國之前的很長一段時間裡，阿爾巴尼亞人一直被視為是土耳其人。[14]

19 世紀，歐洲大國的勢力進入巴爾幹半島，為阿爾巴尼亞人的自主與獨立帶來一線生機。1877 年的俄土戰爭，戰敗的土耳其必須承認羅馬尼亞、塞爾維亞和蒙特內哥羅的獨立，而在俄羅斯的盤算下，阿

---

[12] 埃迪爾內在 1369 年到 1453 年之間為鄂圖曼帝國的首都，1453 年之後以君士坦丁堡（Constantinope）為鄂圖曼帝國的第四個首都。

[13] Christian Jaenicke, *Albanien – Ein Länderporträt*, (Bonn:Bundeszentrale für politische Bildung, 2019), pp.35-36. 這時的阿爾巴尼亞人所居住的地區共包含四個省（vilayet），其名稱分別為：科索沃（Kosovo）、斯庫台（Shkodra）、曼斯提爾（Manstir）和揚亞（Yanya），其領土涵蓋今日的蒙特內哥羅南部、科索沃、北馬其頓西部、阿爾巴尼亞，以其希臘的西北部，約等於一個大阿爾巴尼亞的範圍。

[14] 參閱：劉仲敏著《叛逆巴爾幹—從希臘主義的解體到斯拉夫主義的崩潰》，（台北：八旗文化，2020），第九章〈突厥聯邦主義的無奈發明〉，頁 351-394。

爾巴尼亞人居住的地方預定劃給保加利亞。後來在歐洲大國的干預和德國的主持下，新的柏林條約將阿爾巴尼亞人居住的東部依舊留在鄂圖曼帝國的統治之下，其餘則劃給了塞爾維亞和蒙特內哥羅。[15]

自 1878 年起阿爾巴尼亞人因徵稅問題，開始反抗土耳其人的統治，試圖以民族運動爭取帝國的改革，以及爭取在居住區內更大的自治權，如設立以阿爾巴尼亞語授課的學校。[16]但為阿爾巴尼亞帶來真正機會的是第一次巴爾幹戰爭。1905 年，阿爾巴尼亞出現地下組織，有系統地反抗土耳其人。1910 年爆發首次的武裝反抗，翌年，反抗運動的規模越來越大，參與的人數越來越多。但帝國血腥鎮壓反抗運動，並實施軍事統治，禁止發行阿爾巴尼亞語的報紙，男性被強迫參軍，並送到遙遠的安那托利亞（Anatolia）。[17]

在這些組織化的反抗運動當中，傑馬利（Ismail Qemal Bey, 1844-1919）屬重要的人物之一。傑馬利曾和其他阿爾巴尼亞政治人物共同提出 13 點計畫，要求鄂圖曼帝國政府尊重阿爾巴尼亞人民的宗教與地方傳統、承認阿爾巴尼亞民族的存在、將阿爾巴尼亞語引進地方行政和法庭、以阿爾巴尼亞語教學，以及新兵在家鄉服役等。[18]不過 13 點計畫並未受到帝國政府的重視，在蘇丹（Sultan）親自拜訪阿爾巴尼亞人居住的地區（如科索沃），以及和地方軍閥達成協議後，情勢逐漸平靜下來。[19]

1912 年 10 月，第一次巴爾幹戰爭爆發，由塞爾維亞、蒙特內哥羅、保加利亞、希臘等組成的反土聯盟，節節進逼鄂圖曼帝國在歐洲的大片領土，其中包括阿爾巴尼亞人居住的區域在內。塞爾維亞和蒙特內哥羅軍隊所到之處，阿爾巴尼亞居民慘遭到無情的殺害和驅離，

---

[15] Christian Jaenicke, op.cit., p.41.
[16] Edgar Hösch, Geschichte des Balkans, (München: Verlag C.H.Beck, 2004), p.61.
[17] Biörn Opfer-Klinger, "Albanien als Krisen – und Kriegsgebiet 1908-1921", *Militärgeshichte Zeitschrift* 73(2014), p.27.
[18] Ibid.
[19] 參閱：孔寒冰著《東歐史》，（上海：上海人民出版社，2010），頁 150-151。

村莊被清洗一空。阿爾巴尼亞地區人民對參與巴爾幹戰爭各方的態度不一，但有一點可以肯定的是，只有成立一個獨立自主的阿爾巴尼亞國家，才能避免被列國瓜分。11 月 28 日在傑馬利的號召下，阿爾巴尼亞各地的代表齊聚臨亞得里亞海尚未被佔領的海港城市夫羅勒（Vlora），舉行國民大會，宣布成立一個獨立的阿爾巴尼亞國家和組織臨時政府，由傑馬利擔任首任總理和外交部長。傑馬利希望如此一來，能讓義大利和奧匈帝國以阿爾巴尼亞獨立為解決方案，來化解各方覬覦阿爾巴尼亞土地的野心利益。[20]日後，11 月 28 日也就成為阿爾巴尼亞的國慶日。

反土聯盟打敗土耳其的部隊獲得勝利，為避免阿爾巴尼亞地區被周遭鄰國瓜分，在 12 月舉行的倫敦會議中，列強決定於阿爾巴尼亞地區成立一個受義大利保護的阿爾巴尼亞公國，參與會議的列強並決定由德國威廉親王（Wilhelm Friedrich Heinrich Prinz zu Wied, 1876-1945）入主阿爾巴尼亞。這一個決定將居住在科索沃和北馬其頓斯科普里（Skopje）和泰托沃（Tetovo）等地的阿爾巴尼亞裔劃分在阿爾巴尼亞之外（分別給了塞爾維亞、蒙特內哥羅和北馬其頓），其後果影響至今。1913 年 7 月歐洲大國正式承認阿爾巴尼亞公國的獨立並保障其主權。在威廉親王被任命為阿爾巴尼亞大公後，傑馬利於 1914 年 1 月辭職，離開阿爾巴尼亞。1914 年 4 月在英法義等國的軍艦護送下，威廉親王於都拉斯（Durrës）港上岸，就任新職，擔任一個「沒有領土的國王」（ein König ohne Land）。[21]

阿爾巴尼亞公國雖被歐洲大國承認為一個獨立的國家，但東部和南部仍駐紮塞爾維亞和希臘的佔領軍。經濟陷入谷底，到處都是戰爭所留下來的斷垣殘壁與大批流離失所的難民。內部各方封建勢力皆無法妥協出，為阿爾巴尼亞尋找一條有希望的出路。由威廉親王主政的

---

[20] Biörn Opfer-Klinger, op.cit., p.31.；孔寒冰著，前引書，頁 151。
[21] Marc von Lupke, "Als ein Deutscher kurze Zeit Albanien regiert", Deutsche Welle, 15.10.2013, in: https://www.dw.com/de/als-ein-deutscher-kurze-zeit-albanien-regierte/a-17156869

阿爾巴尼亞公國政府，命令只能貫徹於首都都拉斯附近。在中部地區，埃薩德托普塔尼帕夏（Esad Pasha Toptani）召集由保守的大地主和穆斯林神職人員組成議會，也自組政府擔任首長，寄望在未來可分享治理阿爾巴尼亞的權力。然而，由於托普塔尼沒有能力處理日漸加劇的社會貧富懸殊問題（貧農與富地主之間），導致底層民眾挺而起義對抗暴政，托普塔尼最終流亡到義大利。[22]1914 年 9 月當暴民逼近首都時，手中無任何權力的威廉親王只好離開阿爾巴尼亞，前往義大利威尼斯。[23]隨著威廉親王的離去，阿爾巴尼亞公國尚未真正開始，就已經結束了。接管都拉斯的反抗群眾成立臨時政府，不過由於組成分子複雜，且對未來的走向問題無法取得一致，再加上無能解決貧富懸殊的根本性問題，臨時政府陷入動彈不得的困境。

1914 年 7 月第一次世界大戰爆發，阿爾巴尼亞公國雖保持中立但隨著戰事的進展，阿爾巴尼亞地區淪為戰場，被不同的國家相繼入侵。首先是希臘占據伊庇魯斯地區和義大利佔領夫羅拉地區，之後是塞爾維亞與蒙特內哥羅，1915 年之後奧匈帝國（佔領大部分阿爾巴尼亞區）、保加利亞（中阿爾巴尼亞東部），以及英法遠征軍（佔領科爾查，並成立具自治權的科爾查共和國）。到了一次世界大戰尾聲，在阿爾巴尼亞的土地上共有四個佔領國，各自追求本國的利益，進行開發建設和成

---

[22] 埃薩德托普塔尼帕夏被威廉親王任命為內政部長，但由他無能處理暴動，隨後被威廉親王免除部長一職，並被送到義大利，禁止返回阿爾巴尼亞。托普塔尼在流亡期間，積極與義大利和塞爾維亞政府交好，試圖重返阿爾巴尼亞，再度建立自己的勢力範圍。托普塔尼一直堅持自己才是阿爾巴尼亞唯一合法的國家元首，不過幾乎無人承認他的地位。托普塔尼曾自組武裝部隊，對奧匈帝國宣戰。實力懸殊的他並無法抵擋得住奧匈帝國的進攻，遂又回到義大利，轉往希臘的薩隆尼基，並在當地建立流亡政府，召集志願軍隨同法英聯軍在阿爾巴尼亞的東南部作戰。托普塔尼曾出席戰後的巴黎和會，不過此時的他已無任何影響力。1920 年 6 月 20 日托普塔尼於巴黎被阿爾巴尼亞大學生，日後成為國會議員的 Avni Rustemi 暗殺身亡。

[23] 威廉親王之後回到德國，加入德意志帝國陸軍。當奧匈帝國將塞爾維亞逐出阿爾巴尼亞時，威廉親王燃起再次以阿爾巴尼亞大公的身分，回到阿爾巴尼亞。不過戰勝的歐洲大國並無意讓阿爾巴尼亞公國「復國」。威廉親王最後於 1945 年 4 月在羅馬尼亞過世。

立以阿爾巴尼亞語教學的學校與媒體（如奧匈帝國），或資源剝削（如保加利亞）的政策。[24]各佔領國對恢復阿爾巴尼亞公國既不感興趣，也無法在有關一個獨立的阿爾巴尼亞國家方面取得共識。四個占領國的統治策略乃是各自在其佔領區，與阿爾巴尼亞裔的人士或團體合作，讓他們進入統治體系之內；而這些與佔領國合作的阿爾巴尼亞人，追求的不過就是擴展自身的影響力。[25]然而，值得一提的是，至少在奧匈帝國和法國的佔領區內，成立和促進阿爾巴尼亞語的學校與大眾傳播媒體，有助於形成阿爾巴尼亞人的民族認同感，以及提高一般民眾的教育程度。[26]

1918年秋天，一次大戰進入尾聲，因戰勝國的自各盤算，阿爾巴尼亞地區的未來仍是未知數。12月25日圖爾汗帕夏（Turhan Pasha Përmeti，1846-1927）召集部分地方勢力，於都拉斯召開國民會議，成立阿爾巴尼亞臨時政府，並由圖爾汗帕夏擔任首任總理。當戰勝國在巴黎召開和會時，除了都拉斯派遣代表團與會外，另有托普塔尼、流亡人士，以及科索沃的哈桑（Hasan Bey Prishtina）等三個代表團與會。於巴黎舉行和會的戰勝國對如何處理阿爾巴尼亞的意見不一。此時阿爾巴尼亞內部各地方勢力開始結合，另一方面由於希臘、義大利和塞爾維亞等國家分別陷入內政或外交的紛擾，阿爾巴尼亞開始出現獨立建國的希望。1920年1月21日，阿爾巴尼亞內部各勢力集團的代表齊聚位於中西部的盧什內（Lushnjë），在流亡人士蘇萊曼德爾維納（Sulejman Bey Delvina）的主持下，成立阿爾巴尼亞臨時政府，並將首都搬到地拉那。不久之後，都拉斯的另一個臨時政府的成員也加入地拉納的內閣。3月以後，法國和義大利（8月）的軍隊相繼撤出阿爾巴尼亞，而阿爾巴尼亞臨時政府和希臘達成劃定邊界的協議（以1913年的邊界線為準）後，希臘也撤出軍隊。

佔領軍相繼撤出後，剩下的問題就是阿爾巴尼亞人居住的科索沃到底應歸屬於誰的問題。德爾維納的政府雖堅持科索沃屬於阿爾巴尼

---

[24] Björn Opfer-Klinger, op.cit., p.45.
[25] Ibid.
[26] Björn Opfer-Klinger, op.cit., p.46.

亞，且科索沃阿裔極端人士於 1920 年夏天起兵反抗塞爾維亞人，藉此希望德爾維納政府能出兵干預。然由於德爾維納政府既無歐洲大國的外交支援，也無力對抗塞爾維亞的軍隊，以至於科索沃的反抗很快就被塞爾維亞鎮壓，大批難民逃往阿爾巴尼亞，引發社會與經濟災難。12 月，在英國的支持下，阿爾巴尼亞加入國際聯盟，至此阿爾巴尼亞的主權獲得確保。1921 年 11 月在戰勝國的會議上，阿爾巴尼亞獲得國際承認。即使科索沃的歸屬問題仍未解決，歷經連年的戰亂後，阿爾巴尼亞終於可以是一個獨立的國家。

阿爾巴尼亞雖然已經獨立建國，但內部貧富差距懸殊依舊如故，且居民可分成三類信仰族群：伊斯蘭教、東正教和天主教，其中又以伊斯蘭信徒為最大宗，占據社會高層和政府行政的有利位子。由於貧窮和動盪不安，阿爾巴尼亞成為巴爾幹半島上發展最落後的國家。兩次大戰期間，阿國的執政黨更易頻繁，政局動盪不安。政黨向來皆由有名人士擔任領導人，為追求自身目標，常組成暫時性的聯盟。這期間最重要的政治人物為索古（Ahmed Zogu），1921 年擔任內政部長，翌年擔任總理。索古後來在政局動亂中（金錢醜聞、暗殺、血腥復仇），逃亡至南斯拉夫王國，並在該地招募軍隊。1924 年 12 月藉由南斯拉夫軍隊的協助，索古宣布收復首都，執政的諾利（Fan Noli）逃往義大利。索古回到照顧上層階級利益的統治方式，無意進行改革。在他的策畫下，國會通過新憲法，宣布阿爾巴尼亞為依據美國體制的共和國，國會並賦予索古接近獨裁的權力。1925 年一月索古被選為一任七年的共和國總統。但總統一職似乎未能滿足索古的野心。1928 年索古乾脆讓新議會修憲，更改阿爾巴尼亞為君主制，由他擔任阿爾巴尼亞國王（King of the Albanians），王號索古一世（Zogu I）。[27]

索古之所以能於 1924 年返國奪權，得力於南斯拉夫（塞爾維亞）的協助。在塞爾維亞的眼中，索古不過是個虛擬的附庸（virtual vassal），

---

[27] 參閱：Mother Earth Travel, History of Albania – Interwar Albania 1948-41, in: http://motherearthtravel.com/albania/history-8.htm (2022/11/22)

第貳章　阿爾巴尼亞與歐安組織

有助塞爾維亞拓展領土的野心，尤其是在科索沃的歸屬問題方面。[28]然而，正是科索沃歸屬的問題，以及政治上的現實考慮，索古「放棄」塞爾維亞，轉向可提供經濟貸款的義大利。1926年雙方簽訂五年為期的《地拉那第一條約》(First Treaty of Tirana)，保證不與其他國家簽訂違背雙方利益的協定；翌年，雙方再簽訂《地拉那第二條約》(Second Treaty of Tirana)，兩國成立防衛聯盟，義大利開始訓練阿爾巴尼亞的軍隊。義大利想要支配阿爾巴尼亞的力道越來越強，而索古一世對義大利的反感也越來越深。1931年第一條約到期，索古一世不願再續約。當阿爾巴尼亞無法支付貸款利息時，義大利加大對阿國的壓力，提出諸多如任命義大利軍官掌管由英國人帶領的阿爾巴尼亞憲兵、加入義大利的關稅同盟、保證義大利在糖、電報和電力方面的獨佔，以及所有學校開授義大利語等等。索古一世拒絕義大利提出的要求時，義大利不僅拒絕放款，也祭出棒（派出艦隊到阿爾巴尼亞）與蘿蔔（給阿爾巴尼亞政府3百萬金法郎當禮物）。[29]之後在佛拉舍里（Mehdi Frasheri）當任總理期間（1935-1936），兩國的關係稍有改善，阿爾巴尼亞重新獲得貸款，相對的，義大利人進入阿國的文官體系內。[30]

　　二戰爆發後，1939年4月7日墨索里尼統治下的義大利進攻毫無反抗能力的阿爾巴尼亞，隔日便占領首都地拉那，12日占領全境。阿爾巴尼亞與義大利形成「君合國」的關係[31]，實際上是前者為後者的殖民地，不僅政府單位合併，就連阿爾巴尼亞尚存的軍隊亦併入義大利軍隊，也招募阿爾巴尼亞新兵，參與義大利進攻希臘的軍事行動。義

---

[28] Paulin Kola, *The Search for Greater Albania*, (London:C. Hurst & Co. (Publishers) Ltd., 2003), p. 20.
[29] 金法郎（Gold France）為國際結算貨幣中的重要貨幣之一。法郎誕生於14世紀，1803年法國制定金幣法郎法，法郎成為法國唯一的貨幣。
[30] 參閱：Mother Earth Travel, History of Albania – Interwar Albania 1948-41, in: http://motherearthtravel.com/albania/history-8.htm (2022/11/22)
[31] 當義大利佔領阿爾巴尼亞時，索古一家逃往希臘，後流亡到英國、埃及和法國。義大利國王維克伊曼紐爾三世（Victor Emmanuel III）坐上阿爾巴尼亞王國的寶座。索古於1961年在法國過世。2012年索古遷葬回阿爾巴尼亞。

大利佔領期間，阿爾巴尼亞內部出現數個反抗軍組織，南斯拉夫反抗軍領袖狄托曾派人前往阿爾巴尼亞，整合當地不同路線的共產主義反抗軍組織，並於 1941 年成立阿爾巴尼亞共產黨，恩維爾霍查（Enver Hoxha, 1908-1985）成為對抗義大利佔領軍的領袖。[32]1943 年阿爾巴尼亞共產黨和民族主義陣線（Balli Kombëtar）的代表在穆克（Mujke）簽訂協定，除建立平台，協調阿爾巴尼亞的反抗行動外，並規劃戰後成立一個大阿爾巴尼亞國家，其中包括科索沃和阿爾巴尼亞人居住的其他地區在內。不過，民族主義陣線雖贊成為科索沃而戰，而共產黨代表在受到南斯拉夫的壓力下卻極力反對。數天後這個協定被阿爾巴尼亞共產黨正式否決。[33]

1943 年盟軍攻入義大利後，德軍進入阿爾巴尼亞，並建立親德的阿爾巴尼亞政府與軍隊，對付由共產黨領導的民族解放運動，直到 1944 年 11 月底為止。二戰結束後，阿爾巴尼亞內部陷入親南斯拉夫和親蘇聯派之間的鬥爭。最後，在大清洗之下，親蘇派的共黨獲得勝利。[34]1946 年 1 月 11 日在地拉那召開立憲大會，成立阿爾巴尼亞人民共和國（People's Republic of Albania），由霍查出任自傑馬利以降的第 22 任阿爾巴尼亞總理。冷戰期間，阿爾巴尼亞成為蘇聯集團的一員，不僅加入「經濟互助組織」（Council for Mutual Economic Assistance），也參加「華沙公約組織」（Warsaw Pact）。1953 年史達林過世後，後繼者赫魯雪夫（Nikita Khrushchev, 1894-1971）嚴厲抨擊史達林，以及對阿爾巴尼亞的頤指氣使，讓霍查甚為不滿，開始與前蘇聯交惡。[35]1961 年兩國正式決裂，阿爾巴尼亞退出華沙公約組織，隨即走上親中的孤立主義道路。1978 年阿爾巴尼亞與中國決裂，在阿爾巴尼亞的歷史上，首次

---

[32] Christiane Jaenicke, op.cit., pp.46-47.
[33] Ibid., pp.70-71.
[34] 親蘇派的勝利不僅挽救了霍查的生命，也避免掉阿爾巴尼亞成為南斯拉夫第七個共和國的命運。參閱：J.F. Brown, *Nationalism, Democracy and Security in the Balkans*, (Vermont: Ashgate Publishing Company, 1998), p.82.
[35] 赫魯雪夫曾於 1959 年到阿爾巴尼亞訪問，建議阿爾巴尼亞應該放棄工業化，改建成為專門供應社會主義陣營的蔬菜與水果生產國。

嚐到既孤立又孤獨的滋味。霍查統治期間,阿爾巴尼亞不僅形同鎖國,內部更實施獨裁統治,文人、不同宗教的神職人員、政治異議人士、與之不同意見的部長,甚或將軍皆遭到殘酷處決。專門鎮壓反對運動的國家安全局(Sigurimi)在 1990 年後留下 21 萬份,總計超過 3 千萬頁,總重達 25 萬噸的文件檔案資料。[36]

1989 年的東歐劇變,以及隨後而來的民主化浪潮,也流向阿爾巴尼亞。阿國的社會動盪不安與情勢惡化情形,和其他東歐國家相比不遑多讓。羅馬尼亞獨裁者西奧塞古(Nicolae Ceausecu, 1918-1989)被推翻並「秘密處決」後,阿爾巴尼亞民眾仿佛從睡夢中驚醒,發現他們可以掙脫霍查把阿爾巴尼亞監獄化的牢籠。於是在 1989 年夏天成千上萬的阿爾巴尼亞民眾,越過市中心區警衛森嚴,嚴密看守的柵欄,攀越圍牆強行進入西方國家的大使館,要求獲得可以離開阿爾巴尼亞的旅行簽證。對當時的阿國民眾來說,「缺乏任何政治經驗,也從未實際認識自由與民主,更不曾為自由與民主拋過頭顱和灑過熱血,邊界開放,可以去想要去的地方是他們唯一可以理解的事」。[37]1990 年 4 月繼霍查之後出任阿爾巴尼亞勞動黨第一書記的阿利亞(Ramiz Alia)宣布,阿爾巴尼亞將和所有國家建立友善關係,不論其社會體制為何,包括長久以來被視為「拒絕往來戶」的美國和前蘇聯。[38]6 月阿爾巴尼亞提出以觀察員的身分,加入 20 多年前拒絕參加的歐安組織的申請案。對阿國的「轉向」,阿利亞解釋說:「歐安會議曾經是布里茲涅夫(Leonid Brezhnev, 1906-1982)的主意,當時的阿爾巴尼亞不想跟疏遠(亦即改採修正主義)的蘇聯領導階層有任何關係。」[39]9 月阿利亞在紐約聯合國大會上發表演說時表示,「歐安會議特別重要,並期待歐安會議的巴黎高峰會議。」[40]中東歐劇變發生在 1989 年,但對阿爾巴尼亞來說,1990 年才是它的革命年。

---

[36] Christiane Jaenicke, op.cit., p.53.
[37] Christine von Kohl, op.cit., pp.24-25.
[38] J.F. Brown, op.cit., p.85.
[39] Paulin Kola, *The Search for Greater Albania*, (London: Hurst & Company, 2003), p.154.
[40] Ibid., p.191.

欲重返歐洲的阿爾巴尼亞，面對的問題與困難如阿國北部的高山般層層疊疊，如：[41]

- 建立私有化的經濟制度
- 政治民主改革與轉型
- 政治領導階層內威權體制的抗拒改變
- 政黨的對立激化
- 移居海外的僑民（義大利、美國、中歐等地）對阿國經濟、政治和意識形態的影響
- 散居在科索沃、北馬其頓、蒙特內哥羅和希臘等阿裔少數民族對本國發展的影響，尤其是科索沃問題直接觸及阿爾巴尼亞的政治和社會階層。[42]
- 阿國在西方（歐盟、美國）和東方（土耳其、伊斯蘭教）之間的移動。

1991年3月，阿國舉行首次多黨競爭的全國大選[43]，但由於反對黨尚處於萌芽階段，故由執政的共黨獲得勝利，開始進行局部改革。然而同年的金融風暴卻引發社會大罷工，促使共黨在6月就下台，由共黨和反對黨共組政府。下台的共黨隨即更名為社會主義政黨（Socialist Party）。1992年3月反對黨民主黨（Democratic Party）贏得國會大選，由醫生貝里沙（Sali Berisha）出任總統，梅克西（Aleksandër Gabriel Meksi）出任總理。在民主黨執政下，阿爾巴尼亞放棄先前的孤

---

[41] Frank Kressing and Karl Kaiser, *Albania – a country in transition*, (Baden-Baden: Nomos Verlagsgesellschaft, 2002), p.7.
[42] 參閱：Miranda Vickers and K. James Pettifer, *Albania From Anarchy to a Balkan Identity*, (New York: New York University Press, 1997), pp.142-165.
[43] 今日，歐安組織專責選舉觀察的單位為民主辦公室，其前身為1991年5月成立於華沙的自由選舉辦公室（Office for Free Election）。由於阿爾巴尼亞的首次民主選舉於3月舉行，故此次選舉尚無進行選舉觀察。直到1996年，民主辦公室才首次派遣選舉觀察團到阿爾巴尼亞。

立外交,開始與國際社會往來。阿國提出加入北約的申請案雖被拒絕,但卻與土耳其、美國、英國等國家簽訂雙邊合作協定。[44]阿國在民主黨的治理下,改革雖持續進行,但成效不彰,尤其是經濟改革失敗,導致人口不斷外移,整個社會出現停滯不前的狀態,阿國人民對執政黨的不滿情緒日漸升高。[45]在歐安組織以協助的形式「介入」阿爾巴尼亞的內部事務之際,阿國的發展方向正是所謂的「國際發展事業」(an international development industry),亦即西方模式(Western models)的移轉,舉凡民主制度、公民社會、多元的政黨與言論、非官方組織、自主與自理、邊界不可侵犯等等,皆是脫離共產主義的中東歐國家學習的項目,而最終的希望則是加入歐洲大家庭(European family)。[46]

1991年的經濟改革,為阿國帶來開啟自由化的市場經濟制度契機。但在共黨的操控之下,卻出現許多形如「老鼠會」的投資公司[47],其中又以 Vefa-Holdings 最為著名。該類投資公司宣稱只要投資,保證獲利。高利潤的誘惑不僅讓阿國政府大量貸款給該公司,接近三分之二的阿國民眾也紛紛投入全部積蓄,或者賣屋賣地爭相投資,投資總額高達12億美元,約佔該國國內生產毛額的一半。阿國民眾投資的款項只有少數投入小型工廠或旅遊業,大多數全進入公司負責人的口袋。1996年下半年,投資公司的獲利保證越來越高,每月的投資利息所得竟可高達40%。1996年,當西方國家忙於處理巴爾幹地區的衝突時,少有

---

[44] 阿爾巴尼亞未能加入北約後,先於1992年加入北大西洋合作理事會(North Atlantic Cooperation Council),1994年加入和平夥伴關係計畫(Partnership for Peace),1999年成為北約擴大的會員行動計畫(Menbership Action Plan)成員,2009年4月1日成為北約的會員。

[45] Nobert Mappes-Niediek, "Albanien und der Einsatz der OSZE 1997", in: IFSH (ed.), *OSZE-Jahrbuch 1997*, (Baden-Baden: Nomos Verlagsgesellschaft 1997), pp208-209.

[46] Stephanie Schwandner-Sievers, "Narratives pf Power – Capacities of Myth in Albania", in: Stephanie Schwandner-Sievers and Bernd J. Fischer, *Albanian Identity – Myth and History*, (London: C. Hurst & Company (Publishers) Ltd.), 2002), p.24.

[47] 總共約有30家此類的投資公司,其所募得的款數高達65%在阿國境內流動的貨幣。Ibid., p.208.

人注意到阿國社會已經瀕臨崩潰的邊緣（龐氏騙局），即使是阿國的民眾也沒有察覺即將到來的風暴。

在進入 1997 年之際，除了四家公司外，所有在阿國境內的投資公司不是宣布破產，就是大幅調降利息。無法取回本金的民眾開始怪罪政府沒有擔負監督的責任。1997 年 1 月，阿國南部夫羅拉出現民眾示威，此後示威越演越烈，最後席捲全國。3 月，中央政府已經無法有效管理，民眾進入軍營搶奪武器（許多武器因此而流入科索沃），大肆搶劫並攻擊政府機關，阿國幾乎陷入內戰狀態。阿國全面失控，瀕臨崩潰邊緣，人民成群結隊逃往海外，西方國家大舉撤退僑民。義大利駐聯合國大使致聯合國秘書長該國外交部長親筆函，建議組織多國保護部隊協助人道救援，以及創造一個國際組織得以遂行救援工作的安全環境，而義大利願意承擔領導多國部隊的責任。[48]

為避免阿國社會危機擴及至鄰近國家，以及為協助解決阿國的內部問題，聯合國和歐洲各國際組織相繼介入。1997 年 3 月 28 日，聯合國安理會通過第 1101 號決議案，成立一支多國保護部隊（Multinational Protection Force），進入阿爾巴尼亞執行人道保護任務（代號為「阿爾巴行動」（Operation Alba）。[49]這一支為數約 7,000 人的多國武裝部隊由義大利領導，共有 10 個歐洲國家參加[50]，主要任務為人道救援、維持社會秩序，以及為國際組織在阿爾巴尼亞的工作創造一個安全的環境。多國部隊的任務期限為期三個月，每兩週必須經由聯合國秘書長，向

---

[48] 見：Riccardo Marchio, "Operation Alba: A European Approach to Peace Support Operations in the Balkan", p.2, in: https://apps.dtic.mil/sti/pdfs/ADA378201.pdf (2022/11/22)

[49] 見：UN Security Council Resolution 1101, in:http://unscr.com/en/resolutions/1101(2022/11/22)

[50] 除義大利（3800 人）外，還有法國（950 人）、希臘（800 人）、土耳其（760 人）、西班牙（350 人）、葡萄牙、羅馬尼亞（400 人）、奧地利（100 人）、斯洛維尼亞（20 人）和丹麥（15 人）。歐安組織、歐盟、西歐聯盟和聯合國以觀察員的身分，派遣代表參加政治指揮層級的指導委員會（Steering Committee），任務執行由義大利參謀長負責指揮。

安理會提交報告。6 月 19 日,安理會決議將多國部隊的任務期限再延長 45 天(安理會第 1114 號決議案)。執行任務所需的經費,由參與的國家分攤。這支多國部隊於 4 月進入阿爾巴尼亞後,除了扮演穩定社會情緒的重要角色外,並在由歐安組織籌備和舉辦的全國選舉中,擔任護送國際選舉觀察員的重任。[51]完成被賦予的任務後,義大利領軍的多國保護部隊依據聯合國安理會第 1114 號決議案所訂定的期限,於 8 月 12 日撤出阿爾巴尼亞。[52]「阿爾巴行動」可說是一次成功的預防外交行動,但對歐安組織來說,卻是一個錯失強化操作能力的機會,其原因在於俄國堅持該行動必須由聯合國,而不是歐安組織授權。[53]

阿爾巴尼亞自 1991 年 3 月的首次民主選舉、共產黨更名為社會主義黨,以及自民主黨成立以來,歷屆的國會大選皆由這兩個大黨的競爭態勢主導,而政府則是由兩黨輪流執政,間或有第三小黨「為整合的社會主義運動黨」(Socialist Movement for Integration)與社會主義黨組成聯合內閣。[54]兩黨之間的互相攻伐與掣肘,讓歐安組織阿爾巴尼亞任務團團長芬蘭籍外交官李伯能恩(Osmo Lipponen)說:「社會主義黨和民主黨之間高度的互不信任與衝突,這一個極端分化的政治現象,對 1991 年共產黨垮台以來的阿爾巴尼亞有著負面的影響。這一分化嚴重地削弱阿爾巴尼亞發展成為歐洲的民主國家的能力。」[55]

2017 年國會大選預定於 6 月 18 日舉行,但從 2 月起,在野的民主黨指控執政的社會主義黨會在選前進行大規模的選舉舞弊,因此在

---

[51] Norbert Mappes-Niediek, op.cit., p.212.
[52] 參閱:Paolo Tripodi, "Operation Alba:A Necessary and Successful Preventive Deployment", *International Peacekeeping*, 9(4), 2020, pp.89-104.
[53] OSCE, Enhancing Co-operation between the OSCE and other International Organizations, Ljubljana, 10 September, 2004, in: https://www.osce.org/files/f/documents/6/e/39731.pdf
[54] 「為整合的社會主義運動黨」,其簡稱為 LSI,該簡稱來自阿爾巴尼亞語「Lëvizja Socialiste për Integrim」。
[55] OSCE/Presence in Albania, Address to the US Commission on Security and Cooperation in Europe, by Ambassador Osmo Lipponen, Washington, 20 July 2004, in: https://www.osce.org/files/f/documents/9/8/35342.pdf(2022/01/19)

野黨杯葛國會的法案審議工作。在國際介入下，兩黨於 5 月簽署協議，同意組成看守內閣，民主黨且得到副總理、六個部長，以及多個公部門主管的位子。而選舉則延到 6 月 25 日舉行。此次大選的程序與過程，大致符合歐安組織與國際社會對民主選舉的規範。但選戰中充滿對買票、濫用行政資源，以及於職場施壓受雇者投票意向的指控。[56]大選結果是社會主義黨獲得大勝，140 席位中獲得超過二分之一的 74 席，已經可以不用再和「為整合的社會主義運動黨」（獲 19 席）組成聯合內閣，可單獨執政了。在野的民主黨僅獲得 43 席。大選投票率（46.8%）創下歷史新低，是自 1991 年的民主選舉以來的最低，顯示出民眾對政黨鬥爭的厭惡與對政治失去信心。[57]

在外交與國際關係方面，自 1991 年以來，阿爾巴尼亞於 1992 年成為歐安組織的參與國，1995 年加入歐洲理事會，申請加入北約和歐盟則歷經頗為漫長的過程。自表達加入北約的意願以來，共歷經 18 年，先後加入「北大西洋合作理事會」（North Atlantic Cooperation Council, 1992）、「和平夥伴」（Partnership for Peace, 1994），和「會籍行動計畫」（Membership Action Plan, 1999），最後於 2009 年正式成為北約的會員國。在歐盟方面，阿爾巴尼亞於 2009 年提出申請加入歐盟，2014 年獲得候選國的地位，迄今（2022 年）一直都是與摩爾多瓦、蒙特內哥羅、北馬其頓、塞爾維亞、烏克蘭和土耳其為同等級的候選國（EU candidate countries）。[58]2020 年 3 月歐盟高峰會決定與阿爾巴尼亞（以及北馬其頓）展開入會談判。[59]

---

[56] OSCE/ODIHR, Republic of Albania Parliamentary Elections 25 June 2017, Warsaw, 28 September 2017, p.2, in: https://www.osce.org/files/f/documents/4/d/346661.pdf

[57] Christiane Jaenicke, op.cit., p.93.

[58] 除了候選國外，其下的一級為潛在候選國（Potential candidates），屬這一級的國家有波士尼亞、喬治亞共和國和科索沃。

[59] 見：European Council, "Council conclusions on enlargement and stabilization and association process – Albania and the Republic of North Macedonia", 25 March 2020, in: https://data.consilium.europa.eu/doc/document/ST-7002-2020-INIT/en/pdf (2022/11/23)

阿爾巴尼亞的對外關係已與霍查時代完全不同，有了一百八十度的大轉變。不過在科索沃問題上，兩者的差距並不大。阿爾巴尼亞一直以「無可爭議的科索沃捍衛者」（the undisputable Advocate Kosovo）自居，而極端民族主義者或許最終追求的是「一個」大阿爾巴尼亞國家。但就科索沃，甚至居住在北馬其頓的阿裔族群來說，阿爾巴尼亞是一個民族，卻不是「一個」國家。[60]

第二節　阿爾巴尼亞任務團

阿爾巴尼亞於 1997 年爆發金融危機後，當時的歐安組織輪值主席瑞士外交部長寇提（Flavio Cotti）於 1997 年 2 月任命前奧地利外交部長福蘭尼斯基（Franz Vranitzky）為輪值主席個人代表，前往阿爾巴尼亞瞭解情況，並與阿爾巴尼亞的政府、各黨派和政治—社會組織會談，商討解決金融危機所引發的政治和社會失序問題。經福蘭尼斯基與阿國的相關單位和機構協商後，常設理事會遂於 3 月 20 日的第 107 次會議中，決議在與其他國際組織合作之下，針對阿國採取下列協助措施：[61]

1. 促進民主化和尊重人權，包括協助中央與地方的民主制度
2. 於最近的選舉中，擔任監督者的角色
3. 考慮承擔繳回被搶奪之武器的監督工作

一個星期後，常設理事會決議組成「阿爾巴尼亞任務團」（OSCE Presence in Albania），除協助阿國政府外，並擔任協調者的角色，以便「其他國際組織可以在其專責內扮演其角色」。第 160 號決議文所列舉

---

[60] 科索沃的政治學者 Nexhmedin Spahiu 表示，科索沃需要去發現自己的認同感，而不要公開考慮加入阿爾巴尼亞。見：Perparim Isufi, "Talk of Albanian Unification Damages Kosovo – Spahiu", BalkanInsight, January 17, 2022, in: https://balkaninsight.com/2022/01/17/talk-of-albanian-unification-damages-kosovo - spahiu/ (2022.11/23)

[61] 見：OSCE/Permanent Council, DECISION No. 158, PC.DEC/158, 30 March 1997, in: https://www.osce.org/pc/20431?download=true (2022/11/23)

的「其他國際組織」乃是歐洲理事會，而兩者合作的項目為：民主化、媒體與人權，以及籌備和監督選舉。[62]至於部分歐盟會員國建議的派遣維和部隊進入阿國一事，會中並無結論，但俄羅斯代表團於附件聲明內強調，派遣強制性武力至阿爾巴尼亞一事，必須由聯合國安全理事會決議。[63]任務團的名稱使用「Presence」一詞，其實乃是阿爾巴尼亞政府的考量，認為「Mission」一詞對該國的聲譽有損。[64]

1997年4月3日，任務團首度進駐阿國首都地拉那。由歐安組織輪值主席個人代表福蘭尼斯基出面協調，阿國各黨派通過9點協議，包括大赦參與暴動的人士、籌組跨黨派政府、在國際監督下舉行大選等。藉由歐安組織民主辦公室的協助（技術協助與國際監督）和聯合國多國武裝部隊的保護，阿國於6月29日和7月6日舉行全國性大選。[65]歐安組織的國會代表大會、歐盟的歐洲議會，以及歐洲理事會國會代表大會亦派遣選舉觀察團至阿國觀察選舉。依據民主辦公室的阿爾巴尼亞國會大選選舉觀察最後報告（Final Report）指出，「此次大選在目前的情況下，可視為是可接受的（acceptable）；它將為阿爾巴尼亞想要的堅固的民主制度，構成穩固的基礎」。[66] 阿爾巴尼亞大選在國際組織的協助與關注下順利結束，參與競選的政黨所提出的全國和解與經濟重建政策，不啻為選後國際組織協助內部重建工作鋪平主要的道路。

阿爾巴尼亞任務團自1997年4月成立以後，初期的期限為6個月。之後每次延長一年至今（2023年）。任務團的人數約在90人上下，其中包含國際工作人員和當地雇員，2021年的經費預算約為3百萬歐

---

[62] 見：OSCE/Permanent Council, DECISION No.160, PC.DEC/160, 27 March 1997, in: https://www.osce.org/pc/42380?download=true (2022/11/23)

[63] Ibid.

[64] Hubert Grubmayr, "Probleme und Schwierigkeiten der Langzeitmissionen der OSZE", IFSG (ed.), OSZE-Jahrbuch 1998, (Baden-Baden: Nomos Verlagsgesellschaft 1998), p.238.

[65] 阿國於6月29日同時舉行國會大選和國王復位公投，7月6日舉行國會第二回選舉：決選投票。在國王復位公投方面，66.8%的選民反對再度引進曾於1928-1944年之間實施的王國制。

[66] OSCE/ODIHR, Final Report Parliamentary Elections of Albania, 29 June-6 July 1997, in: https://www.osce.org/files/f/documents/3/4/13571.pdf (2022/11/23)

元，約占東南歐任務團經費的 2%，算是規模較小的任務團。除年度預算外，任務團也獲得參與國和國際組織的自願捐款補助，2021 年獲得 110 萬歐元。

　　1997 年的選舉過後，歐安組織縮小任務團的規模，並將工作重心移往人權和法治、民主化與公民的權利、協助地方性選舉、監督媒體和制度。在與其他國際組織合作方面，主要的合作對象為歐洲國際組織，如歐洲理事會、西歐聯盟、歐盟等都是合作的對象。歐安組織在阿爾巴尼亞金融危機中，所扮演的合作與協調性角色，對處理未來類似的危機情勢似乎具有啟發性的作用。不過，時任義大利陸軍上校的馬奇歐（Col. Riccardo Marchio）卻認為，在執行聯合國的任務時，提供武裝部隊的國家、歐盟、提供人道救援的國際非官方組織，以及歐安組織等國際行為者彼此之間缺乏有效的協調，以至於並沒有結構性地改變阿爾巴尼亞，而只是為阿國人民提供未來改革所需的一個好的起點而已。[67] 馬奇歐的觀點來自他的現場觀察所得，而歐安組織介入阿爾巴尼亞，卻有其任務項目與範圍上的限制。聯合國安理會第 1101 號和 1114 號決議文表明，在尊重阿爾巴尼亞的主權獨立和領土完整之下，歐安組織與歐盟的外交努力，在和阿國政府合作下，為危機尋求和平的解決方法和協助阿國舉辦選舉。因此歐安組織的任務目的不在於改變，而在於協助。

　　1998 年 3 月，科索沃爆發內部衝突。為避免危機蔓延至阿國境內，常設理事會決議增強任務團的邊界監督功能，監視阿國北方與科索沃接壤的邊界。歐安組織不僅將監視人員增至 30 人，並在東北部設立 5 個外站辦公室，由位於地拉那的協調中心負責後勤支援和整合每日傳回的監督報告，再傳回至歐安組織秘書處。1999 年，鑑於科索沃危機已受控制，歐安組織遂降低邊界監督的人員規模。

　　2003 年，隨著阿國情勢逐漸好轉，常設理事會決議在下列方面，擴大任務團的職權，提供阿國政府諮詢與協助：立法與司法改革（包

---

[67] Riccardo Marchio, op.cit.

括財產權的改革)、地方行政改革、選舉改革、建立國會的能量、對抗人口販賣與貪污、協助發展媒體獨立的規範與行為準則、協助訓練邊界警察,以及安全合作等。[68]歐安組織任務團在阿國的工作可說種類繁多,但大體上以擔任諮詢、提供專業知識和協商的角色比較多。如在對抗人口販運方面,協助阿國政府草擬對抗人口販運的政策和協助執行行動計畫,以及保護受害者,避免再度淪入人口販子之手。

在安全合作方面,主要工作項目有:強化警察的專業化程度、增進邊境和移民警察的值勤能力,以及協助國防部的武器管制行動,包括銷毀多餘的傳統彈藥、小型武器,以及銷毀儲存於軍營內的危險化學品。參與這類計畫的國家包括德國、土耳其和捷克。

第三節　任務團的成效與困難

1991年阿爾巴尼亞的獨裁政權倒台時,該國不僅是歐洲最窮的國家,內部的政治、經濟和社會發展相對上也是最為落後的;此外,阿爾巴尼亞也涉入周遭鄰國的內部衝突紛爭,而且也成為人口販賣(human trafficking)的中心。1997年在阿爾巴尼亞陷入金融風暴之際,歐安組織決定成立阿爾巴尼亞任務團,不啻為阿爾巴尼亞的國家正常化,注入一股協助的力量。以下就任務團所被賦予的任務項目(2003年常設理事會第588號決議案),擇四項:民主與法治、選舉、媒體自由與發展,人權項目內的少數族群以及難民,簡述任務團的工作、成效與困難之處:

一、民主化與法治

任務團自成立以來,協助民主化即成為主要工作之一,而工作的重心則在引進國際標準與歐安組織規範,提升阿爾巴尼亞國會的委員

---

[68] OSCE/Permanent Council, Decision No. 588 Mandate of the OSCE Presence in Albania, 18 December 2003, in:
https://www.osce.org/files/f/documents/7/1/20402.pdf (2022/10/05)

會與議員的立法專業知識與扮演好監督行政的角色。此外還強化國會議事工作人員的專業化與資訊化能力。在法治方面，任務團的作用亦是引進相關規範，協助司法改革與法律革新，並與相關司法機構合作，提升如法官、檢察官、司法警察、律師等司法人員的專業能力。

依據自由之家（Freedom House）對世界各國的年度自由評比，2021年阿爾巴尼亞屬部分自由的國家，其得分與歸類和科索沃相當。自由之家對阿爾巴尼亞的評語是「有競爭式選舉，但政黨高度分化，且政黨以個人魅力型為主。宗教與代表自由，一般受到尊重。貪污與組織化犯罪依舊是最嚴肅的問題。」[69]依據國際透明組織（Transparency International）貪污指數調查，2020年阿爾巴尼亞在全球共180個國家或地區中的排名位居第104名。[70]阿爾巴尼亞的得分（36分）與科索沃相當，但低於蒙特內哥羅的45分。得分雖自2012年來略有進步，但加入歐盟的誘因並沒有改善和提升阿爾巴尼亞對抗貪污的努力。或許阿爾巴尼亞的貪污嚴重，可歸之於蘇丹綜合症（Sultan-Syndrome），亦即一旦掌權，其家人與親友皆可得到高位，並把經費投資在提高聲望的無用計畫裡。[71]

另一個嚴肅的課題是人口販運。2020年阿爾巴尼亞警方破獲86件人口販運案，其中48件為強迫賣淫，27件強迫勞動，其餘為強迫從事非法情事。[72]依據美國國務院的評估報告，儘管阿爾巴尼亞政府在對抗人口販運方面已有進步，但其採取的措施並沒有完全符合消除人口販運的最低標準。[73]阿爾巴尼亞人口販運的主要受害者為吉普賽人和巴爾

---

[69] Freedom House, Freedom in the World 2021: Albania, in: https://freedomhouse.org/country/albania/freedom-world/2021 (2022/11/24)

[70] 見：Transparency International, Corruption Perceptions Index, in: https://www.transparency.org/en/cpi/2020/index/alb# (2022/11/24)

[71] Christian Jaenicke, *Albanien: Ein Länderporträt*, (Bonn: Bundeszentrale für politische Bildung, 2019), p.94.

[72] U.S. Department of State, 2021 Trafficking in Persons Report: Albania, in: https://www.state.gov/reports/2021-trafficking-in-persons-report/albania/ (2022/11/24)

[73] Ibid.

幹埃及人（Balkan-Egytian），其中又以婦女和孩童受害最大。這些受害者被強迫賣淫、強制勞動（如強迫孩童販賣紀念品、乞討等），或強迫從事季節性的工作。任務團主要協助中央與地方政府，執行符合國際規範的對抗人口販運措施，以及進行個案研究，並協助擬定對抗人口販運的政策。

二、選舉

阿爾巴尼亞的首次多黨民主選舉於 1991 年 3 月舉行，當時不僅歐安組織的操作性能力尚未建立，就連阿爾巴尼亞都還未加入歐安組織，直到 1996 年民主辦公室才首度派遣共來自 11 個參與國的 23 位長短期觀察員，到阿爾巴尼亞觀察該年 5 月的國會大選。依據選舉觀察團選後提出的結論報告，阿國此次的選舉實務不僅違反自己的選舉法，更有多處與歐安組織哥本哈根文件（Copenhagen Document）不相符。[74] 除了指出選前選務行政與投票當日諸多缺失外，選舉報告總共提出 10 項包含法律、機構與選舉技術的改革建議，如：應成立獨立的常設（而非任務型的）中央選舉委員會，以增進政黨與選民對辦理選務的信心、建立透明的選舉教育計畫、重新設計選票、確保選民登記的正確性、每個投開票所的圈票處設立至少一個以上等等。[75]

民主辦公室選舉觀察團提出的選舉改革，部分受到阿國政府的重視，阿國於 1998 年經由公投通過新憲法，於第 153 條和 154 條成立常設性的中央選舉委員會（Central Election Commission，以下簡稱中選

---

[74] 違反哥本哈根文件之處為第一篇第 7 條的 7.4 到 7.8，以及第 8 條。7.4 確保選民秘密投票；7.5 尊重選民以個人或政治團體代表的身分，不受差別待遇地尋求政治或公職職位的權利；7.6 尊重政個人或團體自由地組成政治團體的權利，並提供此類的團體必要的法律保障；7.7 確保選戰可在自由和公平的環境下舉行；7.8 確保沒有法律和行政阻礙有意參與選舉的個人和團體使用媒體。

[75] OSCE/ODIHR, Observation of the Parliamentary Elections held in the Republic of Albania, May 26 and June 2. 1996, in: https://www.osce.org/files/f/documents/8/c/13567.pdf (2022/11/24)

會），並置委員七人。[76] 2001 年的國會選舉由中選會籌備和舉辦，選後歐安組織選舉觀察團對中選會的評價是「更獨立與更透明」。[77] 2021 年的國會選舉過後，選舉觀察團給予的評價更高，認為中選會的工作「透明，以及獲得利害關係人的信賴與信任。」[78]中選會越來越獨立與專業化的表現，歐洲理事會也有其貢獻。在歐洲理事會「選舉與市民社會」（Elections and Civil Society）部門的主持下，中選會的高級官員皆參加該部門與國際組織合作辦理的選舉行政專業訓練課程。[79]而這些專業化的訓練課程，正是回應歐安組織民主辦公室在選舉報告中，對阿國選舉行政和選務提出的改革建議。

即便如此，選舉觀察報告也充分揭露阿爾巴尼亞的多項選舉缺失，如以行政資源資助特定政黨與候選人的長期性問題仍未改善、選民投票的自由與秘密仍未獲得完全的保障、行政未中立化、選務人員的任命程序未達到公開與獨立、受理選舉訴訟的法庭的中立與獨立性有待提升、司法部門應全面調查選舉暴力事件、法律應保障揭發選舉弊端的吹哨者等。[80]歐安組織對阿爾巴尼亞歷屆選舉所提出的觀察報告，以及改革建議，被批評為「每次都吹同樣的調子」，阿國卻沒有採取應有的改革措施；於是「自 2008 年的選舉改革以來，選舉越來越像廉價肥皂劇，而歐安組織扮演劇中的固定角色」。[81]

---

[76] 2008 年修憲時，廢除第 153 條和第 154 條，中央選舉委員會的設置改由國會通過的《阿爾巴尼亞選舉法規》（The Electoral Code of the Republic of Albania）來規範。見：Central Election Commission, "CEC Background", in: http://cec.org.al/historiku/?lang=en (2022/11/24)

[77] OSCE/ODIHR, Republic of Albania Parliamentary Elections, 24 June-19 August 2001, in: https://www.osce.org/files/f/documents/6/4/13559.pdf (2022/11/24)

[78] OSCE/ODIHR, Republic of Albania Parliamentary Elections, 25 April 2021, p.7., in: https://www.osce.org/files/f/documents/5/1/493687.pdf (2022/11/24)

[79] Council of Europe/Division of Elections and Civil Society, *Activity Report 2020*, (Strasbourg: Council of Europe, 2020), p.24, in: https://rm.coe.int/division-of-elections-and-civil-society-annual-report-2020/1680a083e4 (2022/11/24)

[80] OSCE/ODIHR, *Republic of Albania: Local Elections 30 June 2019 ODIHR Election Observation Mission Final Report*, pp.26-27, in: https://www.osce.org/files/f/documents/1/f/429230_0.pdf(2020/11/20)

[81] Vincent W. J. van Gerven Oei, "The Endless Presence of the OSCE", in: https://exit.al/en/2019/03/28/the-endless-presence-of-the-osce/ (2020/11/15)

阿爾巴尼亞國會選舉的投票率相當低，自 2001 年以來皆未超過 60%，最近兩次（2017 年和 2021 年），分別只有 46.59%及 46.23%。[82] 自 2001 年來的平均投票率也只有 50.53%。低投票率的原因之一是據估計約有三分之一的選民長居國外，無法回國投票。[83]再者政黨對峙的態勢，導致在野黨經常杯葛參與選舉或鼓勵支持群眾不去投票。2017 年國會大選，由於出門投票的民眾實在過少，中選會甚至決定將投票截止時間延後一小時（從晚上 7 點延後到 8 點）。[84]低投票率被戲謔地稱為選民喜歡以腳投票（出走到西歐國家）。[85]

歐安組織阿爾巴尼亞任務團在選舉項目所扮演的角色，主要集中於協助選舉改革和協助改善選務行政，此外並和中選會共同合作，辦理如促進年輕人參與選舉的專案活動，或是警察在選舉過程中，所應扮演的角色等訓練課程。在選舉改革方面，位居專業知識諮詢者的角色，提供阿國國會於修法方面的建議。在涉及選務改革項目內，任務團不僅提供選務技術知識，也擔任國際協調者，邀請參與國駐阿國大使和國際組織，在任務團團長主持下，共同討論選務改革的議題。[86]

三、媒體自由與發展

1994 年歐安組織布達佩斯高峰會議通過《新世紀中邁向真正伙伴之路》（Towards a Genuine Partnership in a New Era）文件，文件第八章

---

[82] ElectionGuide, Republic of Albania, in: https://www.electionguide.org/countries/id/3/
[83] 阿爾巴尼亞常住人口約 3 百萬，但登記的合格選民可高達 358 萬人。Gjergj Erebara, "Low Turnout Marks Albania Local Elections", BalkanInsight June 23, 2015, in: https://balkaninsight.com/2015/06/23/low-turnout-marks-albanian-local-elections/ (2022/11/24)
[84] Fatjone Mejdini, Ruling Socialists Take Lead in Albania Elections, BalkanInsight, June 26, 2017, in: https://balkaninsight.com/2017/06/26/socialists-win-another-term-in-albania-elections-06-26-2017/ (2022/11/24)
[85] Fred Abrahams, "Albania's Election Escapades", BalkanInsight, June 24, 2017, in: https://balkaninsight.com/2017/06/24/democracy-remains-elusive-in-albania-06-24-2017/
[86] OSCE/Presence in Albania, OSCE Presence in Albania co-ordinate international community's assistance to Central Election Commission, 12 November 2021, in: https://www.osce.org/presence-in-albania/504130 (2022/11/23)

〈人道面向〉強調言論表達自由屬人的基本權利之一，也是民主自由的核心組成部分。參與國將「譴責所有對記者的攻擊與惡意刁難，必須把為此類攻擊與惡意刁難負責的人繩之以法。」[87]在阿爾巴尼亞，就如同在巴爾幹地區的其他國家一樣，記者遭受來自政府單位、犯罪組織等的惡意刁難、暴力威脅與生理傷害時有所聞。

自 2001 年起，「東南歐媒體協會」(South East Europe Media Organization)記錄數起阿國境內對記者的攻擊事件。記者被攻擊的原因，大抵皆與所報導或撰寫的事件有關。[88]2018 年歐安組織媒體自由代表德賽爾（Harlem Désir）強力譴責阿國歹徒以自動武器，掃射 24 小時新聞台（News 24 TV）記者拉拉（Klodiana Lala）的住所。[89]鑒於媒體記者的危險處境，2018 年的米蘭部長理事會會議，通過第 3/18 號「記者安全」(Safety of Journalist)決議案，呼籲所有參與國必須將與媒體自由有關的法律、政策和執行，取得與國際義務和所做出的承諾一致；有必要的話，也須檢視和修改，以便不再限制記者獨立和不受干涉地執行其職務的能力。[90]這一份文件所強調之維護記者的安全，也是 2021 年 2 月媒體自由代表里拜羅（Teresa Ribeiro）與阿爾巴尼亞駐歐安組織大使哈薩尼（Igli Hasani）兩人會面，討論阿爾巴尼亞媒體自由的焦點之一。[91]

---

[87] OSCE, Budapest Document 1994-Towards a Genuine Partnership in a New Era, 21 December 1994, in: https://www.osce.org/files/f/documents/5/1/39554.pdf (2022/02/18)

[88] 見：South East Europe Media Organization, "Albania: Assault on Journalist in Albania", 19/11/2010,, in:
https://seemo.org/ressources/albania-assault-on-journalist-in-albania/(2022/02/18)

[89] 拉拉專門負責調查性新聞（investigative journalism），揭發阿爾巴尼亞的組織化犯罪。2020 年拉拉獲得歐盟贊助的阿爾巴尼亞調查新聞首獎。見：Exit Staff, "Journalist Klodiana Lala Receives EU Award for Albanian Electiongate Investigative Report", 21/10/2020, in:
https://exit.al/en/2020/10/21/journalist-klodiana-lala-receives-eu-award-for-albanian-electiongate-investigative-report/ (2022/02/18)

[90] OSCE/Ministerial Council, Decision No.3/18 Safety of Journalist, MC.DEC3/18, 7 December 2018, in:
https://www.osce.org/files/mcdec0003%20safety%20of%20journalists%20en.pdf (2022/02/18)

[91] OSCE/Representative on Freedom of the Media, "OSCE Representative on Freedom of the Media meets with Ambassador of Albania", 23 February 2021, in:
https://www.osce.org/representative-on-freedom-of-media/479308 (2022/02/18)

歐洲安全暨合作組織與巴爾幹——東南歐任務團

　　阿爾巴尼亞任務團的工作是協助阿國政府單位就媒體獨立與行為準則，發展有效的法律與規則，以符合歐安組織與相關的國際規範。為此，任務團協助阿國政府修改現行法規，並擔任國會立法的諮詢工作。在立法過程中，媒體自由代表亦扮演重要的角色，就國際規範與歐安組織義務，與阿國政府交換意見，提出應在文字上明訂確保媒體自由的建議。[92]此外在實務層面上，藉由歐盟的經費資助，任務團執行為期三年的阿爾巴尼亞「媒體焦點」（Media in Focus）專案計畫。此計畫主要在強化媒體記者與阿爾巴尼亞公共媒體的專業能力、提升大學新聞科系的專業課程，以及開授調查報導、編輯判斷（editorial judgement）、公共廣播媒體、社會媒體和社會網絡等相關訓練課程。[93]

　　2019 年 12 月在新聞協會與記者的抗議之下，國會通過包含反毀謗條款在內的新聞法修正案。新的新聞法授權媒體監督單位，加強監督網路媒體或記者所發布的新聞。若發現非事實的新聞，可要求媒體（或記者）刪除；若不刪除，則罰款 6,500 歐元[94]，甚或禁止再上網發布新聞。[95]阿國總理拉瑪（Edi Rama）於國會接受詢問時表示，該法案修正前，曾和歐安組織媒體自由代表德賽爾協商過。儘管德賽爾認為該法案符合一般的國際規範，但阿國媒體仍憂心該法將成為箝制新聞的法規，以及監督單位的專斷和媒體的自由因此而受限。[96]

　　儘管任務團的努力，以及其他國際或區域媒體組織的監督如記者無國界（Reporter without Borders）、媒體擁有者觀察（Media Ownership

---

[92] OSCE/Representative on Freedom of the Media, "OSCE Media Freedom Representative Désir recommends further improvements of laws on online media in Albania, in latest review sent to authorities", 9 December 2019, in: https://www.osce.org/representative-on-freedom-of-media/441500 (2022/02/18)

[93] OSCE/Presence in Albania, "OECE Presence organizes first mobile journalism training for journalists of Albania's public broadcaster", 24 September 2020, in: https://www.osce.org/presence-in-albania/464727 (2022/02/18)

[94] 2019 年，阿爾巴尼亞的人均所得約為 4,681 歐元。

[95] Deutshe Welle:"Albanisches Parlament verabschiedet umstrittenes Mediengesetz", in: https://www.dw.com/de/albanisches-parlament-verabschiedet-umstrittenes-mediengesetz/a-51732359 (2022/11/24)

[96] Ibid.

Monitor），阿爾巴尼亞的媒體自由度仍有待提升。依據記者無國界 2021 年世界媒體自由指標（World Press Freedom Index）的評比，在全球受評比的 180 個國家或地區當中，阿爾巴尼亞排在第 83 位，高於北馬其頓（90）和塞爾維亞（93），低於科索沃（78）和波士尼亞（58）。在巴爾幹地區，可算是中等生，在全球範圍亦是如此。[97]阿爾巴尼亞媒體環境的最大問題是大部分的媒體掌握在少數具特定政黨傾向的人手中，以及少數獨立媒體和記者常受到政治人物的當面恐嚇與口語謾罵。[98]民主辦公室於阿國 2021 年的國會大選觀察報告內，有關媒體環境與法律框架項目，觀察的結果是「…這些因素加總起來限制了媒體的自由與多元。」[99]

四、人權：少數族群

　　阿爾巴尼亞約 3 百萬的人口當中，根據最近一次（2011 年）的人口普查結果，少數族群占全國總人口不到 1.5%。依據 2017 年通過的《保護少數族群法》（Law on the Protection of National Minorities）第 3 條的定義，少數族群是一群生活在阿爾巴尼亞境內，展現與眾不同的文化、種族、語言或宗教的特徵，並願意共同展示、保存和發展這些特徵的一群人。[100]阿爾巴尼亞共有九個少數族群。[101]九個少數族群當中以希臘人最多，但究竟有多少希臘裔，則沒有一個確切的數字。[102]據估

---

[97] 在該項全球排名中，前五名分別為挪威、芬蘭、瑞典、丹麥和哥斯大黎加，台灣排第 43 名。
[98] 見：Reporter without Borders, Albania, in: http://www.mom-rsf.org/en/countries/albania/ (2022/11/24)
[99] OSCE/ODIHR, Republic of Albania Parliamentary Elections, 25 April 2021, p.19, in: https://www.osce.org/files/f/documents/5/1/493687.pdf (2022/11/24)
[100] 見：Republic of Albania Parliament, Law Nr. 96/2017 on the Protection of National Minorities in the Republic of Albania, in: https://rm.coe.int/law-on-protection-of-national-minorities-in-albania-english/1680a0c256 (2022/11/24)
[101] 他們是希臘裔、馬其頓裔、阿羅蒙人（Aromanian）、吉普賽人、埃及人、蒙特內哥羅裔、波士尼亞裔、塞爾維亞裔和保加利亞裔。
[102] 阿爾巴尼亞的上一次人口普查在 2011 年舉行，當時受到少數族群的批評，認為普查不夠精確，以至於影響分配給少數族群，用於教育、就業、社會福利的項目上的政府預算。原本預計於 2020 年舉行人口普查，但受到該國北部地震與新冠肺炎的影響，延到 2021 年。但在 2021 年又因四月國會大選之故，再次延到 2022 年舉辦。Fjori Sinoruka, "Minorities in Albania Urge More Accurate

計，希臘裔應該有 6 萬人左右。希臘裔最主要居住在南部靠近希臘邊界附近的薩琅達（Saranda）、德維那（Delvina）和吉羅卡斯特（Gjirokastra）等三個區，其餘的少數族群則散居在全國各地。《保護少數族群法》之所以應運而生，乃是為符合阿爾巴尼亞加入歐盟的入會條件。在其第二版修法期間，歐安組織少數民族高級委員與阿爾巴尼亞任務團密切合作，提供與少數族群有關的專業知識諮詢。高級委員甚且至阿爾巴尼亞進行靜默外交訪問，與政府相關單位就立法事宜，互相交換意見。[103]

歷史因素讓阿爾巴尼亞裔散居在巴爾幹半島各國，其中以居住在科索沃為最大宗，約有 160 萬人（2020 年），其次是在北馬其頓約 50 萬人，希臘有 48 萬人，其餘居住在蒙特內哥羅（3 萬人）、塞爾維亞、斯洛維尼亞等國。此外自 1991 年共產黨倒台以來，據估計約有一百萬以上的阿爾巴尼亞裔，移居德國、義大利、土耳其、英國、瑞士和美國等國家，各自形成阿爾巴尼亞社群。這類社群對阿爾巴尼亞的經濟發展具有不可忽視的貢獻。根據世界銀行（World Bank）的公開資訊，1992 年阿爾巴尼亞收到個人海外匯款只有 1 億 5 千多萬美元，到了 2020 年已經成長到 14 億 6 千萬美元，約佔該年度 GDP 的 10%（149 億美元）。[104]阿爾巴尼亞裔僑民對經濟發展扮演的角色之重要，以至於阿國政府於 2016 年邀請散居世界各地的阿裔僑民共 800 多位，回到阿爾巴尼亞召開僑民高峰會議。[105]

　　Headcount in 2022", BalkanInsight, December 1. 2021 , in: https://balkaninsight.com/2021/12/01/minorities-in-albania-urge-more-accurate-headcount-in-2022/(2022/11/24)

[103] OSCE/High Commissioner on National Minorities, Address by Lamberto Zannier to the 1188th Plenary Meeting of the OSCE Permanent Council, 7 June 2018, p.9, in: https://www.osce.org/files/f/documents/7/a/384168.pdf (2022/11/24)

[104] World Bank, Country Profile:Albania, in: https://databank.worldbank.org/views/reports/reportwidget.aspx?Report_Name=CountryProfile&Id=b450fd57&tbar=y&dd=y&inf=n&zm=n&country=ALB (2022/11/24)

[105] Christiane Jaenicke, *Albanien: Ein Länderproträt*, (Bonn: Bundeszentrale für politische Bildung, 2019), p.81.

根據阿爾巴尼亞憲法第 8 條的規定，阿爾巴尼亞共和國應保護居住在國外的阿爾巴尼亞人民的民族權利（national rights）[106]。依據這一條，阿爾巴尼亞常對鄰國（尤其是科索沃的阿裔族群），表達出關心，如 2019 年阿爾巴尼亞政府以經費支援代表阿裔族群利益的蒙特內哥羅阿裔國民委員會的組織運作。[107]阿爾巴尼亞對鄰國阿裔族群的「過度關心」，常遭致當事國政府的批評。[108]尤其是資助阿裔族群的競選，常升高不同族群之間的緊張關係。2021 年蒙特內哥羅土茲市（Tuzi）阿裔市長格奧洛沙伊（Nik Gjeloshaj）公開向美國國務院、美國阿裔社群組織陳情，指責蒙特內哥羅政府歧視阿裔族群，拒絕編列該市所需的基礎建設預算，主要原因是「憎恨居住在此一地區的人民（也就是阿裔族群）。」[109]土茲市的市長選舉正是阿爾巴尼亞（和科索沃）曾經出過力的地方。

五、難民

1999 年的科索沃戰爭導致百萬科索沃人逃離家鄉，分別前往北馬其頓（34.4 萬人）、蒙特內哥羅（6 萬 9 千人）、波士尼亞（2 萬人），以及阿爾巴尼亞（43.5 萬人）和其他地區。面對如此巨大的難民潮（一個月內曾高達 10 萬難民從科索沃湧入阿爾巴尼亞），阿爾巴尼亞政府

---

[106] Council of Europe, European Commission for Democracy through Law (Venice Commission), Albania Constitution, Strasbourg, 17 November 2016, in: https://www.venice.coe.int/webforms/documents/default.aspx?pdffile=CDL-REF(2016)064-e (2022/11/24)

[107] Samir Kajosevic, "Tirana Govt Funds Ethnic Albanian Council in Montenegro", BalkanInsight, July 12. 2019, in: https://balkaninsight.com/2019/07/12/tirana-govt-funds-ethnic-albanian-council-in-montenegro/ (2022/11/24)

[108] Samir Kajosevic, "Montenegro's Restored Tuzi Municipality Elects Ethnic Albanian Mayor", BalkanInsight, March 25 2019, in: https://balkaninsight.com/2019/03/25/montenegros-restored-tuzi-municipality-elects-ethnic-albanian-mayor/ (2022/11/24)

[109] Samir Kajosevic, "Montenegro Discriminates Against Albanians, Mayor Tells Country's Allies", BalkanInsight, May 19 2021, in: https://balkaninsight.com/2021/05/19/montenegro-discriminates-against-albanians-mayor-tells-countrys-allies/ (2022/11/24)

在歷經 1997 年的金融風暴後，幾無能力處理。當 1999 年 3 月大批科索沃難民前往阿爾巴尼亞和北馬其頓避難時，撤退到阿爾巴尼亞的歐安組織科索沃查證團（Kosovo Verification Mission），隨即轉換角色，變成兩支協助處理難民問題的工作隊。在阿爾巴尼亞的歐安組織工作隊共有 75 人，主要職責為提供當地聯合國難民高級公署（UN Refugee Agency）的後勤與行政支援、收集難民的相關資訊，以及擔任援助物資運送的協調處。[110]而任務團的角色則是協助阿巴尼亞政府訂定處理難民潮的機制，以及協調各國的援助難民計畫（經費和物資）。

除了歐安組織外，聯合國難民公署、超過 40 個以上的國際非政府組織（如國際關懷協會、明愛會、丹麥難民理事會等）皆協助阿爾巴尼亞政府處理難民湧入後的食物、飲用水、醫療衛生、教育、住所等問題。科索沃戰事結束，塞爾維亞武裝部隊撤離科索沃後，待在阿爾巴尼亞的科索沃難民陸續返鄉。直到 2002 年時，還留在阿國的科索沃難民僅剩 120 人。4 月阿國政府撤銷於 1999 年發給科索沃難民的臨時居留證，此時的難民約一百人不到。這批難民（其中部分為吉普賽人）皆不願返鄉，部分轉而申請庇護。在難民公署的協助下，除了提供滿足基本的生活需求外，另開辦職業訓練，讓這批難民有能力在阿爾巴尼亞定居。[111]

2021 年 8 月當塔利班（Taliban）重掌阿富汗政權後，引發阿富汗人民爭相逃出國境。阿爾巴尼亞雖仍是歐洲較窮的國家之一（2021 年的人均 GDP 為 5,991 美元），仍承諾接收 4,000 位阿富汗難民（2021 年共收留 2,400 人）。在諸如美國國家民主基金會（National Endowment for Democracy）、亞爾達哈基姆基金會（Yalda Hakim Foundation）[112]等

---

[110] OSCE, "OSCE Support to Humanitarian Agencies in Kosovo Refugee Crisis", OSCE Newsletter, 6 No.4, April 1999, in:
https://www.osce.org/files/f/documents/9/f/14702.pdf (2022/11/24)
[111] UNHCR/The UN Refugee Agency, "Integration in Albania: No longer a pipe dream", 14 April 2003, in:
https://www.unhcr.org/news/latest/2003/4/3e9ab9a84/integration-albania-longer-pipe-dream.html?query=albania (2022/11/24)
[112] 雅爾達哈基姆為出生於阿富汗的著名澳洲新聞記者，於 2018 年創立基金會，專門在教育、人力資源發展和精進專業方面，協助具有才華的阿富汗少女。基

機構的資助下，陸續到來的阿富汗難民（其中多為婦女與小孩），被安置在臨亞得里亞海的度假飯店。為何承諾接收阿富汗難民？總理拉馬帶有同理心地說：「就像他們一樣，在我們的歷史中也發生過很多次。他們只是試著要逃離地獄。」[113] 不過，阿爾巴尼亞只是阿富汗難民的暫居之地，辦理完必要的手續後，陸續前往美國和西歐國家。

第四節　結語

　　2019 年 11 月阿爾巴尼亞任務團團長博洽德（Bern Bochardt）於常設理事會進行例行性任務報告之後，美國駐歐安組織副代表卡米揚（Harry Kamian）表示，在阿國政治分化對立的背景下，任務團以歐安組織的原則和承諾，持續協助阿國的民主改革。改革雖有進展，但在選舉制度和司法改革方面更需要任務團進一步的協助。此外，對抗貪污會是阿國面臨的重大挑戰之一。[114] 卡米揚雖稱讚和支持任務團協助阿國的改革進展，但也間接表達出歐安組織派至阿國的任務團，其任務成效尚未達到可結束的階段。12 月阿國國會選出受過歐洲和美國司法教育訓練的 Olsian Çela 為檢察總長，表明將對人民視為貪污腐敗的司法體系，進行更為嚴厲的改革。[115] 世界自由之家（Freedom House）在其 2020 年度的總結報告中也指出，儘管近來阿國政府努力處理，貪污盛行和組織

　　金會的首頁展示一張哈基姆與拉馬總理的合照。基金會的網址：
　　https://www.yaldahakimfoundation.org/about-yalda-hakim-foundation/ (2022/11/24)
[113] Andrew Higgins, "From Taliban Terror to Beach Resort: A Strange Journey for Some Refugees", *The New York Times*, October 7. 2021, in:
https://www.nytimes.com/2021/09/13/world/europe/afghanistan-refugees-albania.html (2022/11/24)
[114] U.S. Mission to the OSCE, "Response to the Head of OSCE Presence in Albania, Ambassador Bern Borchardt", Vienna, November 21, 2019, in:
https://osce.usmission.gov/on-the-report-by-the-head-of-mission-for-the-osce-presence-in-albania/
[115] Euractiv, "Albania elects Western-trained prosecutor general as part of judicial reforms", December 6, 2019, in:
https://www.euractiv.com/section/enlargement/news/albania-elects-western-trained-prosecutor-general-as-part-of-judicial-reforms/ (2020/11/11)

化犯罪依舊是嚴重的問題。[116]貪污似乎是個巴爾幹半島上共同面臨的問題，即使阿爾巴尼亞脫離共產主義（社會主義）已有 30 年之久，貪污問題並未能完全根除。美國的指責或者歐盟的入會條件要求，都還無法讓阿爾巴尼亞步上正常的軌道。[117]歐安組織任務團在此一方面的協助，儘管成效不是那麼顯著，至少在良善治理、警察、司法和媒體自由方面的改革協助，有助於對抗已成為結構化的貪污問題。

阿國的貪污問題與媒體不自由有關。依據記者無國界的年度調查，2021 年阿爾巴尼亞排名第 83 名，2022 年掉到第 103 名，主要原因是媒體編輯的獨立性受到媒體法規的威脅、記者受到犯罪集團的生理暴力威脅或警察的暴力對待，多數的私人媒體掌握在少數與政治人物有關連的企業的手中。

東南歐六個任務團中，阿爾巴尼亞任務團和蒙特內哥羅任務團屬規模最小的，團員人數約在百人以下，年度經費也只占東南歐任務團總預算的 2%（見表6）。儘管如此，這兩個任務團獲得的外界捐贈，僅次於波士尼亞任務團，都在 1 百萬歐元左右。外界捐贈讓任務團比較有餘力聘任當地雇員和執行專案計畫。

表 6：阿爾巴尼亞任務團人數與年度經費一覽表（2016-2021）

年度	團員	當地雇員	經費（歐元）	佔年度總預算
2016	19	66	2907900	2%
2017	16	62	2892700	2%
2018	19	63	2917900	2%
2019	16	66	2981200	2%
2020	18	73	2981200	2%
2021	20	84	2981200	2%

資料來源：歐安組織年度報告，筆者自行整理。

---

[116] Freedom House, Albania, in: https://freedomhouse.org/country/albania/freedom-world/2020(2020/11/10)
[117] Fron Nahzi, "It's Time Washington Made Albania Take Corruption Warnings Seriously", BalkanInsight, December 9, 2021, in: https://balkaninsight.com/2021/12/09/its-time-washington-made-albania-take-corruption-warnings-seriously/ (2022/11/25)

2020年一月阿爾巴尼亞接下歐安組織輪值主席國的重責大任。阿國外交部長 Gent Cakaj 表示，阿國將以輪值主席的身分，努力促進歐安組織區域內的安全與安定。然而鑒於歐安組織阿爾巴尼亞任務團迄今已在阿國執行任務長達二十餘年之久，且結束的日期尚在未定之天，阿國接任輪值主席一職多少有些尷尬，畢竟歐安組織的首要宗旨在於衝突預防、危機處理，以及衝突後重建，而阿爾巴尼亞正是一個尚需外力協助進行制度建立的國家。[118]

　　阿爾巴尼亞外長拉馬（Edi Rama）出任輪值主席時，將武裝對峙（衝突）、假新聞和濫用資訊科技、尊重人權與基本自由、暴力的激進主義、性別平等，以及國家與公民社會的界線模糊等列為「施政」重點。[119]不過2020年歐安組織區域內的情勢發展卻超出輪值主席與歐安組織的處理能量之外。舉凡烏東情勢（烏克蘭特別監視任務團）、白俄羅斯大選後的政情（歐盟與美國皆不承認2019年總統選舉的結果）、亞美尼亞和亞塞拜然之間的衝突等，皆暴露長久以來歐安組織能力有限的窘境。而新冠疫情（COVID-19）的肆虐也加重歐安組織的壓力。即使各參與國努力對抗新冠疫情，仍有部分參與國急需歐安組織的協助，如阿爾巴尼亞任務團協助阿爾巴尼亞國會的數位化（捐贈和安裝電腦、網路等），以便於國會議員可以線上開會、捐贈邊界警察個人防護衣和裝備，以便處理移民事宜，以及協助吉普賽人、埃及人等弱勢族群度過新冠疫情。阿爾巴尼亞任務團的規模不太，協助處理的事情卻與阿國民眾息息相關。拉馬擔任歐安組織輪值主席的首要目標是「在實地發揮作用」（making a difference on the ground），而任務團在阿爾巴尼亞所做的，正是在實地（民眾之間）發揮作用。

---

[118] Deutsche Well, "Kriesendland übernimmt OSZE-Vorsitz", in: https://www.dw.com/de/krisenland-übernimmt-osze-vorsitz/a-51849360 (2020/11/10)

[119] 參閱:OSCE, Programme of the Albanian OSCE Chairmanship, in: https://www.osce.org/files/f/documents/4/9/443530_0.pdf (2022/11/28)

![osce] 歐洲安全暨合作組織與巴爾幹──東南歐任務團

第叁章
塞爾維亞與歐安組織

歐洲安全暨合作組織與巴爾幹——東南歐任務團

　　塞爾維亞共和國（Republic of Serbia）與歐安組織的關係只能用「曲折」來形容。塞爾維亞為前南斯拉夫六個共和國之一，前南斯拉夫則為歐安組織的 35 個創始參與國之一。1992 年 4 月波士尼亞內戰爆發不久後，在赫爾辛基舉行的後續會議（Follow-Up Meeting）中，參與國的代表通過前南斯拉夫與其軍隊在波士尼亞與赫塞哥維納（以下簡稱波赫）地區，犯下嚴重違反歐安組織規範和義務承諾的重大事件的決議，並要求前南斯拉夫將其武裝部隊撤出波赫。基於這項決議，以及前南斯拉夫未改變其在波赫境內的嚴重侵犯人權的暴行政策，前資深官員委員會遂於 7 月 8 日的會議上，禁止前南斯拉夫代表出席次日（7 月 9 日）舉行的赫爾辛基高峰會議和其他所有的相關會議。[1]這項禁令的附帶條件是，至 10 月 13 日前，視南國遵守歐安組織義務與規範的情形，再檢討禁令的存廢。然而，前南斯拉夫一直未改變其在波赫問題上的態度，故歐安組織也一直未恢復前南斯拉夫參與各項會議的權利。這項禁令一直執行到 2000 年 11 月 7 日，前南斯拉夫（此時只剩塞爾維亞和蒙特內哥羅兩個共和國）總統柯斯圖尼查（Vojislav Koštunica）在維也納，簽署《赫爾辛基最後議定書》、《巴黎憲章》和《伊斯坦堡歐洲安全憲章》等三份重要文件，再度加入歐安組織，成為第 55 個參與國後才被廢止。

　　2001 年 1 月在南斯拉夫聯盟共和國（Federal Republic of Yugoslavia，以下簡稱南聯盟）政府的邀請下，常設理事會決議成立一個南聯盟任務團（OSCE Mission to the Federal Republic of Yugoslavia），協助南聯盟的民主化、人權與少數民族保護和媒體發展。[2]這一個任務團於 2003 年隨著南聯盟的更改國名而更名為「塞爾維亞與蒙特內哥羅

---

[1] 見：OSCE,"Serbia and Montenegro suspended as a participating State", Vienna, 8 July 1992, in: https://www.osce.org/node/58332 (2022/11/29)；另請參閱：Branislav Milinkovic, "The OSCE and the Federal Republic of Yugoslavia: Chances and challenges", *Helsinki Monitor*, Vol.8 no.2, 1997, pp.5-13.

[2] 見：OSCE/Permanent Council, Decision No.401 Establishment of the OSCE Mission to the Federal Republic of Yugoslavia, PD.DEC/401, 11 January 2001, in: https://www.osce.org/files/f/documents/8/3/22327.pdf (2022/11/29)

任務團」(Mission to Serbia and Montenegro)，2006 年蒙特內哥羅脫離與塞爾維亞合組的國家聯盟，宣布獨立後，再更名為「塞爾維亞任務團」(Mission to Serbia)。

第一節　歷史發展與概況

塞爾維亞的國土面積有 77,474 平方公里，人口約 658 萬人（2019）。前南斯拉夫的六個共和國當中，塞爾維亞的土地面積是最大的，人口也是最多的。在 2003 年到 2006 年和蒙特內哥羅組成國家聯盟時，塞爾維亞算是臨亞德里亞海（Adriatic sea）的國家。蒙特內哥羅獨立後，塞爾維亞成為內陸國，一共被 8（或 7）個國家所包圍。[3]

圖 4：塞爾維亞簡圖，筆者自製。

塞爾維亞人屬南部斯拉夫人的一支，於西元 7 世紀時進入巴爾幹半島，散居於今日的科索沃、赫塞哥維納，以及塞爾維亞的西南部。9 世紀時拜占庭帝國將其基督教化。11 世紀時，塞爾維亞人建立不同的地區型家族統治（ruling houses），其中最有名的在拉什卡（Raška）地區[4]。1176 年尼曼亞（Stefan Nemanja 1159-1196）成為拉什卡地區的統

---

[3] 從正北依順時鐘方向，依序是匈牙利、羅馬尼亞、保加利亞、北馬其頓、科索沃、蒙地內哥羅、波士尼亞與赫塞哥維納，以及克羅埃西亞。其中，塞爾維亞視科索沃為它的一個自治省，不是一個獨立的主權國家。因此在地圖上，塞爾維亞與索沃的「邊界」一直以虛線來表示。

[4] 拉什卡位於塞爾維亞的西南部，其西南與蒙特內哥羅相鄰，東南鄰居為科索沃。

治者，四年後推翻東羅馬帝國的統治，建立一個獨立的王國。王國的疆域以科索沃為中心，北到今日的貝爾格勒，南可到希臘的中部，東到今日的保加利亞邊界。繼任者史蒂芬二世（1196-1228）於1217年被羅馬教廷加冕為塞爾維亞國王。[5]1219年尼曼亞的兒子薩瓦（Sava）在佩亞（Peč）建立塞爾維亞東正教教堂，成為保存和傳播塞爾維亞信念（Serbian faith）的核心機構。[6]

14世紀鄂圖曼帝國的軍隊開拔進入巴爾幹半島，開啟塞爾維亞人的大規模遷移，從核心地區向西進入波士尼亞、赫塞哥維納和蒙特內哥羅，向北進入匈牙利王國的克羅埃西亞、斯洛瓦尼亞、大馬提亞（Dalmatia）和匈牙利南部沃伊沃地那（Vojvodina）等地落腳。1389年6月15日，塞爾維亞王國軍隊在喀斯特平原（Karst field，今稱之為科索沃平原）被鄂圖曼帝國擊敗，這一天成為塞爾維亞的國殤紀念日。[7]在塞爾維亞東正教的推波助瀾之下，打破「科索沃詛咒」，重回塞爾維亞榮光，乃成為塞爾維亞人的使命。這也是為何直到今日，儘管已有超過175國家承認科索沃的獨立地位，塞爾維亞卻一直將它視為是其自治省的原因。

在鄂圖曼帝國長達約500年的統治之下，居住此一地區的斯拉夫民族相繼發動起義抗暴，而鄂圖曼帝國則回以強力鎮壓。儘管塞爾維亞人在經商和貿易方面受益，卻因受到帝國的壓迫或者起義失敗而出現數次逃亡潮。總共有數萬人逃往匈牙利，落腳於現今的沃伊沃迪納。塞爾維亞人空出之地（科索沃）則由阿爾巴尼亞人陸續入住。1804-1813年塞爾維亞舉兵對抗鄂圖曼帝國，以失敗收場。1815年再度興兵，在Miloš Obrewovič領軍下，最終在貝爾格勒地區爭得一片可實施自治的

---

[5] 參閱：洪茂雄著《南斯拉夫 巴爾幹國家的分與合》，（台北：三民書局，2019年三版），頁19-21；Martina Boden, *Nationalitäten, Minderheiten und ethnische Konflikte in Europa*, (München: Olzog Verlag, 1993), pp.146-150.
[6] Robert Thomas, *Serbia under Milošević Politics in the 1990s*, (London: Hurst & Company, 2000), p.12.
[7] 參閱：哈羅德坦伯利著，張浩譯《塞爾維亞史—困擾巴爾幹半島一千五百年的火藥桶》，（北京；華文出版社，2020），頁134-139。

土地。1830 年建立塞爾維亞公國，成為鄂圖曼帝國下的一個自治區，從此逐步擴張。1870 年代初，保加利亞、赫塞哥維納相繼起義反抗鄂圖曼帝國的壓迫，1876 年塞爾維亞和蒙特內哥羅兩公國也向鄂圖曼帝國宣戰。這些大大小小的戰事，最後引發俄羅斯帝國介入，對鄂圖曼帝國宣戰（俗稱俄土戰爭），並在 1877 年 12 月的普列文（Plevna）戰役擊敗鄂圖曼帝國的軍隊，結束俄土戰爭。[8]翌年 3 月，俄羅斯和鄂圖曼帝國簽訂《聖斯特凡諾條約》（Treaty of San Stefano 1878），鄂圖曼帝國必須完全承認羅馬尼亞、塞爾維亞和蒙特內哥羅的獨立地位，並割讓土地給這些國家。

由於《聖斯特凡諾條約》包含建立一個大保加利亞，以及俄羅斯立足巴爾幹，直通地中海的規劃，引發歐洲大國，尤其是英國和奧匈帝國的不安。俄國的外交野心有再挑起歐洲大國之間的戰爭的跡象。於是在奧匈帝國外交部長安德瑞西（Gyula Andrássy）建議之下，歐洲各國於柏林召開會議。會議由普魯士首相俾斯麥（Otto von Bismarck）主持，各國經討價還價後，簽署《柏林條約》（Treaty of Berlin 1878）。《柏林條約》確立了塞爾維亞的獨立地位，卻拒絕塞爾維亞收復整個「古塞爾維亞」的要求。[9]《柏林條約》後的鄂圖曼帝國失去在歐洲的大片土地，僅剩下部分阿爾巴尼亞、馬其頓（從保加利亞手中歸還給鄂圖曼帝國）、科索沃等地仍屬於鄂圖曼帝國的領土；而波士尼亞在國際法上雖屬鄂圖曼帝國所有，但實際上卻由奧匈帝國實施行政管轄（事實佔領），直到 1908 年正式宣布併吞為止。另外在塞爾維亞和蒙特內哥羅之間還有一塊屬於鄂圖曼帝國的土地：新帕札爾區（Sandschak Novi Pazar）[10]，不過這一塊地區於簽訂柏林條約時，即被奧匈帝國據

---

[8] 同上，頁 322-327。

[9] 「古塞爾維亞」指的是塞爾維亞人在中世紀所居住的地區，包括今日的拉斯卡（Raška）、科索沃、梅托希亞（Metochia）和馬其頓等地。1878 年獨立的塞爾維亞，國土面積有 48,600 平方公里，人口 170 萬，與之前相比面積增加 11,000 平方公里，人口增加 35 萬。

[10] 新帕札爾區原屬於鄂圖曼帝國波士尼亞省的一個行政區，1878 年的柏林會議之後，直接隸屬於鄂圖曼帝國。該區約為今日的塞爾維亞西南部、蒙特內哥羅東北部，以及科索沃。

為己有。奧匈帝國佔領這一塊橫亙在塞爾維亞與蒙特內哥羅之間的土地，目的在於阻止塞爾維亞與蒙特內哥羅聯合建立一個南斯拉夫的國家，以及阻止塞爾維亞取得亞得里亞海的出口通道。

19 世紀是巴爾幹各民族爭取獨立建國的時代。[11]塞爾維亞在《柏林條約》簽署之後，將公國改為王國（1882 年）。塞爾維亞的領土擴張伴隨著現代化與國家制度的建立。在塞爾維亞國家形成的過程中，逐漸發展出一種單一民族的強烈民族意識。與其他巴爾幹國家不同的是，塞爾維亞的種族相當單一，沒有多族群相處的經驗，因此在塞爾維亞的塞爾維亞人必須團結境外約 2 百萬的塞爾維亞人，成為一個單一的民族團體；之後再結合所有的南斯拉夫民族，建立一個南斯拉夫的國家。[12]在單一民族信念的催化下，塞爾維亞自認為負有解救境外塞爾維亞人的使命，並且希望收回既有疆界之外的固有土地。[13]1908 年 10 月奧匈帝國宣布併吞它在 1878 年占領的波士尼亞後，引發塞爾維亞和鄂圖曼帝國的強烈抗議，塞爾維亞開始動員軍隊，民眾走上街頭燒毀奧匈帝國的旗幟。奧匈帝國也相應的動員軍隊，並將 1909 年 3 月 19 日訂為最後通牒日，若塞爾維亞不取消動員，將揮兵進軍塞爾維亞。奧匈帝國的最後通牒激發塞爾維亞內部群眾的「愛國心」，1389 年的科索沃戰役又成為社會鮮活的記憶，解放科索沃成為塞爾維亞人的神聖使命。此外波士尼亞被併吞事件也讓塞爾維亞更親近蒙特內哥羅[14]，而部分蒙特內哥羅人認為他們是塞爾維亞人，贊成兩國合併，但蒙國的統治階層卻認為兩國各有自己的歷史發展。[15]併吞事件所帶來的最後通

---

[11] 馬克馬佐爾著，劉會梁譯《巴爾幹—被誤解的歐洲火藥庫》，（台北：左岸文化，2005），頁 129。

[12] Robert Thomas, op.cit., p.16.

[13] 在曾任塞爾維亞首相的 Ilija Garasanin（1812-1874）眼中，波士尼亞與赫塞哥維納、蒙特內哥羅、北阿爾巴尼亞和沃伊沃迪那都是塞爾維亞國家，也是未來建立大塞爾維亞的核心。參閱：Marie-Janine Calic, *Geschichte Jugoslawiens*, (München: Verlag C.H.Beck, 2000), pp.45-46.

[14] 塞爾維亞於 1913 年和蒙特內哥羅政府商議，共同建立一個國家的可能，其著眼點乃在打通通往亞得里亞海的通道。

[15] Marie-Janine Calic, pp.58-59.

牒,在塞爾維亞因(軍事)能力不足之下,只得發布聲明,放棄抗議與反抗,希望雙方維持友好關係。在鄂圖曼帝國方面,奧匈帝國允諾補償鄂圖曼帝國50萬克朗(Krone),並從新帕札爾區撤出軍隊,才換得前者對佔領事實的承認。奧匈帝國佔領波士尼亞的事實,加深塞爾維亞對奧匈帝國的不滿。

1912年在俄國支持下,塞爾維亞、保加利亞、希臘和蒙特內哥羅先後結成反鄂圖曼帝國的巴爾幹軍事聯盟,目的是要奪回鄂圖曼帝國在歐洲的占領地(科索沃、馬其頓、阿爾巴尼亞等地)。塞爾維亞在此一結盟中居於主要地位。10月蒙特內哥羅向鄂圖曼帝國宣戰,拉開第一次巴爾幹戰爭的序幕。此時的鄂圖曼帝國已顯露國力衰頹的跡象,不僅剛輸掉與義大利的戰爭(土義戰爭,1911/09-1912/10),且疲於處理巴爾幹半島上各省的動盪不安,再加上軍隊的武器裝備不如巴爾幹聯盟,是以巴爾幹聯盟的軍隊節節勝利,而帝國則節節敗退。最後在鄂圖曼帝國請求歐洲大國調停,而巴爾幹聯盟也同意停火後,結束第一次巴爾幹戰爭。1913年5月30日,在歐洲大國的見證下,巴爾幹聯盟和鄂圖曼帝國於倫敦簽訂和平協議,鄂圖曼放棄大部分的歐洲土地,正式宣告結束在巴爾幹半島上的漫長統治。阿爾巴尼亞的獨立正式獲得承認,且先前被三國占領的土地,其中一半歸還給阿爾巴尼亞。科索沃劃入塞爾維亞,馬其頓被塞爾維亞、保加利亞和希臘三分。塞爾維亞經過這一次戰爭後,隱然已經成為巴爾幹地區的霸權,領土與人口大增,其擴張的意圖已然威脅到奧匈帝國的生存。而奧匈帝國支持的阿爾巴尼亞獨立卻引發塞爾維亞的不滿,塞爾維亞不僅因此而無法獲得亞得里亞海的出海口,阿國的獨立也破壞它與希臘共同瓜分阿爾巴尼亞計畫。

倫敦協議的筆墨未乾,巴爾幹聯盟因內部領土分配不均,6月底爆發第二次巴爾幹戰爭,原因出自於塞爾維亞和保加利亞對如何劃分馬其頓的領土,無法達成協議。於是保加利亞在沒有宣戰之下,首先攻擊塞爾維亞與希臘,塞西兩國對保加利亞宣戰。數日後,羅馬尼亞與鄂圖曼帝國也對保加利亞宣戰,保加利亞四面受敵,最終無力抵抗宣

布投降。1913年8月10日交戰各國在布加勒斯特簽訂《布加勒斯特條約》(Treaty of Bucharest)，保加利亞失去在第一次巴爾幹戰爭所獲得的大片土地；馬其頓被塞爾維亞和希臘瓜分，前者獲得今日北馬其頓一地，後者獲得古馬其頓的南部土地。兩次巴爾幹戰爭種下各國之間的利益（土地）糾紛，而戰爭期間各國對異族實施的暴行也加深巴爾幹各族之間的仇恨。這些新仇舊恨成為不到一年後（1914年7月）爆發的第一次世界大戰的主因，而引發大戰的正是巴爾幹戰爭的要角：塞爾維亞。

一次世界大戰結束標誌著奧匈帝國的解體，但卻促成帝國南境，由南斯拉夫人結合而成的王國興起。在塞爾維亞國王亞歷山大一世（Alexander I. Karađorđević）的領導下，建立「塞爾維亞—克羅埃西亞—斯洛維尼亞王國」（Kingdom of Serbs, Croats and Slovenes, 1918），1929年更名為南斯拉夫王國（Kingdom of Yugoslavia）。不過，由於南斯拉夫王國為一個多族群的國家，由塞爾維亞、克羅埃西亞、斯洛維尼亞、波士尼亞、馬其頓等人組成，各自擁有強烈的民族主義和相異的政治目標，建國初期即已埋下族群對立與衝突的種子。[16]

1941年德國進攻前南斯拉夫，以不到兩週的時間，逼使南國投降。前南斯拉夫的領土被德國和它的盟國瓜分，而科索沃北部被德國佔領，劃為德國保護區，南部一小塊地方卡查尼克（Kaçanik，面積約220平方公里），由保加利亞佔領，其餘劃給受義大利保護的阿爾巴尼亞王國。在德國占領軍的容忍下，科索沃阿爾巴尼亞裔開始對塞爾維亞人展開報復，燒毀塞裔的住房，收回被沒收的土地。1941年6月南斯拉夫開始出現小規模的反抗運動。一個月之後，反抗運動的規模漸漸變大，首先出現在塞爾維亞，之後蔓延南斯拉夫全境。德國與其盟國雖屢次發動鎮壓，但到1943年底，不僅無法消滅南斯拉夫反抗軍，反抗軍甚至擴充到30萬人的規模。

---

[16] 詳見洪茂雄著《南斯拉夫史 巴爾幹國家的合與分》，（台北：三民書局，2019年三版），頁121-128。

當反抗軍對德作戰取得節節勝利之時，由於害怕塞爾維亞人重返科索沃，部分科索沃阿裔人士轉而與德軍合作，在米特羅維查（Mitorvica）接手德國占領軍交付的行政業務，甚至協助成立一支隸屬納粹黨衛隊的第 21 山地師（21st Waffen Mountain Division），這支部隊的大部分士兵來自科索沃的阿爾巴尼亞人。部隊的主要任務為進入山區與游擊隊作戰，且曾對塞爾維亞人進行多起暴行。1944 年德軍開始從科索沃撤退，反共產黨與反塞爾維亞的科索沃阿爾巴亞人便成為反抗軍的主要敵人。一直到 1945 年 7 月，南斯拉夫反抗軍才全面消滅這支反共產黨的武裝部隊，將科索沃重新置於前南斯拉夫的統治之下。[17]

　　1946 年前南斯拉夫將其國名訂為「南斯拉夫人民聯邦共和國」（Federal People's Republic of Jugoslav），其下有六個共和國和兩個自治省：科索沃與沃伊沃地那。這一個由南斯拉夫民族所組成的國家，期間雖歷經國名變更（改為南斯拉夫社會主義聯邦共和國）與地區性的動盪不安，國界與領土卻不再變動。直到 1990 年，受到 1989 年中東歐劇變所帶來的後續效應，內部開始出現分裂。

　　1987 年 9 月米洛塞維奇（Slobodan Milošević, 1941-2006）崛起，成為塞爾維亞共產主義者聯盟（Serbian League of Communists）的主席。4 月時米氏曾前往科索沃參加該區的共產黨會議，會議大樓外，塞裔群眾舉行示威，並與警方爆發暴力衝突。塞裔的訴求乃是希望能恢復塞爾維亞對科索沃的全面控制。[18]對科索沃塞裔的民族主義訴求，米氏回到貝爾格勒參加共產主義者聯盟的會議時說：「我們今天在這裡討論的，已經不再能稱為是政治的，它是祖國的問題。」[19]1989 年米氏被選為塞爾維亞社會主義共和國總統，展開強硬的獨裁統治。

　　首先是反官僚革命（Anti-Bureaucratic Revolution），繼而主張取消前南斯拉夫的聯邦體制，代以強化中央政府的權力，將整個前南斯拉

---

[17] 參閱：孔寒冰著《東歐史》，（上海：上海人民出版社，2010），頁 252-259。
[18] Robert Thomas, *Serbia under Milošević: Politics in the 1990s*, (London: Hurst &Company, 2000), p.44.
[19] Ibid.

夫置於塞爾維亞的控制之下；以及採取南斯拉夫總統選舉一人一票（one man, one vote）的選舉制度，以確保前南斯拉夫的總統由塞裔出任。[20]面對米洛塞維奇的塞爾維亞民族主義要求，享有高度自治權的斯洛維尼亞和克羅埃西亞相反地要求進一步去中央化，甚至是將國體改成為邦聯制度。其他的共和國如波赫和馬其頓對體制改革保持中立，而蒙特內哥羅則與塞爾維亞站在同一陣線。[21]前南斯拉夫的分裂隱然形成。在所謂的科索沃問題上，米洛塞維奇不僅強力支持科索沃塞裔，連帶地取消1974年南斯拉夫憲法賦予科索沃（和沃伊沃地那[22]）的自治地位。[23]米洛塞維奇上台後推行大塞爾維亞主義，和克羅埃西亞與波赫地區的塞裔族群結盟，並提供武器給該地區的塞裔民兵，以對抗兩地區內部的分離主義，進行一場代理人戰爭。米洛塞維奇統治下的塞爾維亞，大眾傳播媒體全由國家機關掌握，成為國家推動和鼓吹戰爭的宣傳機器。[24]

1990年斯洛維尼亞（4月）、克羅埃西亞（4月和5月）、馬其頓（11月）和波赫（11月）相繼舉行首次多黨競爭的民主選舉，在選舉中帶有民族主義色彩的政黨勝出，原先的共產黨則轉型成為社會主義黨或社會民主黨。就在這些共和國舉行自由選舉之際，歐安組織於11月19至21日在巴黎召開第二次高峰會議。會中通過的《一個新歐洲的巴黎憲章》

---

[20] Jelena Subotić, "Building Democracy in Serbia: One Step forward, Three Steps Back", Sabrina P. Ramet, Christine M. Hassenstab, and Ola Listhaug, *Building Democracy in the Yugoslav Successor States,* (Cambridge: University Printing House, 2017), pp.166-167.

[21] Carsten Giersch, *Konfliktregulierung in Jugoslawien 1991-1995,* (Baden-Baden: Nomos Verlagsgesellschaft, 1998), p.39.

[22] 1988年10月沃伊沃迪那的自治政府曾因農民大規模示威抗議而辭職下台。在抗議中，農民對著政府大樓丟擲優格。故該次的抗議又稱為「優格革命」（Yoghurt Revolution）。

[23] 在塞爾維亞部署大批警察與南斯拉夫軍隊，以及逮捕已被免職的阿裔政治人物，前科索沃自治省的主席弗拉希（Azem Vllasi）後，科索沃的自治會議於1989年3月23日投票通過自我解散。科索沃遂全面落入塞爾維亞手中。

[24] Erich Rathfelder, *Kosovo – Geschichte eines Konflikts,* (Berlin: Suhrkamp Verlag, 2018), p.91.

（Charter of Paris for a New Europe）聲明：「民主的政府奠基在人民的意志之上，而人民的意志則表現在定期的、自由的和公正的選舉中。」[25] 即使前南斯拉夫此刻仍為歐安組織的參與國，所有國家元首與政府首長共同通過的巴黎憲章，不啻為這些追求獨立自主的共和國注入一股動力。不過塞爾維亞和蒙特內哥羅的選舉則出現與前述共和國不一樣的結果，塞爾維亞除由米洛塞維奇與其政黨獲得超過三分之二的絕對多數外，兩個共和國皆贊成維持前南斯拉夫這個國家。藉著選舉勝利，米洛塞維奇大舉鎮壓國內反對黨。反對黨主張的具前瞻未來性的「另一個塞爾維亞」（das andere Serbien）消失在暴力鎮壓中。[26]

1991 年米洛塞維奇宣布取消前南斯拉夫的聯邦體制，克羅埃西亞、斯洛維尼亞和波士尼亞等自治共和國，不約而同走上民族自決與追求獨立的道路，也開啟前南斯拉夫的解體過程。前南斯拉夫從體制改革走向暴力的分離衝突，其中主要的關鍵，除了各共和國追求主權獨立之外，也與散布在各共和國內的塞裔族群有關。米洛塞維奇宣稱，居住在克羅埃西亞和波士尼亞的塞裔族群與母國分離，不僅無法接受，所有的塞爾維亞人必須生活在一個國家之內，不是一個聯邦，就是一個大塞爾維亞。[27]

1991 年 5 月克羅埃西亞舉行獨立公投，絕大部份選民贊成獨立。6 月克國與斯洛維尼亞共同宣布獨立。無法接受兩國脫離前南斯拉夫的塞爾維亞與塞裔族群，試圖以武力來解決分離問題，或至少確保塞裔居住區的自治權。由兩國開啟的分離衝突，繼之則是波士尼亞、馬其頓乃至科索沃，這一場持續約 10 年之久的解體過程，最後於 1999 年 6 月北約停止轟炸前南斯拉夫，塞爾維亞的武裝部隊完全撤出科索沃後宣告結束。這一場造成數十萬人傷亡，百萬難民的分離戰爭，導致前南斯拉夫原有的六個自治共和國，最後僅剩塞爾維亞與蒙特內哥

---

[25] OSCE, Charter for a New Europe, Paris 1990, p.3, in: https://www.osce.org/files/f/documents/0/6/39516.pdf (2022/01/25)
[26] Erich Rathfelder, p.113.
[27] Carsten Giersch, op.cit., pp.40-41.

羅仍留在南斯拉夫的國家體制內，而科索沃在國際法上雖仍屬於塞爾維亞，但實際上（de facto）已獲得獨立的地位。2006 年蒙特內哥羅宣布脫離與塞爾維亞合組的國家聯盟而獨立，前南斯拉夫這個國家最終由塞爾維亞繼承。

2000 年擔任歐安組織輪值主席的奧地利外長舒舍爾（Wolfgang Schüssel）在談到 2000 年的優先政策時說，歐安組織渴望與南斯拉夫聯盟共和國（Federal Republic of Yugoslavia，簡稱南聯盟）進行全面性的合作，但「雙方的合作乃是以全面的民主化為條件，包括以自由和公平的選舉選出領導階層。唯有在這個基礎上，才會開啟南聯盟參與歐安組織的大門。」[28] 2000 年 9 月南聯盟舉行總統和國會大選，儘管媒體稱之為「石器時代的選舉」、選舉過程充滿人為操縱與妨礙秘密投票、低投票率等諸多負面因素[29]，由 18 個團體組成的聯合陣營所推選出的候選人柯斯圖尼查（Vojislav Koštunica）擊敗米洛塞維奇。[30]但由於兩人的票數皆未過半（前者得票 48.2%，後者 40.3%）[31]，以至於憲法法庭宣布該次選舉無效，將再次舉行選舉。而聯邦選舉委員會將第二回投票的日期訂在 10 月 8 日。

對聯邦選舉委員會所公布的兩人得票數，不僅歐安組織質疑，輪值主席奧地利外長費雷羅－華德納（Benita Ferrero-Waldner）女士且呼

---

[28] OSCE CiO lists priorities for 2000, in: https://www.osce.org/files/f/documents/8/4/14743.pdf (2020/09/05)
[29] 首都貝爾格勒的第 34 選區，選民必須向選委會的社會黨主席展示圈選的選票、不准國際選舉觀察員進行選舉觀察、外國記者被驅逐出境等。參閱：Der Spiegel, "Wahlen wie in der Steinzeit", 24.09.2000, in: https://www.spiegel.de/politik/ausland/jugoslawien-wahlen-wie-in-der-steinzeit-a-95140.html (2022/11/29)
[30] 這 18 個政治團體成員包括極端民族主義陣線、親西方的改革派、工會、少數族群代表等，他們的唯一共通點是對米塞洛維奇的仇恨，唯一的共同目標是米塞洛維奇下台。Matthias Z. Karádi, "Machtwechsel in Belgrad. Die Rückkehr der Bundesrepublik Jugoslawien in die OSZE", in: IFSH (ed.), *OSZE-Jahrbuch 2001*, (Baden-Baden: Nomos Verlagsgesellschaft, 2001), p.73.
[31] 此一票數為聯邦選舉委員會公布的數字，反對黨陣營自行統計的票數，柯斯圖尼查以 54.6%的選票，擊敗米塞洛維奇的 35%。

籲由歐安組織召集國際專家組成選舉專家團，到南聯盟查驗大選結果的正確性。[32]選委會的第二回投票決定和米洛塞維奇宣布繼續參選等，引發反對黨和民眾的不滿。在反對黨的號召下，南聯盟進入全國抗議示威和大罷工，要求米洛塞維奇下台。示威群眾佔領國會和電視台，軍警出動與民眾對峙，南聯盟一度陷入內戰的邊緣。所幸軍警無視米洛塞維奇鎮壓示威群眾的命令，並無對示威群眾開火，反倒是與民眾站在同一陣線。[33]最後在憲法法庭宣布柯斯圖尼查當選（得票率50.24%）、軍方支持新總統，以及在俄羅斯外長和塞爾維亞參謀長帕夫科維奇（Nebojša Pavković）會見米洛塞維奇後，米氏公開承認敗選並下台（10月6日），才結束混亂的局面。[34]兩天後，歐安組織輪值主席東南歐個人代表羅漢（Albert Rohan），前往貝爾格勒，會見新總統，並轉交輪值主席歡迎南聯盟成為歐安組織參與國的信件。

　　米洛塞維奇下台後，南聯盟進入一個民主化與親西方的轉折點。[35] 10月26日南聯盟加入歐盟的東南歐穩定公約（Stability Pact for South-Eastern Europe），11月2日加入聯合國，6日總統柯斯圖尼查遞交親筆回函給輪值主席，表達願意加入歐安組織。11月10日歐安組織常設理事會歡迎南聯盟成為第55個參與國。受邀與會的南聯盟外長斯維拉諾維奇（Goran Svilanovic）在睽違達8年之久的常設理事會議中表示，南聯盟成為參與國後，將遵守歐安組織所有的規範與義務，並歡迎歐安組織派遣記錄員任務團（Rapporteur Mission）到南聯盟，以及邀請歐

---

[32] 奧地利外長舒舍爾於2000年2月擔任總理後，外長一職由費雷羅-華德納女士接任。OSCE Newsletter, "OSCE welcomes democratic change after election in Federal Republic of Yugoslavia", Vol. VII No.10, October 2000, in: https://www.osce.org/files/f/documents/9/3/14762.pdf (2022/11/29)
[33] 參閱：Dragan Bujosevic and Ivan Radovanovic, *The Fall of Milosevia – The October 5th Revolution*, (New York: PALGRAVE MACMILLAN, 2003).
[34] 參閱：洪茂雄著，前引書，頁245-248。Stevan K. Pavlowitch, *Serbia The History behind the Name*, (London: urst & Company, 2002), pp.225-226.
[35] 參閱：Stephan Israel, "Wahlen in Serbien: Das Urteil der Geschichte", *Der Tagesspiegel*, 26.12.2000, in: https://www.tagesspiegel.de/meinung/wahlen-in-serbien-das-urteil-der-geschichte/189296.html (2022/11/29)

安組織觀察將於 12 月舉行的塞爾維亞國會大選。[36]在這次的國會提前大選中，反對陣營贏得絕對多數席位（共 250 席，贏得 176 席位）。國會選舉過後，南聯盟可說進入一個新的時代。

從 1990 年開啟前南斯拉夫的分裂大戲起，在聯合國、歐盟與北約的強力介入後，前南斯拉夫（或塞爾維亞）連續輸掉四次戰爭（見圖 5）。

圖 5：南斯拉夫戰爭 1991-1999 [37]

米塞洛維奇 13 年的獨裁統治不僅讓塞爾維亞成為歐洲的窮人家，還成為國際孤兒。2000 年底，塞爾維亞的月平均工資約在 180 美元以

---

[36] OSZE Newsletter, "OSCE moves quickly to welcome Yugoslavia as participating State", Vol. VII, No.11, November 2000, in: https://www.osce.org/files/f/documents/2/f/14763.pdf (2022/11/29)

[37] 圖取自：Julia Nietsch, "Krieg und Konflikte Kosovo", Bundeszentrale für politische Bildung, 16.03.2021, in: https://www.bpb.de/themen/kriege-konflikte/dossier-kriege-konflikte/54633/kosovo/ (2022/12/02)

下，失業率高達 30%以上，外債達 122 億美元之多，整個國家的經濟陷於谷底。[38]米洛塞維奇走後留下的塞爾維亞是一個「有毒的民族主義、神權化的社會、迫害人權、猖獗的貪污，以及毫無品質的生活。」[39]塞爾維亞的未來希望只有寄望在重返國際社會，並獲得歐盟、美國等的快速經濟援助。這也是為何塞爾維亞新政府同意逮捕米洛塞維奇，並把他交給海牙的國際戰犯法庭的原因。米洛塞維奇下台後，塞爾維亞重新回到國際社會，陸續加入歐安組織、國際貨幣基金組織、歐洲重建暨發展銀行、世界銀行等。在經濟方面，改朝換代後，歐盟隨即取消大部分的經濟制裁措施，並在 11 月的巴爾幹高峰會議中，允諾給塞爾維亞 2 億歐元的立即協助，以購買急需的能源、醫藥與生活物資。兩個月後，歐盟再度提供 2 億 2 千萬歐元的經濟改革補助。其他西方國家也不遑多讓，以大筆款項資助塞爾維亞。[40]

2003 年南聯盟正式更名為「塞爾維亞與蒙特內哥羅國家聯盟」（State Union of Serbia and Montenegro）。經過三年的「磨合期」，蒙特內哥羅決定走上獨立的道路，於 2006 年宣布獨立。自此，前南斯拉夫僅剩塞爾維亞，由塞爾維亞繼承前南斯拉夫所有在國際法上的權利與地位，包括聯合國安理會第 1244 號決議案所揭示的主權與領土完整，亦即科索沃屬於塞爾維亞的一部分。

第二節　塞爾維亞任務團

歐安組織派遣到東南歐，處理前南斯拉夫衝突問題，且與塞爾維亞有關的任務團總共有四個，但嚴格說來只有兩個：科索沃、山德亞克和沃伊沃地那長期任務團與塞爾維亞任務團。前一個長期任務團，

---

[38] Matthias Z. Karádi, p.74.
[39] Jelena Subotic, "Building Demoracy in:One Step Forward, Three Steps Back", Sabrina P. Ramet, Christine M. Hassenstab and Ola Listhaug (ed.), *Building Democracy in the Yugoslav Successor States*, (Cambridge: University Printing House, 2017), p.165.
[40] Matthias Z. Karádi, p.76.

歐洲安全暨合作組織與巴爾幹——東南歐任務團

雖說是一個任務團，其實分別於三個地方，處理三地不同的問題；後一個任務團則是因南聯盟政治體制的更易，歷經兩次更名後而來。除了任務團之外，在前南斯拉夫被停權期間（1992-2000），歐安組織輪值主席還曾任命一位專責前南斯拉夫事務的輪值主席個人代表（Personal Representative of the OSCE Chairman-in-Office）。

一、科索沃、山德亞克和沃伊沃地那長期任務團

1992 年鑑於前南斯拉夫內部武裝衝突愈發嚴重，對科索沃阿爾巴尼亞裔和其他少數族群造成嚴重迫害，歐安組織前資深官員委員會於 6 月 10 日，決議派遣一個考察團（exploratory mission）前往科索沃、山德亞克和沃伊沃地那[41]，蒐集當地族群對立情勢的訊息，並作成具衝突預防的建議案。歐盟也在 1992 年 6 月 26/27 兩日的里斯本高峰會議文件主席結論附件二前南斯拉夫宣言（Declaration on Former Yugoslavia）中，強調必須立即派遣觀察員進入科索沃和鄰近國家，以阻止暴力的發生和促進族

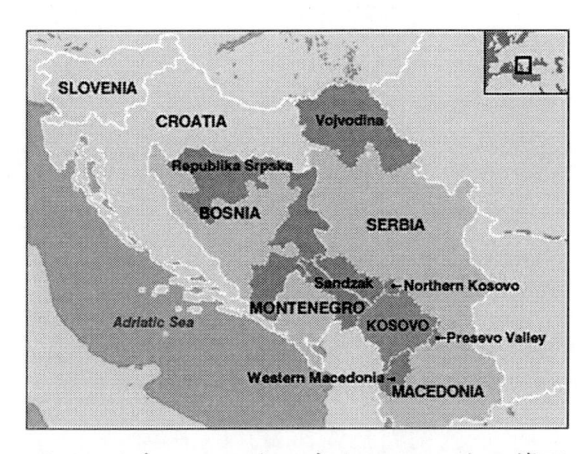

圖 6：科索沃、山德亞克和沃伊沃地那簡圖
資料來源：https://www.dnevno.hr/vijesti/regija/video-konacan-raspad-srbije-vojvodina-ide-u-eu-a-sandzak-se-prikljucuje-kosovu-1372628/ (2022/11/29)

---

[41] 山德亞克位於科索沃西北，與蒙特內哥羅和波赫為鄰，主要居住波士尼亞人。沃伊沃地那位於塞爾維亞北部，與克羅埃西亞、匈牙利和羅馬尼亞為鄰。該地以塞爾維亞人為多數，其次是匈牙利人（馬札爾人），第三為斯洛伐克人和克羅埃西亞人。

群之間的信任。對此，歐盟高峰會議呼籲歐安組織採取必要的措施，並表示歐盟國家準備參與該項任務。[42]

8月依據考察團的建議，前資深官員委員會決議派遣長期任務團（long- duration mission）到科索沃、山德亞克和沃伊沃地那三個地區，除觀察和記錄當地情勢，以預防緊張情勢或暴力外溢到鄰近地區外，並協助當地團體進行實質對話。儘管前南斯拉夫已於前一個月，被以在波士尼亞實施暴行而停止出席各項會議的權利，前南斯拉夫總理帕尼克（Milan Panić）還是同意歐安組織派遣長期任務團的決議。帕尼克希望透過此舉，能改善與阿裔族群的關係，且允諾科索沃阿裔住民要求的自治地位，以及普里什蒂納大學以阿爾巴尼亞語進行教學和研究。[43]不過，帕尼克於12月舉行的總統大選中失利，輸給米洛塞維奇。12月底國會通過對他的不信任案後下台，改善科索沃內部關係的希望終告落空。

依據前資深官員委員會的決議，該長期任務團的工作有四項：[44]

1. 促進三個地區內的族群和社區（community）代表與相關當局的對話
2. 蒐集所有違反人權和基本自由的相關資料，並協助尋找解決此類問題的方案
3. 成立解決相關問題的聯絡站
4. 就人權、保護少數族群、媒體自由和民主選舉等方面，協助提供立法所需的相關資料。

---

[42] 見：European Union, European Council in Lisbon, 26/27 June 1992, Conclusion of the Presidency, p.46, in: https://www.consilium.europa.eu/media/20510/1992_june_-_lisbon eng.pdf (2021/07/15)

[43] Jens Reuter, "Kosovo 1998", in: IFSH (ed.), *OSZE-Jahrbuch 1998*, (Baden-Baden: Nomos Verlagsgesellschaft, 1998), p.208.

[44] 見：CSCE Fifteenth Meeting of the Committee of Senior Officials, Journal No.2, Prague, 14 August 1992, in: https://www.osce.org/documents/16159?download=true (2022/11/29)

此一長期任務團的任務目標為促進地區和平、阻止暴力,以及重建對人權和基本自由的尊重。工作期限為 6 個月,預計 9 月開始執行工作,但直到 10 月底,任務團的工作人員才得進駐前述三個地區。任務團分別於前述三個地區成立地區辦公室,總部辦公室設於貝爾格勒。任務團配置的人員從最初的 12 人(大多由熟悉當地語言和環境的參與國前外交官組成),預計擴增到 40 人,但此一目標一直未能完成。[45]

1993 年 2 月任務團的期限將屆,歐安組織與前南斯拉夫協商簽署雙邊備忘錄,預計將期限延長到 1993 年的 6 月。不過,前南斯拉夫提出以恢復會籍,來交換延長任務團的期限,未獲得歐安組織的正面回應後,前南斯拉夫於 6 月底單方面宣布終止長期任務團在南國境內的工作。其所持的理由是歐安組織不接受南國提出以恢復會籍,來交換延長期限的條件。[46]歐安組織遂於 7 月底前撤出長期任務團。但在此之前,為持續對南國內部情勢的關注,於維也納成立非正式的南斯拉夫觀察小組,每周集會一次,討論和分析三個地區所收集到的資訊。由於任務團的人員已經無法進入三個地區,故資訊蒐集的工作由部分參與國接手,尤其是前現後任的輪值主席國派駐前南斯拉夫的大使館。

即使前南斯拉夫已被歐安組織停權,但雙方之間的關係並未完全中斷。貝爾格勒政府曾邀請歐安組織派遣訪問團,就相關議題展開雙邊會談。歐安組織接受此邀請,於 1997 年 7 月 14 日至 22 日派遣一個為期一週的「技術評估任務團」(Technical Assessment Mission),到貝爾格勒就長期任務團重返前南斯拉夫、科索沃情勢,以及前南斯拉夫重回歐安組織的可能性等議題交換意見。即使雙方的會面與討論並沒有獲得具體的結論,參與國一致認為應持續進行「歐安組織—前南斯拉夫」會談。

---

[45] Konrad Klingenburg, "Das OSZE-Krisenmanagement im Balkenkrieg", in: IFSH (ed.), *OSZE-Jahrbuch 1995*, (Baden-Baden: Nomos Verlagsgesellschaft, 1995), pp.151-152.
[46] 1992 年初,前南斯拉夫因嚴重涉入波士尼亞的衝突而被歐安組織施以停權。Marcus Wenig, *Möglichkeiten und Grenzen der Streitbeilegung ethnischer Konflikte durch die OSZE*, (Berlin: Dunker & Hu, blot, 1996), pp.245-46.

在歐安組織的官方報告裡，這個長期任務團一直都存在著，並沒有結束，只是無法執行它的任務而已。1998 年 3 月，鑒於科索沃的局勢愈來愈嚴重，常設理事會除了決議強化鄰近科索沃的阿爾巴尼亞和北馬其頓的歐安組織任務團的邊界監督（border monitoring）功能，避免暴力蔓延過邊界之外，並呼籲前南斯拉夫無條件接受長期任務團重返科索沃、山德亞克和沃伊沃地那，且表明這個任務團的重返將會是前南斯拉夫再度參與歐安組織的要件。[47]

長期任務團僅只執行一年的任務，就因南國的會籍問題而被迫終止，實不符長期（Long Duration）兩字所具的意義。這一情況凸顯出歐安組織的困境，亦即停止參與國的會籍（停權）是它可「懲罰」參與國的有限手段之一。但停權卻帶來極為嚴重的反效果，前南斯拉夫乾脆禁止歐安組織任務團入境。直到 1998 年聯合國特別代表郝爾布魯克（Richard Holbrooke）與前南斯拉夫總統米洛塞維奇在 10 月的雙邊會談中，米洛塞維奇才同意成立一支人數可達 2,000 人的歐安組織國際查證員任務團（OSCE Kosovo Verification Mission）進入科索沃。[48]查證任務團的工作為蒐集和查證違反國際人權規範的事證，任務團查證人員的人數一度高達 1,350 人。[49]查證任務團於 1998 年 10 月進入科索沃，由於科索沃內部情勢急遽惡化，六個月之後便撤出。撤出後四天（3 月 24 日），北約大舉空襲前南斯拉夫。查證任務團撤出後，團員人數銳減至約 350 人，且改分配到阿爾巴尼亞和北馬其頓兩國，協助處理地區的人道事務，以及紀錄科索沃境內的違反人權事件。[50]此後長期任務團一直都沒有重返前南斯拉夫，直到成立南聯盟任務團後，才正式宣告結束。

---

[47] 見:OSCE/Permanent Council, Decision No. 218, PC.DEC/218, 11 March 1998, in: https://www.osce.org/files/f/documents/b/b/20518.pdf (2022/11/29)
[48] Matthias Z. Karádi, "Machtwechsel in Belgrad. Die Rückkehr der Bundesrepublik Jugoslawien in die OSZE", in: IFSH (ed.), *OSZE-Jahrbuch 2001*, (Baden-Baden: Nomos Verlagsgesellschaft, 2001), p.70.
[49] Sandra Mitchell, "Menschenrechte im Kovoso", in: IFSH (ed.), *OSZE-Jahrbuch 2000*, (Baden-Baden: Nomos Verlagsgesellschaft, 2000), pp. 256-257.
[50] Ibid.

歐洲安全暨合作組織與巴爾幹——東南歐任務團

在歐安組織長期任務團無法重返前南斯拉夫期間,歐安組織卻有一位輪值主席個人代表,以選舉觀察的名義,帶領舉觀察團,前往前南斯拉夫,蒐集選舉資訊、晤談,並提供選舉改革建議。1995年西班牙前總理岡薩雷茲(Felipe Gonzale)被輪值主席瑞士外長寇提(Flavio Cotti),任命為輪值主席個人代表,帶領來自歐盟、美國、俄羅斯、波蘭、丹麥等國的選舉專家,前往貝爾格勒觀察中央與地方選舉,選後並提出改革建議。自1995年以後,岡薩雷茲就多次以輪值主席個人代表的身分,前往貝爾格勒觀察選舉,選後並提出選務改革建議。不過,岡薩雷茲所提出的改革建議,少有受到貝爾格勒當局的重視,遑論進行真正的選舉改革。[51]

貝爾格勒每逢大小選舉,就邀請歐安組織組織選舉觀察團,赴塞爾維亞觀察和紀錄選舉的過程。此舉或許有其國內選舉,因有外國觀察員在場,而具有正當性的算計;另一方面,歐安組織也積極接受邀請,並執行選舉觀察任務。針對選舉結果,民主辦公室的最後報告書(Final Report)中,曾提出「整個選舉過程出現根本性缺失」的結論;而1997年的國會與總統選舉「既不透明,執行也不一致,在程序上明顯有利左派聯盟候選人。」[52]選舉最後報告書提出多項改革建議,如國營媒體的獨立性、撤銷對獨立媒體所設置的障礙、提高開票與計票的透明度、依據歐安組織的規範,保障國際與國內選舉觀察員無礙地參與選舉過程等。[53]歐安組織的選舉觀察可看作是提供給貝爾格勒展現民主改革的機會,以及讓歐安組織的選舉專家在選舉技術層面,提供協助,並進一步展開國際對話。只是貝爾格勒政府一直都沒有提出積極與正面的回應。

---

[51] 歐安組織提出應改革的重點有:公共媒體公平對待所有的候選人與政黨、民間媒體的自由與廣播頻道的公平分配;改革選舉法,以及獨立的司法。見:OSCE, "OSCE Chairman-in-Office to appoint Gomzalez as Personal Representative for Serbia", Copenhagen, 19 September 1997, in: https://www.osce.org/cio/52483 (2022/11/29)

[52] 見:OSCE/ODIHR, Republic of Serbia Rerun of the Presidential Election December 7 and December 21, 1997, p.5., in: https://www.osce.org/files/f/documents/a/4/15133.pdf (2022/11/29)

[53] Ibid.

二、南斯拉夫聯盟共和國任務團

2000 年 11 月 10 日，在睽違達 8 年之久後，南聯盟外交部長終於又回到懸缺已久的座席上。常設理事會邀請南聯盟外交部長斯維拉諾維奇（Goran Svilanović）參加該日的特別會議。斯維拉諾維奇致詞時表示，南聯盟將遵守並實踐歐安組織所有的規範與義務，並且正式邀請歐安組織組成報告員任務團（Rapporteur Mission）前往南聯盟，以及組成選舉觀察團，觀察 12 月底舉行的選舉。[54] 12 月 5 日報告任務團遞交觀察報告紀錄後，常設理事會於第 401 次會議決議成立南聯盟任務團。隨著新任務團的成立，常設理事會也決議正式結束歐安組織的第一個長期任務團：「科索沃、山德亞克和沃伊沃地那長期任務團」。[55]

南聯盟任務團的主要任務有：

- 在民主化和人權保護方面，提供協助和專業知識給南聯盟各級政府、民間團體和個人
- 在立法、執法和司法方面，提供必要的協助與援助
- 協助發展媒體
- 與聯合國難民公署合作，協助內外部難民返鄉

常設理事會第 401 號決議案對南盟聯任務團的角色定位非常清楚：協助而非指導。在南聯盟既有的政治經濟結構基礎上，於指定的任務項目，提供專業知識協助，以及實施雙方共同合作的專案計畫。至於任務團的目標，首任團長義大利籍外交官山尼諾（Stefano Sannino）

---

[54] OSCE Newsletter, "OSCE moves quickly to welcome Yugoslavia as participating State", Vol. VII No.11, November 2000, in:
https://www.osce.org/files/f/documents/2/f/14763.pdf (2022/11/29)

[55] 見：OSCE/Permanent Council, Decision No.401, PC.DEC/401, 11 January 2001, in:
https://www.osce.org/files/f/documents/8/3/22327.pdf (2022/11/30)

表示,雙方的目標是「鞏固南聯盟的民主、穩定,以及加速整合入歐洲的結構內。」[56]任務團的協助工作,主要在四個領域:

憲法層級:協助規劃南聯盟內部塞爾維亞與蒙特內哥羅的關係

司法改革:協助擬定和完成少數民族保護法、廣播與電視的立法、資訊法、環保法,以及與軍隊和國家安全部門有關的法規

警政改革:去軍事化,建立符合歐洲規範的現代化專業警察、以保護人權為核心的警察再教育、建立警察工作的原則與倫理

協助族群融合:尤其在山德亞克、沃伊沃地那和南塞爾維亞等地區[57],協助穩定地區情勢,消除塞爾維亞裔和阿爾巴尼亞裔之間的不諒解;協助處理地區警察教育訓練,以及建立多族群的警察。

任務團成立並開始投入工作後,2001 年和 2002 年期限將屆之際,分別將期限各再延長一年。2003 年 1 月,鑒於塞爾維亞和蒙特內哥羅雙方的關係建立在國家聯盟(State Union)的基礎上,常設理事會將任務團的名稱由南聯盟任務團,改為「塞爾維亞與蒙特內哥羅任務團」(OSCE Mission to Serbia and Montenegro)。如何規範南聯盟內部塞爾維亞與蒙特內哥羅兩個共和國家之間的關係,歐安組織僅扮演協助角色,實際的主導者為歐盟。

在歐盟共同外交暨安全政策高級代表索拉納(Javier Solana)的斡旋之下,塞爾維亞和蒙特內哥羅首先簽署貝爾格勒協議(Belgrade Agreement),以此為雙方協商彼此之關係原則的起點。[58]在此基礎上,

---

[56] Stefano Sannino, "Die OSZE-Mission in der Bundesrepublik Jugoslawien", in: IFSH (ed.), *OSZE-Jahrbuch 2002*, (Baden-Baden: Nomos Verlagsgesellschaft, 2002), p.142.

[57] 塞爾維亞從北往南,北部為沃伊沃地那,中部為中央塞爾維亞,摩拉瓦(Morava)河南段流域稱為南塞爾維亞,此一地區在科索沃戰爭期間,湧入大批科索沃塞裔難民,屬貧困地區。見:Deutsche Welle, "Leben in Armut:Kosovo-Flüchtlinge in Südserbien", 08.06.2006, in: https://www.dw.com/de/leben-in-armut-kosovo-flüchtlinge-in-südserbien/a-2047258 (2022/11/30)

[58] 參閱:"Starting Points for the Restructuring of Relations between Serbia and

第參章　塞爾維亞與歐安組織

　　兩個共和國於 2002 年 3 月簽署「塞爾維亞與蒙特內哥羅憲法憲章」(The Constitutional Charter of Serbia and Montenegro)，成立國家聯盟，並經各自的國會通過。兩國立於平等地位，中央機關有總統、國會、部長理事會（5 個部）和法院。國會的正副議長不得來自同一國家，國會議長和總統也不可屬同一國家。總統對外代表國家聯盟，主持部長會議。外交和國防部長，每兩年換由另一共和國人士出任。憲法憲章先以三年為有效期，效期屆滿時，任一共和國有權利以公投方式改變國家聯盟的型態，亦即可以脫離國家聯盟。[59] 這一個可說由歐盟強迫而來的「政治婚姻」(politische Zwangsehe)，並沒有受到蒙特內哥羅的「祝福」，反而因為三年後可考慮舉行公投脫離國家聯盟這項條款而勉強接受。[60]

　　南聯盟雖以一個國家的形態存在，實際運作上卻不是如此，國家（中央）層面的機構無力執行政策，所有的權力皆在兩個共和國的手中。兩國的政策漸行漸遠，以至於三年後蒙特內哥羅舉行公民投票（2006 年 5 月）時，55.5%的投票民眾贊成脫離國家聯盟，6 月國會正式宣布蒙特內哥羅獨立，並獲得包括塞爾維亞在內的國際承認。[61] 蒙特內哥羅脫離南聯盟後，南聯盟所有的國際權利與義務全由塞爾維亞繼承。職是之故，常設理事會於 6 月 29 日（第 733 號決議案），將任務團的名稱更名為塞爾維亞任務團，任務團的任務則維持不變。

Montenegro", in: https://peacemaker.un.org/sites/peacemaker.un.org/files/ME%20RS_020314_The%20Agreement%20on%20Principles%20of%20relations%20between%20Serbia%20and%20Montenegro.pdf (2022/11/30)

[59] 見：WorldStatemen.org, The Constitutional Charter of the State Union of Serbia and Montenegro, in:
https://www.worldstatesmen.org/SerbMont_Const_2003.pdf (2022/11/30)

[60] Jens Reuter, "Serbien auf dem Weg nach Europa?", Jens Becker and Achim Engelberg (ed.), *Serbien nach den Kriegen*, (Frankfurt am Main: Suhrkamp Verlag, 2008), p.303.

[61] 參閱：Bundeszentrale für politische Bildung, "Zehn Jahre Unabhängigkeit Montenegro", 19.5.2016, https://www.bpb.de/politik/hintergrund-aktuell/228058/montenegro (2022/11/30)

三、塞爾維亞任務團

任務團總部位於首都貝爾格勒，另在南部的布亞諾瓦茨（Bujanovac）設立一個地區辦公室，以及在西南部新帕札爾（Novi Pazar）設立一個訓練設施中心。塞蒙兩國合組國家聯盟期間，任務團尚在蒙特內哥羅的波多戈里查設有一個辦公室。儘管波多戈里查辦公室名義上屬南聯盟任務團的一部分，卻是獨立運作的單位。2006 年成立蒙特內哥羅任務團時，一併決議關閉該辦公室。

依據常設理事會第 401 號決議案（2001/01/11），塞爾維亞任務團的協助領域有民主化和保護人權（含少數族群權利）兩大項。在這兩大項目下，包括促進容忍、法治、立法、監督民主制度與機構的適當運作與發展、訓練與改造執法機關和司法，以及協助發展媒體自由。[62]若以專案來區分，任務團協助的工作有武器管制（岱頓協定）、教育、性別平等、人權、媒體自由與發展、少數族群議題、治安、安全部門的改革、吉普賽人、法治、容忍與不歧視等。

任務團的協助對象並不僅侷限於政府機關，有興趣的個人、團體或組織皆可以利用任務團所提供的專業知識和資源，以促進塞爾維亞的民主化與人權保護。與其他東南歐任務團有一點不同的是，塞爾維亞任務團的工作並沒有包含選舉項目。任務團雖無參與選務改革，每次選舉前，塞爾維亞政府總是會邀請民主辦公室，籌組國際選舉觀察團到塞爾維亞觀察選舉過程。比較特別的是，2000 年 9 月中央與地方的議會選舉，米洛塞維奇主政下的塞爾維亞政府拒絕歐安組織選舉觀察團入境，以至於只能就蒐集到的資料撰寫選舉最後報告書。10 月米洛塞維奇下台後，歐安組織終於可以組成選舉觀察團，觀察同年 12 月的國會大選。

---

[62] 見：OSCE/Permanent Council, Decision No.401 Establishment of the the OSCE Mission to the Federal Republic of Yugoslavia, 11 Januar 2001, in: https://www.osce.org/files/f/documents/8/3/22327.pdf (2022/11/30)

自 1997 年迄今，歐安組織已經觀察過塞爾維亞（以及前南斯拉夫）16 次選舉，這 16 次選舉所派遣的觀察團，性質不盡相同，可分為三類：選舉觀察團、需求評估團（Needs Assessment Mission），以及選舉評估團（Election Assessment Mission）。歐安組織籌組並派遣到塞爾維亞的選舉觀察團，其規模一般都不大，約 30 人以下，故又稱為有限選舉觀察團（Limited election observation mission）。一般選舉觀察團的規模通常在 200 人以上，停留約兩週的時間。有限選舉觀察團停留在當地的時間相當短暫，通常在選舉日前第四天抵達，選舉當日再和歐洲理事會的選舉觀察人員組成國際選舉觀察團。選後隨即舉行記者會，公布初步的發現與結論，翌日離境，如 2016 年的國會提前大選。其實歐安組織派遣到塞爾維亞的選舉觀察團，自 2000 年以來幾乎都是這種小型的選舉觀察團，自 2008 年起才在觀察團的名稱前冠上「有限」一字。再者，由於塞爾維亞任務團並未被賦予協助選舉的任務，故在組織選舉觀察團的說明內，通常都會特別標明，選舉觀察團與任務團在各自的職權內分別各自工作。

　　需求評估團是當民主辦公室收到參與國邀請觀察選舉後，考量離投票日的時間充裕，會事先派遣的選舉考察團。此一考察團的任務為評估被觀察國選前的環境與選務機關的選舉籌備工作情形，再為後續準備派遣的選舉觀察團的型式與規模，提出適當的建議。考察團的選前評估報告，通常會成為選舉觀察團的觀察重點。針對塞爾維亞 2020 年春天舉行的國會大選，民主辦公室於 2019 年 11 月即籌組一支需求評估任務團，考察選前的環境與選舉準備工作。考察團的報告建議應籌備一支除了核心成員外，約 230 位長短期選舉觀察人員的選舉觀察團到塞爾維亞觀察 2020 年的國會大選。[63]國會大選原本應於 2020 年 4 月 26 日舉行，但因塞爾維亞的新冠疫情嚴峻，總統武契奇（Aleksandar Vučić）宣布延至 6 月 21 日。或許是因為疫情的關係，民主辦公室並未依據考察團的建議，派遣一支大型的選舉觀察團，反而是派遣一支

---

[63] OSCE/ODIHR, Republic of Serbia Parliamentary Elections 2020, ODIHR Needs Assessment Mission Report, 12-15 November 2019, p.11, in: https://www.osce.org/files/f/documents/8/a/442735.pdf (2022/11/30)

含團長在內僅九位成員的特別選舉評估團,而且觀察的項目只限於先前考察團提出值得注意的事項上。

針對塞爾維亞的國會大選,評估團的最後報告認為候選人可進行選戰,表達和代表的自由亦被尊重,但執政黨(塞爾維亞進步黨)[64]的優勢,尤其在媒體方面,值得關心。評估團總共提出 11 項優先改革建議案,18 項針對選舉法規和選務的一般改革建議案。[65]不過這些改革建議案,在歷次的選舉觀察最後報告中皆曾被提出,只是塞爾維亞政府並沒有認真進行選務改革而已。

協助媒體自由與發展是歐安組織東南歐任務團必要的工作之一,塞爾維亞任務團自也不例外。歐安組織民主辦公室的歷次選舉觀察報告,皆會指出塞爾維亞執政黨對媒體的幾乎全面性掌控。這一情形由來已久,可說是米洛塞維奇下台後所遺留下來的不良後果,致使媒體欠缺應有的獨立性與專業性。[66]任務團協助發展媒體自由,主要在三個方面:改革與媒體自由相關的法律、監督媒體自由與紀錄違反媒體權利的事件,以及主持訓練計畫,培養記者與媒體應有的專業能力。此外任務團亦和其他東南歐的任務團合作,共同執行媒體記者專案,如早期促進貝爾格勒和普里斯提納兩地記者的經驗交流與形塑專業網

---

[64] 自 2012 年以來,塞爾維亞的執政黨為總統武契奇和尼柯利奇(Tomislav Nikolić)於 2008 年創立的塞爾維亞進步黨(Serbian Progressive Party),該黨自塞爾維亞激進黨(Serbian Radical Party)分裂而出。2012 年以前進步黨一直是在野黨,2012 年的國會選舉和總統提前大選,進步黨不 僅獲得國會超過半數的席位(73 席),尼柯利奇也於第二回選舉中,擊敗現任的塔迪奇(Boris Tadić),成為塞爾維亞第四任總統。武契奇於 2014 年擔任塞爾維亞總理,2017 年被選為第五任總統,2022 年再度連任。

[65] OSCE/ODIHR, Republic of Serbia Parliamentary Elections21 June 2020 ODIHR Special Election Assessment Mission Final Report, 7 October 2020, in: https://www.osce.org/files/f/documents/a/3/466026.pdf (2022/11/30)

[66] Jelena Subotic, "Building Democracy in: One Step Forward, Three Steps Back", Sabrina P. Ramet, Christine M. Hassenstab and Ola Listhaug (ed.), *Building Democracy in the Yugoslav Successor States*, (Cambridge: University Printing House, 2017), p. 167.

絡。任務團也會和歐安組織媒體自由代表共同發表聲明,針對個別事件,表示對塞爾維亞政府可能限制媒體自由與權利的關心。[67]

塞爾維亞的民主化可以說是從 2000 年米洛塞維奇下台後才開始的。歐安組織與塞爾維亞任務團協助塞爾維亞民主化的著力點,主要在於選舉、媒體自由、地方行政、法治(包括執法)、立法等方面。另外在人權方面,為相關立法提供專業知識與諮詢、促進少數族群,尤其是吉普賽人的權利,以及協助難民返鄉。

第三節　任務團的成效與困難

歐安組織六個東南歐任務團當中,塞爾維亞任務團的規模大概屬第三或第四,算是一個中型的任務團(見表 7)。任務團的年度經費,自 2019 年以來皆已固定,並無增減。2021 年尚有一筆來自外界,高達 112 萬歐元的捐款。

表 7:塞爾維亞任務團人數與年度經費一覽表(2016-2021)

年	團員	當地雇員	年度經費(歐元)
2016	20	130	6,365,000
2017	20	119	6,238,000
2018	21	116	6,268000
2019	19	115	6,258,600
2020	18	117	6,258,600
2021	21	113	6,258,600

資料來源:筆者自行整理

---

[67] OSCE, "OSCE Media Freedom Representative and OSCE Head of Mission to Serbia stress importance of free access to information, following new Government decision", 1 April 2020, in:
https://www.osce.org/representative-on-freedom-of-media/449494 (2022/11/30)

與其他歐陸國際組織相關任務團的規模相比較，塞爾維亞任務團算是一個小規模的任務團。歐洲理事會也是協助塞爾維亞衝突後制度重建的重要國際組織之一，塞爾維亞於 2003 年獲准加入歐洲理事會。歐洲理事會協助塞爾維亞在媒體自由、人權保護、司法改革、洗錢防制、地方自治、教育等方面進行改革，而歐洲理事會和歐盟的共同合作計畫，也針對塞爾維亞的人權、法治與民主項目，提供多項改革援助。底下先闡述任務團的項目工作：媒體自由與發展、人權，以及良善治理對抗貪污，再分析任務團與其他國際組合作的重點工作：民主化與難民返鄉。

一、媒體自由與發展

媒體在塞爾維亞的處境，就如同在其他巴爾幹國家一樣，總是遭受來自政府的騷擾與壓力，尤其是獨立媒體，「毀謗、網路威脅，以及將獨立媒體妖魔化，乃是塞爾維亞數位環境中一貫的趨勢與嚴峻的事實。」[68]聯合國人權委員會（Human Rights Committee）對塞爾維亞的第三周期觀察報告也提出政府官員公開毀謗和威脅媒體從業人員的事實，值得關心。[69]

2020 年 9 月任務團與媒體自由代表在貝爾格勒合辦第七屆東南歐媒體會議（The seventh South-East Europe Media Conference），會議討論的主題是媒體自由在東南歐所面臨的挑戰，而與會者特別關注記者的人身安全與新冠疫情對記者專業能力的影響。[70]塞爾維亞任務團團長歐

---

[68] Matteo Mastracci, "Ongoing Tensions in Fragile Environments", BalkanInsight, November 25, 2021, in: https://balkaninsight.com/2021/11/25/ongoing-tensions-in-fragile-environments/ (2022/11/30)

[69] 見：United Nations Human Rights Committee, Concluding observations on the third periodic report Serbia, 10 April 2017, in: https://tbinternet.ohchr.org/_layouts/15/treatybodyexternal/Download.aspx?symbolno=CCPR/C/SRB/CO/3&Lang=En (2022/12/01)

[70] OSCE/Representative on Freedom of the Media, "Stronger collective efforts needed to protect journalists against growing threats, concludes seventh OSCE South-East

里奇歐（Andrea Orizio）表示，任務團與塞爾維亞記者人身安全常設工作小組的夥伴關係，可提供為政府機關、民間社會與國際組織在媒體專業方面的合作參考模式。12 月塞爾維亞政府成立一個新的保護記者人身安全的工作小組，成員涵蓋內閣閣員、檢察官、人權監察官、記者與媒體協會代表等共 20 人。小組的任務為強化記者遭攻擊時，官方單位的反應效率，並且監督為保護記者而展開的活動，工作小組必須每月向總理與文化暨新聞部部長報告工作進展。[71]

不過，就在工作小組成立三個月後，五位記者與媒體代表宣布退出工作小組，理由是親政府的小報無端指控「犯罪與貪污報導網」（Crime and Corruption Reporting Network）與犯罪組織達成秘密協定，以監視或威脅總統武契奇，而相關單位卻無任何說明與處理。[72]此外也退出工作小組的塞爾維亞獨立記者協會代表 Tamara Filipovic 則指出，該工作小組對記者人身安全的保護活動看不出有任何進展。[73]雖然塞爾維亞政府成立保護記者工作小組，以展示保護記者人身安全的決心，但媒體普遍懷疑政府在這方面的誠意。[74]在這方面，歐安組織媒體自由代表（和任務團團長）數次公開呼籲塞爾維亞相關單位，應盡速調查記者遭攻擊的事件。[75]

Europe Media Conference", 18 September 2020, in: https://www.osce.org/representative-on-freedom-of-media/464106 (2022/11/30)

[71] N1, Serbian government forms new working group to protect journalists, 14.12.2020, in: https://rs.n1info.com/english/news/a683499-serbian-government-forms-new-working-group-to-protect-journalists/ (2021/12/16)

[72] International Press Institute, "Serbia:Credibility of new working group questioned after KRIK smear", April 1. 2021, in:
https://ipi.media/serbia-credibility-of-new-working-group-questioned-after-kirk-smear/ (2022/11/30)

[73] Ibid.

[74] Luka Zanoni, "Media in Serbia, someone says no", Osservatorio Balkani e Caucaso, 02/12/2016, in: https://seenpm.org/media-serbia-someone-says-no/ (2022/11/14)

[75] OSCE, OSCE Media Freedom Representative voices concern over targeting of N1 journalists in Serbia, calls on authorities to bring perpetrators to justice, 18 October 2019, in:
https://www.osce.org/representative-on-freedom-of-media/436331 (2021/12/16)

依據記者無國界（Reporter without Borders）2021 年全球媒體自由的評分，塞爾維亞居第 93 名（台灣第 43 名），得分 32.03。塞爾維亞記者幾乎每天都要遭受來自政府高層官員與親政府媒體的攻擊。[76]儘管如此，許多獨立媒體仍報導政治貪污與組織化犯罪等危險議題。[77]

二、人權

塞爾維亞的現行憲法於 2006 年通過，憲法第 1 條將人權與少數（族群）權利列為國家基礎之一。[78]第 14 條明定塞爾維亞保護少數民族的權利，第二章規範人權與少數權利與自由。塞爾維亞的少數族群人數共約 80 萬人，約占總人口數的 13%，可分成 20 個少數族群，主要的族群有匈牙利裔（約 25 萬人，2011 年人口調查）、吉普賽人（約 14 萬 7 千人）、波士尼亞裔（14 萬 5 千人）、阿爾巴尼亞裔、保加利亞裔、阿敘卡立人等。2009 年通過立法成立少數民族委員會（National Council），每一個族群可以透過選舉方式，成立自己的民族委員會。委員人數從 15 名到 35 名不等，視族群人口數的大小而定。[79]民族委員會可在文化、教育、語言與文字方面採取自治措施。[80]塞爾維亞官方宣稱其保護少數族群的各項方案，在其他國家是少見的。[81]歐安組織少數民族高級委員於 2021 年訪問塞爾維亞之後，送交常設理事會的報告中指出，塞爾維亞擁有全面性與最新的立法與政策架構，去處理多元社會

---

[76] Reporter Without Borders, Serbia, in: https://rsf.org/en/serbia (2021/12/16)
[77] Ibid.
[78] 塞爾維亞的憲法條文，請參閱：The Government of the Republic of Serbia, Constitution of Serbia, in:
https://www.srbija.gov.rs/tekst/en/130144/constitution-of-serbia.php (2022/12/01)
[79] 依該法第九條規定，族群人口在一萬人以下，可選 15 位委員；一萬到二萬人之間，選 19 位；二萬到五萬之間，選 23 位、五萬到十萬人之間選 29 位，十萬以上，可選 35 位。
[80] 見：The Law on National Councils of National Minorities, in: http://fer.org.rs/wp-content/uploads/2018/03/Law-on-National-Councils-in-Serbia.pdf
[81] 見：Republic of Serbia ministry of Public Administration and Local Self-Government, National

的問題，其中就包括少數民族委員會。不過，少數族群在媒體、社經機會與就業方面仍有改善的空間。[82]

依據聯合國人權委員會的第三周期觀察報告指出，塞爾維亞立法改善婦女地位和促進性別平等、預防家暴、簽署數項國際公約方面獲得明顯進展，但在反歧視、仇恨犯罪（hate crimes）、身心障礙者權利、難民與尋求庇護者權利等方面，仍有改善空間。[83]對吉普賽人社群仍存有歧視和排除（exclusion）、難就業、強制驅逐等問題。吉普賽人在塞爾維亞的處境，與其他東南歐國家相比，大抵相似，既須面對內部的歧視與被邊緣化，也須忍受高失業率、住房取得困難，以及缺少改善經濟條件的機會，進入公職服務的機會也比其他族群少了很多。部分塞爾維亞民眾對吉普賽人不甚友善，南部以吉普賽人為多數的城鎮裡，塞裔的父母會要求子女必須與吉普賽人孩童分班上課，而教師也不願教吉普賽人班。[84]據估計，居住在塞爾維亞的吉普賽人共有 50 萬人之多，其中約有 3 萬多人因戰亂逃離原居住地（主要在科索沃），身上無任何證明文件。即使塞爾維亞政府試圖改善吉普賽人的處境，但一般說來，獲得改善的情況有限，致使吉普賽人仍須面對種種的生活困境。[85]依據歐洲理事會反種族主義與不容忍委員會（European Commission against Racism and Intolerance）於 2020 年公布的監視報告指出，塞爾

---

[82] OSCE/High Commissioner on National Minority, Address to the 1343th Plenary meeting of the Permanent Council, 4 November 2021, in: https://www.osce.org/files/f/documents/f/a/503545.pdf

[83] 見：United Nations Human Rights Committee, Concluding observations on the third periodic report Serbia, 10 April 2017, in: https://tbinternet.ohchr.org/_layouts/15/treatybodyexternal/Download.aspx?symbolno=CCPR/C/SRB/CO/3&Lang=En(2022/12/01)

[84] Nikola Lazic, "Serbian Parents Demand Separate Classes from", BalkanInsight, July 19, 2018, in: https://balkaninsight.com/2018/07/19/serbian-parents-demand-separate-classes-from-roma-07-18-2018/

[85] Claire Taylor, "Serbia's Stateless Roma Struggle for Visibility", BalkanInsight, January 12, 2018, in: https://balkaninsight.com/2018/01/12/serbia-s-stateless-roma-struggle-for-visibility-01-09-2018/

維亞政府並無全面回應委員會先前提出的建議，應優先聘用吉普賽人和其他少數族群進入公職機關服務。委員會的結論是塞爾維亞政府只部分執行該建議案。[86]

協助塞爾維亞政府改善吉普賽人的處境屬任務團的工作項目之一，主要的合作對象為人權與少數族群權利委員會，工作重點有促進社會整合、改善接受教育與進入職場的機會，以及取得適當的住所等。相較於其他國際組織，歐安組織塞爾維亞任務團在人權保護方面的角色並不突出，主要原因為任務團的工作以提供諮詢為主，而非提供資源，解決實際的問題。

依據國際少數族群權利（Minorities rights Group International）對社群遭受危機的全球評比指數，塞爾維亞社群（波士尼亞裔、阿爾巴尼亞裔、克羅埃西亞人和吉普賽人）2021年排第75位，比波士尼亞（41）和科索沃（62）好一些，但不如北馬其頓（95）或阿爾巴尼亞（107）。這項調查中，蒙特內哥羅沒有列入排名，意味著蒙國境內不存在族群遭受危機的現象。[87]

三、良善治理：對抗貪污

依據國際透明組織對全球180個國家的貪污印象指數（Corruption Perceptions Index）調查，2020年塞爾維亞的全球排名為第94名（台灣第28名）。塞爾維亞之所以在對抗貪污方面倒退（與去年相比，得分減少一分，更比全球平均分數低五分），主要原因為處理貪污的機制逐年弱化、反對黨杯葛國會，致使缺乏對政府的監督、具獨立性的監督機構不是被忽略，就是被執政黨議員猛烈抨擊，最後是獨立媒體要

---

[86] Council of Europe, ECRI Conclusions on the Implementation of the Recommendations in Respect of Serbia Subject to Interim Follow-Up, 2 June 2022, in: https://rm.coe.int/ecri-conclusions-on-the-implementation-of-the-recommendations-in-respe/16809e8275

[87] 該項評比共納進115個國家或地區，敘利亞、索馬利亞和南蘇丹排前三名。見：Minorities Rights Group International, Peoples under Threat Serbia, in: https://peoplesunderthreat.org/countries/serbia/ (2022/12/01)

求政府負更大的責任時,卻被看作是與反對黨同謀。在政府的架構內,「民主制度只是成為體制逐漸威權化的裝飾門面而已。」[88]在民眾的眼中,貪污嚴重的機關為檢察官、法院、警察,以及中央與地方政府,而最不貪污的為軍隊和懲教署(Correctional Service)。[89]

塞爾維亞任務團在良善治理(good governance)項目下,協助立法機關的立法符合國際對抗貪污的標準,並合作發展制定國會議員和地方官員的行為準則(Code of Conduct),專案協助檢察官偵辦洗錢和經濟犯罪案等。以國際透明組織的評比來看,任務團在對抗貪污方面的協助,似乎沒有收到該有的成效。

塞爾維亞政府高層官員的貪污問題經常是該國反對黨和國際組織抨擊的對象。歐洲理事會國家對抗貪污小組(Group of States against Corruption, GRECO)在第五回的評估報告指出,塞爾維亞必須採取措施以對抗警政高階官員和公務人員的貪污問題,並要求組織犯罪檢察官辦公室的犯罪調查對象必須包含總統在內的所有高階行政官員。[90]塞爾維亞必須在2023年之前回應評估報告提出的建議案。

四、民主化

塞爾維亞的民主化進程,約略可分為三個階段:從1989年到2000年之間是一個由米洛塞維奇與其塞爾維亞社會主義黨(Socialist Party of

---

[88] Transparency International, Covid-19 Pandemic has weakened the ability of Serbia's governance systems to fight corruption, 18 February 2021, in: https://www.transparency.org/en/blog/covid-19-pandemic-has-weakened-the-ability-of-serbias-governance-systems-to-fight-corruption

[89] Belgrade Centre for Security Policy, Respondent's Perceptions in Kosovo and Serbia Toward Public Institutions, 14.12.2020, in: Respondents' Perceptions in Kosovo and Serbia Towards Public Institutions-Beogradski centar za bezbednosnu politiku (bezbednost.org) (2022/12/01)

[90] 參閱:Council of Europe/GRECO, Fifth Evaluation Round Evaluation Report Serbia, 21-25 March 2022, in: https://rm.coe.int/fifth-evaluation-round-preventing-corruption-and-promoting-integrity-i/1680a7216b(2022/12/01)

Serbia）獨大的階段；第二階段自米洛塞維奇 2000 年下台後至 2012 年之間，不同政黨組成的聯盟掌握執政權；第三階段自 2012 年，塞爾維亞進步黨與其創黨元老之一武契奇掌權後至今。武契奇曾在米洛塞維奇時代任官，擔任新聞部部長一職，曾對批評政府的記者處以罰鍰。[91]自 2012 年後塞爾維亞逐漸顯示出威權體制的傾向。[92]對塞爾維亞的威權傾向，歐安組織在歷屆的選舉觀察最後報告書中皆有提出，如「執政黨候選人在選戰中佔盡優勢⋯選戰與政府官員活動的界線模糊⋯濫用行政資源。」（2017 年總統選舉觀察最後報告書），以及「執政黨的優勢值得關心，尤其是在媒體。」（2020 年國會選舉觀察最後報告書）。除歐安組織外，歐洲理事會也透過專案計畫，協助塞爾維亞的民主化，如民主總署（DG Democracy）協助塞爾維亞地方政府的人力資源管理專案、優質教育計畫、促進多元社會與平等、對抗人口販運等多項多年期計畫。[93]歐洲理事會秘書長布里奇女士（Marija Pejčinović Burić）在 2021 年的年度報告書中指出，「言論自由在許多會員國當中逐漸倒退、對記者暴力增加，包括謀殺，經常不起訴施暴者、疫情期間，政府限制新聞取得，致使民眾產生懷疑新聞的效應、網路的仇恨言論增加」等等。[94]秘書長雖未明指哪些會員國發生自由與民主倒退的情況，但塞爾維亞應該屬於這類的國家之一。秘書長的年度報告以「歐洲民主再興」（A democratic renewal for Europe）為副標題，自有其示警與期待的作用。

　　民主化的重要內涵之一為選舉，亦是巴黎憲章所強調：「民主的政府奠基在人民的意志之上，而人民的意志則表現在定期的、自由和公

---

[91] 武契奇對媒體抱持不友善，甚或敵意的態度，人盡皆知。他甚至認為大部分的媒體都喜歡反對黨。Filip Rudic, "Serbian's Vucic Lashes Out at Opposition Critics", BalkanInsight, September 5, 2017, in: https://balkaninsight.com/2017/09/05/serbian-opposition-s-policy-is-militant-urinating-says-vucic-09-05-2017/ (2022/11/30)

[92] Florian Bieber, *The Rise of Authoritarianism in the West Balkans*, (London: Palgrave MacMillian, 2020), p.42

[93] 見：Council of Europe, DG Democracy joint program and voluntary contributions under war, January 2021, in: https://rm.coe.int/0900001680a113f7 (2022/11/30)

[94] Council of Europe, State of Democracy, Human Rights and the Rule of Law – A democratic renewal for Europe, 2021, p.6, in:
https://rm.coe.int/annual-report-sg-2021/1680a264a2 (2022/11/30)

正的選舉中。」過去二、三十年以來，塞爾維亞皆定期舉行總統、國會和地方選舉。但從實踐過程來看，塞爾維亞的選舉既不定期，不怎麼自由，也不公平。有關選舉中的自由與公平缺失，歐安組織民主辦公室的歷屆選舉觀察最後報告書中皆曾指出。在「定期」選舉方面，投票日經常不在預定的日期舉行，提前選舉是常有的事。而且提前選舉經常是由總統宣布，而非經過國會的討論。2020年的國會大選依憲法規定應於4月26日舉行，但因新冠疫情爆發，總統於3月16日宣布進入緊急狀態，取消4月的選舉。5月6日政府宣布解除緊急狀態，新的投票日訂於6月21日。在整個決策過程中，反對黨無置喙之餘地，既無參與宣布和解除緊急狀態的討論，也沒有參加訂定新的選舉日的決定。[95]就如歐洲理事會秘書長在她的年度報告書中所指出，因應新冠疫情的「緊急措施對人民的生活、基本權利的實踐和民主制度的運作，產生重大的影響」；在某些例子中，「影響權力分立，常常是損害立法對行政的監督權。」[96]即便塞爾維亞舉行各級選舉，它的選舉卻是在「民主的危機」（crisis of democracy）中進行的。[97]

依據自由之家對全球國家與地區的自由評分，塞爾維亞得分64分（台灣得93分），被歸類屬於部分自由的國家（Partly Free），在政治權利和公民權方面有倒退的情形；尤其是政府單位對獨立媒體、政治

---

[95] 依據塞爾維亞憲法的規定，宣布緊急狀態必須獲得國會多數的支持，但如果國會議員無法舉行會議，則由總統、總理和國會議長共同宣布之，且必須在宣布後的48小時內，獲得國會多數通過，或盡速獲得多數支持。國會曾在4月29日對宣布進入緊急狀態進行投票。不過部分在野黨自2019年起即杯葛國會運作，且預期將會有大規模的選舉舞弊發生，於是宣布不參加2020年的選舉。見：OSCE/ODIHR, Republic of Serbia Parliamentary Elections 21 June 2020, ODIHR Special Election Assessment Mission Final Report, Warsaw October 2020, pp.4-5, in: https://www.osce.org/files/f/documents/a/3/466026.pdf (2022/11/30)

[96] 同註釋70，頁63。

[97] Aleksandra Tomanić, "Serbia elects amid crisis of democracy", Euractiv, 01.03.2022, in: https://www.euractiv.com/section/enlargement/opinion/serbia-elects-amid-crisis-of-democracy/(2022/11/30)

反對陣營和公民組織等，常施加壓力。[98]民主項目得分 48 分，屬轉型期階段，尚未進入半穩固民主制度。[99]

五、難民返鄉

依據聯合國難民高級公署與塞爾維亞難民與移民委員會（Commissariat for Refugees and Migration）的統計，自前南斯拉夫於 1990 年爆發分離衝突以來，已有 55 萬的難民從前南斯拉夫各共和國湧入塞爾維亞。1999 年的科索沃戰爭，造成約 18 萬的內部流離失所民眾從科索沃逃入塞爾維亞中部；而 2004 年科索沃的三月全境暴動，又促使上萬科索沃塞裔和吉普塞人逃入塞爾維亞，以至於內部流離失所民眾已高達 20 萬人以上。

為協助 1991 年到 1995 年之間逃離衝突地區的民眾，克羅埃西亞、波赫和塞爾維亞與蒙特內哥羅於 2005 年，於塞拉耶佛展開處理難民問題的部長級會談。部長們決定啟動一系列處理難民與內部流離失所者行動，因會議在塞拉耶佛舉行，故此一系列的行動又稱為塞拉耶佛過程（Sarajevo Process）。[100]

在歐安組織的協助下，此一過程初期有些進展，後來卻因克羅埃西亞和塞爾維亞彼此對部長級會議的宣言文字草稿各有解讀，以及克羅埃西亞拒絕賠償不願返鄉的財產所有人，故停滯好幾年。[101]2010 年參與的四國部長們集會於貝爾格勒，檢討塞拉耶佛過程，並發表聯合宣言（Joint

---

[98] 見：Freedom House, Countries and Territories: Serbia, in: https://freedomhouse.org/countries/freedom-world/scores(2022/11/30)

[99] 見：Freedom House, Countries and Territories: Serbia, in: https://freedomhouse.org/countries/nations-transit/scores

[100] OSCE, "The Sarajevo Process", The Courier Newsletter of the OSCE Mission to Croatia, July 2007, in: https://www.osce.org/files/f/documents/e/b/26483.pdf (2022/11/30)

[101] Republic of Serbia, 2012 Human Dimension Implementation Meeting, Warsaw, 24 September to 05 October 2012, in: https://www.osce.org/files/f/documents/0/a/94139.pdf (2022/11/30)

Declaration），宣示願意攜手合作處理共同關切的難民問題。[102]2013 年，波赫、克羅埃西亞、蒙特內哥羅和塞爾維亞發起區域倡議（Regional initiative）和區域住房計畫（Regional Housing Programme）。藉由國際捐贈（以歐盟和美國為主），提供難民與內部流離失所民眾住房或建築材料。由於需求者眾多，歐安組織便擔任監督遴選被助者過程，協助召集會議的角色。[103]至 2020 年，塞爾維亞已經提供 5,285 所住房。預計至 2023 年，總共將提供 7,606 所住房給難民與內部流離失所民眾居住。[104]由於絕大部份的難民與流離失所者因主客觀因素不願返鄉，尤其是返回科索沃，這一批民眾遂在塞爾維亞定居下來，但若缺少外界援助，勢必對塞爾維亞的經濟與社會帶來嚴重的負擔。[105]所幸歐盟與國際社會提供援助，將塞爾維亞境內多處的難民中心（營）改建成簡易社會住宅公寓，讓不願返鄉的塞裔族群至少有一處可安居之處。[106]

除了因前南斯拉夫解體所引發的難民潮之外，2015 年和 2016 年之間大批來自北非和中東地區的難民，沿著巴爾幹西路線，由希臘和北馬其頓進入塞爾維亞，頓時對塞爾維亞的財政、社會、經濟、衛生等造成嚴重的影響。塞爾維亞在靠近北馬其頓的邊界地區設立接待中心（營），並提供難民們基本的溫飽，但仍無法滿足所有難民的需求。[107]

---

[102] Regional Housing Programme, Joint Declaration on Ending Displacement and Ensuring Durable Solutions for Vulnerable Refugees Internally Displaced Persons, in: http://regionalhousingprogramme.org/wp-content/uploads/2017/05/Joint-Declaration-7-November-2011.pdf (2022/11/30)

[103] OSCE, The Regional Housing Programme in Serbia, 6 July 2015, in: https://www.osce.org/serbia/170216 (2023/08/05)

[104] Regional Housing Programme, Republic of Serbia Country Housing Project, in: http://regionalhousingprogramme.org/serbia/ (2021/12/19)

[105] Statement by the Delegation of the Republic of Serbia, HDIM.DE/0233/19, 20 September 2019, in: https://www.osce.org/files/f/documents/9/f/431747_1.pdf

[106] Marija Ristic, "Refugee Centres in Serbia to Close by 2015", BalkanInsight, April 3, 2012, in: https://balkaninsight.com/2012/04/03/refugee-centres-in-serbia-closing-by-2015/ (2022/12/01)

[107] Igor Jovanovic, "Serbia Sets un Refugee Camp Near Macedonian Border", BalkanInsight, August 24, 2015, in: https://balkaninsight.com/2015/08/24/serbia-forms-another-refugee-camp-near-macedonian-border-08-24-2015/ (2011/11/30)

儘管難民的最終目標是繼續往西進入匈牙利和西歐國家，對所謂的過境國塞爾維亞和北馬其頓來說，大批難民持續湧入構成重大挑戰。據估計，僅 2015 年就有約 60 萬難民經過北馬其頓，進入塞爾維亞。為因應難民湧入而採取更嚴格的邊界管制措施，除造成人口販運更加猖獗之外，也導致克羅埃西亞與塞爾維亞之間的齟齬。[108]

2015 年和 2016 年的難民潮對歐安組織派駐在塞爾維亞（和北馬其頓）的任務團構成嚴峻的挑戰，大批難民到來所引發的問題，已經超出任務團處理問題的能量，更別提任務團的任務雖有協助處理難民事宜的項目，但任務中的「難民」並不包含從北非和中東蜂擁而至的難民。塞爾維亞任務團雖派遣人員赴邊界監視難民流動的況狀，由於人員和裝備不足，故蒐集的資訊有限，無法對情勢做出正確的判斷，也就難以提出較佳的對應策略。[109]儘管如此，任務團仍不定期提出背景觀察報告（background report），就難民潮所帶來的問題，以及可能採取的因應策略，傳達給常設理事會和各參與國，以便常設理事會可做出及時的應變措施。此外塞爾維亞任務團亦協助地方政府和民間單位處理相關問題，如交通、防止人口販賣、協助難民中的弱勢團體等。[110]總的來說，2015 年和 2016 年難民潮的規模確實超過任務團的處理能量，即便是塞爾維亞政府也無法因應如此規模的難民潮，更別提其境內還有數十萬的前南斯拉夫難民。北非與中東的難民潮問題，原本就不在任務團的工作範圍

---

[108] 為不讓難民進入，匈牙利關閉與塞爾維亞的邊界關口，導致大批難民企圖從塞爾維亞進入克羅埃西亞。為迫使塞爾維亞將難民送回匈牙利，於是克羅埃西亞關閉與塞爾維亞的公路交通往來，禁止懸掛塞爾維亞車牌的客車與貨車入境，相對的，塞爾維亞則禁止懸掛克國車牌的貨車入境。見：Igor Jovanovic, "Serbia-Croatia Refugee Dispute Escalates Into Trade War", September 24, 2015, in: https://balkaninsight.com/2015/09/24/serbia-croatia-start-trade-war-09-24-2015/ (2022/11/30)

[109] Florent Marciacq/Tobias Flessenkemper/Ivana Boštjančič Pulko, "Die Reaktion der OSZE-Feldoperationen in Südosteuropa auf die Migrations-und Flüchtlingskrise", IFSH (ed.) *OSZE-Jahrbuch 2016*, (Baden-Baden: Nomos Verlagsgesellschaft, 2018), pp.263-280, here p.270.

[110] Ibid., p.272-276.

之內。但任務團執行邊界觀察,自發性地提交觀察報告和協助地方團體,說明任務團在危機預防方面確實有它的作用。

第四節　結語

英國歷史學家坦珀利（Harold William Vazeille Temperley, 1879-1939）早年遊歷東南歐巴爾幹地區時,將旅行與研究的成果寫成一本名為《塞爾維亞史》（History of Serbia）的專書。[111]《塞爾維亞史》從斯拉夫人來到巴爾幹地區說起,一直到 1912 年第二次巴爾幹戰爭為止,核心主題為塞爾維亞人的獨立建國歷程。該書的中文版本由北京華文出版社出版,中文書名除原書名以外,另加上一個副標題:困擾巴爾幹半島一千五百年的火藥桶。[112]中文副標題似乎想點出塞爾維亞為巴爾幹半島的「動亂來源」,而巴爾幹地區又是歐洲的「動亂來源」！其實此類的含沙射影,對塞爾維亞並不公允,因為「歷史上,巴爾幹國家都想當地區大國,就民族和領土問題長期爭吵,彼此之間的仇恨多於信任,對立多於和睦,分裂多於聯合。」[113]

如果 19 世紀以前的巴爾幹歷史是一部各民族對抗外來統治（鄂圖曼帝國！）,以及獨立建國和擴張領土的漫長過程,那麼 20 世紀就是將斯拉夫民族結合起來,統一在一個國家之下的政治制度實驗史（南斯拉夫式社會主義模式）。[114]不過這一項政治實驗,最終以失敗收場。經過 10 年的血腥衝突,各民族基本上回到 19 世紀的獨立建國模式,但卻又留下許多未解的問題。對巴爾幹地區來說,可以處理和解決這些問題的答案或許只有一個,亦即「邁向民主、回歸歐洲社會」。[115]這

---

[111] Harold William Vazeille Temperley, *History of Serbia,* (London: G. Bell and Sons Ltd., 1919).
[112] 哈羅德坦珀利著,張浩譯《塞爾維亞史—困擾巴爾幹半島一七五百年的火藥桶》,（北京:華文出版社,2020）。
[113] 馬細普著《巴爾幹紛爭》,（北京:北京大學出版社,1999）,頁 159。
[114] Marie-Janine Calic, *Geschichte Jugoslawiens*, (München: Verlag C.H. Beck, 2020), p.332.
[115] 洪茂雄著《南斯拉夫史》,（台北:三民書局,2011）,第十一章。

一個答案通用於巴爾幹地區，更適合塞爾維亞，如果認真看待「困擾巴爾幹半島一千五百年的火藥桶」這個副標題的話。

　　1990年代的衝突結束後，塞爾維亞正在邁向民主和回歸歐洲社會的路途上。在民主化的道路上，不論是依據自由之家或記者無國界等國際組織的評比，塞爾維亞皆處在中後段班，間或有倒退的疑慮。主要原因乃是法治缺失、威權傾向和對新聞媒體的敵意。[116]即使在歐安組織任務團，以及其他如歐洲理事會的國際組織的制度建立協助，情況很難在短期內會有大幅好轉。

　　塞爾維亞的另一個目標是回歸歐洲社會。自米洛塞維奇下台後，無論是哪一個政黨執政，加入歐盟已經成為塞爾維亞各界共同和優先的政策。塞爾維亞在此一方面表現得相當積極，即便2015年因難民潮與克羅埃西亞發生齟齬，對克國關閉邊界，內政部長史蒂芬諾維奇（Nebojsa Stefanovic）對此事件的回應聲明是：塞爾維亞想要的是尊重歐洲價值，也就是開放邊界。[117] 當然政治人物說出的話未必能當真，就如同塞爾維亞的憲法第50條保障媒體自由一樣。目前（2022），塞爾維亞為歐盟的候選國，兩邊也已展開入會談判，看似有加入歐盟的希望。但由於塞爾維亞的民主改革進程緩慢，以及與科索沃的關係未能如歐盟所期望的正常化，塞爾維亞或許還需要十年或更久的時間，才能真正回歸歐洲社會。

---

[116] Thomas Roser, *Serbien*, Bundeszentrale für politische Bildung, 14.01.2022, in: Serbien | bpb.de (2022/12/02)

[117] Igor Jovanovic, "Serbia-Croatia Refugee Dispute Escalates Into Trade War", BalkaInsight, September 24, 2015, in: https://balkaninsight.com/2015/09/24/serbia-croatia-start-trade-war-09-24-2015/(2022/12/02)

第肆章
蒙特內哥羅與歐安組織

歐洲安全暨合作組織與巴爾幹——東南歐任務團

　　蒙特內哥羅於 2006 年 6 月「正式」加入歐安組織，之所以是正式加入，原因在於蒙特內哥羅原本是前南斯拉夫的一個自治共和國，之後與塞爾維亞組成南聯盟共和國，2003 年再和塞爾維亞組成「塞爾維亞與蒙特內哥羅國家聯盟」，2006 年經公民投票後決定獨立。2006 年之前分別透過前南斯拉夫、南聯盟，以及國家聯盟的名義間接參與歐安組織。宣布獨立且獲得國際社會承認後，總算是以蒙特內哥羅這個在歐洲歷史上，存在達數百年之久的公國名稱，正式參與國際社會。

第一節　歷史發展與概況

　　蒙特內哥羅位於東南歐，依順時鐘方向，與克羅埃西亞、波士尼亞與赫塞哥維納、塞爾維亞、科索沃和阿爾巴尼亞等國接壤，西南臨亞得里亞海（見圖7）。

　　土地面積 14,026 平方公里，人口約 645,000 人，國土面積與人口數在歐安組織參與國當中排名第 49 位（2021年），算是個小國寡民。在前南斯拉夫聯邦共和國於 1992 年解體之前，蒙特內哥羅如同巴爾幹半島上的其他國家，也是一個多族群國家。615,000 人口（1991）中，以蒙特內哥羅人最多，有 380,000 人（61.8%），其次為波士尼亞人（90,000），其餘有塞爾維亞人（57,000）和阿爾巴尼亞人（41,000），以及其他少數民族（克羅埃西亞人、吉普賽人）等。[1] 蒙特內哥羅（Montenegro）這個名稱，最早出現於 1053 年

圖7：蒙特內哥羅簡圖
資料來源：筆者自行繪製

---

[1] Martina Boden, *Nationalitäten, Minderheiten und ethnische Konflikte in Europa*, (München: Olzog Verlag, 1993), p.154.

天主教的書信（papal epistle，或稱使徒書）中，以拉丁文書寫為"Montenegro"，指位在杜克里亞（Duklja）內的一個地區或區域。在西里爾語（Cyrillic，亦即古斯拉夫語）中，首次出現於 1276 年，意味著「黑色的山」或「黑色的山丘」。[2]因此，蒙特內哥羅亦被稱為黑山共和國。

　　蒙特內哥羅被定居與開發的歷史，幾乎與南（部）斯拉夫人陸續進入巴爾幹半島的歷史同步。[3]在中世紀時，塞爾維亞人已經進入今日的蒙特內哥羅地區。蒙特內哥羅人所建立的「國家」杜克里亞，原先為拜占庭帝國的附庸國，於 1042 年擊敗拜占庭後，獲得自由，成為蒙特內哥羅人自我治理的地區。[4] 14 世紀（約在 1345 年）鄂圖曼帝國士兵先以拜占庭傭兵的身分進入巴爾幹半島，之後帝國軍隊開拔進入，先後擊敗保加利亞人和塞爾維亞人，1463 年占領波士尼亞，兩年後佔領赫塞哥維納，幾乎將巴爾幹半島全數納入帝國的統治之內。只剩下在策塔（Zeta）崎嶇山區的塞爾維亞人仍抵抗鄂圖曼軍隊的入侵，直到 15 世紀末鄂圖曼帝國才將其征服[5]。最後只剩亞得里亞海沿岸和附近島嶼未落入鄂圖曼帝國的統治領域內，這些地方臣服於威尼斯共和國（Venetian Rule）的治理之下。策塔在 14 世紀時為一個被維塞爾維亞王國受封的公國（Zeta Principality）。塞爾維亞王國被鄂圖曼帝國擊敗後，策塔公國即成為一個自治的公國。

　　鄂圖曼帝國統治期間，蒙特內哥羅被分成四個行政單位（Nahiye），分別由四個塞爾維亞人的部落管理，這四個行政單位所在的區域稱之為蒙特內哥羅的原生區（Old Montenegro），只占今日蒙特內哥羅的一

---

[2] Šerbo Rastoder, "A short review of the history of Montenegro", Florian Bieber (ed.), *Montenegro in Transition: Problem of Identity and Statehood*, (Baden-Baden: Nomos Verlagsgesellschaft, 2003), p.107.
[3] 南部斯拉夫人主要有五支：克羅埃西亞人、達馬提爾的塞爾維亞人、波士尼亞人、蒙特內哥羅人，以及塞爾維亞人。見：哈羅德坦珀利著，張浩譯《塞爾維亞史》，（北京：華文出版社，2020），頁 2。
[4] Mladen Dragasevic, *The Newest Old State in Europe – Montenegro Regain Independence*, (Bonn: Center for European Integration Studies, 2007), p.4.
[5] Stevan K. Pavlowitch, *Serbia – The History behind the Name*, (London: C. Hurst & Company (Publishers) Ltd., 2002), p.12.

小部分。這一地區的居民被稱為蒙特內哥羅人，儘管其先祖為塞爾維亞人，但卻逐漸發展出自我的民族意識。對鄂圖曼帝國來說，由於此一地區的地理環境實在很難由中央直接管理，故所有的行政事務皆交給鄰近的赫塞哥維納區或史古塔里區（Sandjak Scutari）的總督（Pasha）處理。由於中央無法管轄，赫塞哥維納區或史古塔里區雖將蒙特內哥羅納入自己的區內，卻又無力處理，致使在很長的一段時間內，經常上演四個部落之間的內鬨。最後是在東正教會策堤內（Cetinji）侯爵主教達尼洛一世（Danilo I. Petrovic Njegoš）的治理之下，先是實施統一的律法，後成立初具規模的治理單位，再建立一支蒙特內哥羅常備軍，這一小地區才從部落統治，逐步成為一個由教會治理的蒙特內哥羅公國（Prince-Bishopric of Montenegro）。

蒙特內哥羅公國於達尼洛一世的領導下，先後在 1853 年和 1858 年擊敗鄂圖曼的軍隊，逐漸擴大統治疆域。1878 年俄土戰爭結束後，蒙特內哥羅連同塞爾維亞和羅馬尼亞獲得國際承認的獨立地位，其統治的國土增加兩倍有餘，且獲得臨亞得里亞海的巴爾（Bar）港口。在外交方面，自 1879 年起，蒙特內哥羅陸續獲得俄、法、英、奧匈帝國、塞爾維亞、保加利亞，乃至美國和德國的承認，互相建立外交關係，並互派大使。1905 年蒙特內哥羅通過憲法，行君主立憲，並於 1906 年舉行首次的國會大選。國會中，主要有兩個政黨，首先於 1907 年成立的是「俱樂部黨」（Club Party），接著成立的為「真正國民黨」（Real National Party）。前者主張與塞爾維亞和生活在其他國家的塞爾維亞人，以及和俄國維持密切關係；後者則可稱為忠於王室的「保皇黨」。[6]

1910 年蒙特內哥羅公國晉升成為蒙特內哥羅王國，尼古拉一世（達尼洛一世的姪子，Nikola I Petrović-Njegoš）成為王國的首位國王，但也是最後一位國王。此時王國人口約有 30 萬人，其中的百分之八十生活於農村。尼古拉一世以和親政策，力求與義大利、俄羅斯和塞爾維亞保持密切關係，這讓蒙特內哥羅王國成為巴爾幹半島上，錯綜複雜

---

[6] Šerbo Rastoder, op.cit., p.125.

關係中一項不可忽視的變數。尤其是蒙特內哥羅臨亞得里亞海,透過緊密關係,讓覬覦亞得里亞海出海口日久的塞爾維亞,得以「掌握」住蒙特內哥羅。蒙特內哥羅雖然是一個獨立的王國,但內部支持民族運動的蒙特內哥羅人卻把自己看做是塞爾維亞人,主張合併兩個塞爾維亞人的國家;而王室和政府則堅持自有的歷史與自有的民族認同。[7]這兩種不同的主張自此影響蒙特內哥羅社會達百年之久。

1912 年在俄羅斯的主導下,蒙特內哥羅加入塞爾維亞與保加利亞合組的巴爾幹聯盟(Balkan League),聯盟的主要目標除了互相協防外,目的是要奪回鄂圖曼帝國在歐洲的占領地(科索沃、馬其頓、阿爾巴尼亞等地)。10 月 8 日蒙特內哥羅對鄂圖曼帝國宣戰,不久後,巴爾幹聯盟的國家也跟著加入戰爭。以塞爾維亞為主導的巴爾幹聯盟在戰爭中大有斬獲。由於鄂圖曼帝國國力日衰,交戰各方最後在 1913 年 5 月 30 日於倫敦簽署和平協議,結束第一次巴爾幹戰爭,鄂圖曼帝國失去在歐洲的大片土地。戰爭中,塞爾維亞除攻城掠地外,並自 1913 年 4 月起和蒙特內哥羅協商兩國合併成一個國家的可能性。

1914 年第一次世界大戰爆發,蒙特內哥羅以塞爾維亞盟友的身分,由國王發布動員令,徵召共 5 萬人的軍隊,於 8 月 6 日向奧匈帝國宣戰,正式參加第一次世界大戰。蒙特內哥羅的軍隊原本在塞爾維亞,協助抵抗奧匈帝國的進攻。1915 年奧匈帝國大反攻,塞爾維亞被打敗後,戰火蔓延到蒙特內哥羅境內。王室與政府遷移到波多戈里查(Podgorica)。1916 年 1 月,由於武器老舊、補給困難,以及人員不足等因素敗給奧匈帝國,政府發出和談訊息,但奧匈帝國要求無條件投降。1 月 19 日國王尼古拉和政府出走蒙特內哥羅,流亡到法國首都巴黎近郊的納依(Neuilly),25 日蒙特內哥羅簽署投降書,全境被奧匈帝國佔領。

蒙特內哥羅在法國的流亡政府所需的一切支出,由英法兩國政府支應,但在討論蒙特內哥羅的戰後未來時,王室與政府幾乎無置喙的

---

[7] Marie-Janine Calic, *Geschichte Jugoslawiens*, (München: Verlag C. H. Beck, 2020 2. Auflage), p.58.

餘地。當尼古拉國王提出返回蒙特內哥羅的要求時，協約國拒絕國王的提議（出自塞爾維亞的堅持），所持的理由是此舉會影響協約國在巴爾幹的作戰計畫。另一方面，俄國贊成蒙特內哥羅和塞爾維亞合併成一個由塞爾維亞卡拉喬傑維奇王朝（Karadjordjevic dynasty）統治的國家。大戰末期，協約國規劃由英法美義和塞爾維亞共同佔領蒙特內哥羅，法國對塞爾維亞合併蒙特內哥羅一事，並無反對意見，而義大利則支持尼古拉國王，反對塞爾維亞合併。大戰結束時，如協約國所計畫，英法美義塞等部隊共同佔領蒙特內哥羅，不同的是英法美義只佔領沿海地區，而塞爾維亞卻佔領蒙特內哥羅的內陸部分。1919 年 4 月起，英法美義相繼宣布放棄佔領，最後只剩塞爾維亞的部隊仍駐留在蒙特內哥羅。

　　第一次世界大戰導致四大帝國走入歷史，奧匈帝國解體後，遺留下的廣大土地上，出現奧地利、匈牙利、捷克斯洛伐克和南斯拉夫王國等國家。南斯拉夫王國是一個戰後的新興國家，它包含原先的塞爾維亞、克羅埃西亞和斯洛維尼亞。這樣一個三族成國的想法，在大戰期間甚為流行。不論是在倫敦成立的南斯拉夫委員會，或是奧匈帝國國會中來自塞爾維亞、克羅埃西亞和斯洛維尼亞的議員組成的南斯拉夫俱樂部，皆主張應該成立一個南斯拉夫的國家，只是這個南斯拉夫國家該呈現出甚麼樣的政治秩序，各方的意見不一。[8] 1917 年 7 月 20 日逃到柯孚（Korfu）的塞爾維亞政府簽署著名的柯孚宣言（Declaration of Korfu），在民族自決的基礎上，成立一個由塞爾維亞人、克羅埃西亞人和斯洛維尼亞人共同組成的君主憲政王國。[9] 1918 年 10 月和 11 月，克羅埃西亞與斯洛維尼亞的議會分別宣布與塞爾維亞合組成一個國家。

　　面對建立南斯拉夫國家的潮流，流亡在法國的蒙特內哥羅國王尼古拉一世，贊成與塞爾維亞建立一種聯邦制國家的關係。然而，塞爾維亞部隊進入蒙特內哥羅後，很快地成立一個「中央行政委員會」

---

[8] Marie-Janine Calic, op.cit., pp.75-77.
[9] Ibid., p.77；洪茂雄著《南斯拉夫史—巴爾幹國家的合與分》，（台北：三民書局，2019），頁 122。

(Central Executive Committee), 辦理兩國合併事宜。行政委員會隨即發出舉行國民大會（Grand National Assembly）的選舉公告，共將選出165位代表，決議合併事宜。1918年11月24日國民大會代表齊聚波多戈里查，而非王國的首都策提內（Cetinje），先是決議罷黜國王尼古拉一世，後於11月26日決議與塞爾維亞統一成一個國家。[10]12月1日塞爾維亞攝政王亞歷山大一世（Aleksandar Karadjordjevic）在貝爾格勒，宣布成立「塞爾維亞人、克羅埃西亞人、斯洛維尼亞人王國」。1919年1月王國派出代表團到巴黎，參加巴黎和會，另一方面希望取得各國對它的國家承認。美國於2月首先承認王國，5月王國代表簽署巴黎和約，6月英國和法國相繼承認這個新的王國。隨著新王國的建立，蒙特內哥羅王國走入歷史，蒙特內哥羅人成為塞爾維亞人的一個分支。

兩次大戰之間，南斯拉夫國王亞歷山大一世卡拉喬爾傑維奇，儘管身為蒙特內哥羅尼古拉國王的曾孫，卻完全反對蒙特內哥羅為一個獨立國家的主張，視其為王國內一處落後的地區；[11]但南斯拉夫共產黨卻支持蒙特內哥羅人，認為他們和塞爾維亞人、克羅埃西亞人一樣，具有平等的權利地位。由於在狄托領導之南斯拉夫游擊隊對抗德軍的戰爭中，蒙特內哥羅人大有貢獻，以及也了解到蒙特內哥羅人對新地位的渴望，遂在成立南斯拉夫社會主義聯邦共和國（Socialist Federal Republic of Yugoslavia）時，給予蒙特內哥羅和其他族群一樣的平等地位，將其建立為第六個共和國。[12]這一項決定雖帶有平息蒙特內哥羅內部對「獨立或統一」的爭議，這一項決定也只是讓蒙特內哥羅成為南斯拉夫體制內一個獨立的共和國，而不是一個獨立於體制外的國家。[13]

---

[10] Šerbo Rastoder, op.cit., pp.128-130.
[11] 南斯拉夫王國的統治者向來否認存在不同民族，在王國內，只有一個國家、一個王國和一個民族，而蒙特內哥羅人為塞爾維亞人的一支。見：孔寒冰著《東歐史》，（上海：人民出版社，2010），頁201。
[12] Mladen Dragasevic, op.cit.
[13] Jelena Dzankic, "Cutting the mists of the Black Mountain: Cleavages in Montenegro's divide over statehood and identity", Soeren Keil (ed.), *State-building in the Western Balkans – European Approaches to Democratization*, (London and New York: Routledge, 2014), p.73.

狄托領導的南斯拉夫國度內,蒙特內哥羅於政治、經濟和軍事占有不少的高階位子,由於之前為一處低度開發的地區,也定期獲得中央大量的補助,開啟首次的工業化。[14]

當上一世紀1990年代初,克羅埃西亞、斯洛維尼亞和馬其頓等共和國陸續脫離前南斯拉夫社會主義聯邦共和國,並獲得國際承認後,蒙特內哥羅選擇與塞爾維亞站在一起,並於1992年2月將國名更改為南斯拉夫聯邦共和國(Federal Republic of Yugoslav),以繼承南斯拉夫社會主義聯邦共和國的國際地位。為此,蒙特內哥羅於3月1日舉行國家地位的公投,結果是95.96%的公民贊成與塞爾維亞組成聯邦。此次的國家地位公投,相當於蒙特內哥羅公民在與塞爾維亞結盟或自我獨立之間,做出的首次民主選擇。儘管投票公民以壓倒性多數同意與塞爾維亞結盟,但投票率卻只有66%。原因在於贊成獨立的一方連同穆斯林和克裔等少數族群在內,同時杯葛公投。[15]依據蒙特內哥羅1991年的人口調查,自認為蒙特內哥羅人的有61.8%。其次是穆斯林人有14.6%,第三為塞爾維亞人9.3%,其後為阿爾巴尼人6.7%,南斯拉夫人4.2%,以及其他少數族群。[16]以人口調查的族群比例分布和公民投票的結果來看,蒙特內哥羅對族群與國家的認同,存在著雙元性(national homo duplex),亦即蒙特內哥羅人與塞爾維亞人無異,且認同與塞爾維亞人共同組成的國家。[17]

不過,站在塞爾維亞那邊的政策,在1990年代中期開始產生變化。它的導火線是波士尼亞戰爭期間,聯合國對南斯拉夫聯邦的全面禁運措施,直接使蒙特內哥羅受害。[18]起先蒙特內哥羅參與塞爾維亞一方,攻

---

[14] 南斯拉夫曾從1964年到1990年之間,設立發展基金(Fund for the Development of the Under-developed Republics),補助發展落後的共和國。
[15] Mladen Dragasevic, op.cit. p.7.
[16] Martina Boden, op.cit., p.154.
[17] Jelena Dzankic, op.cit., p.74.
[18] 聯合國對其南斯拉夫的禁運(懲罰)措施,可分為兩個階段:第一階段為波士尼亞戰爭期間,安理會通過上百個決議案,針對前南斯拉夫(包括塞族共和國)採取各項禁運、禁航措施;第二階段為科索沃戰爭期間,聯合國和歐盟亦對前南斯拉夫採取各項禁運措施。

打克羅埃西亞杜布羅尼克（Dubronik），以及在波士尼亞戰爭中，支持塞爾維亞。1996 年由蒙國總統布拉托維奇（Momir Bulatović，塞裔）領導的社會民主黨（Democratic Party of Socialists），贏得蒙國國會大選後，宣布繼續與塞爾維亞合組成國家。1997 年蒙國舉行第五次總統大選前夕，執政黨卻發生分裂。布拉托維奇被撤除黨主席一職，但仍繼續參選，其競爭對手為擔任總理，立場親西方的同黨同志久卡諾維奇（Milo Djukanović）。這一次總統大選被歐安組織選舉觀察團評價為過程平順，且選舉結果可反映出選民的意志。[19]由於 10 月 5 日的第一次投票結果（投票率為 68%），未有人的得票率達 50%以上，10 月 19 日進入第二回投票。在投票率高達 73%之下，挑戰者久卡諾維奇贏得總統大選。贏得大選的久卡諾維奇要求調整蒙特內哥羅與塞爾維亞之間的關係，兩者必須處於權利平等的地位。再者，以久卡諾維奇為首的部分黨內人士，逐漸思考蒙特內哥羅獨立於塞爾維亞之外的可能性。另一些仍保持與塞爾維亞站在一起，並支持米洛塞維奇的部分人士（如布拉托維奇），最後脫黨，自行成立社會人民黨（Socialist People's Party）。[20]1997 年可以視為是蒙特內哥羅與塞爾維亞分離，走向獨立的起點。

1998 年科索沃戰爭爆發後，蒙特內哥羅不似 1990 年代初期，積極參與塞爾維亞對抗分離主義的戰爭，而是改採中立政策，並接納為數約 7 萬人的科索沃阿爾巴尼亞裔難民。即便如此，蒙特內哥羅境內離首都不遠處的機場和軍事設施，還是陸續成為北約空襲的主要目標。[21]蒙特內哥羅政府並不承認這一場戰爭，但北約的空襲卻使親西方的久卡諾維奇陷入窘迫的狀態。久卡諾維奇呼籲北約停止空

---

[19] 見：OSCE/ODIHR, Republic of Montenegro (Federal Republic of Yugoslavia) Presidential Election 5th and 19th October 1997 Final Report, in: https://www.osce.org/files/f/documents/6/6/15065.pdf (2022/12/03)

[20] 見：BalkanInsight, "Key Political Parties in Montenegro", September 27, 2010, in: https://balkaninsight.com/2010/09/27/who-is-who-political-parties-in-montenegro/ (2022/12/03)

[21] 見：William Booth, "NATO Bombs Hit Montenegro Homes", Washington Post, Monday 3, 1999, in: https://www.washingtonpost.com/wp-srv/inatl/longterm/balkans/stories/montenegro050399.htm (2022/12/03)

襲蒙特內哥羅，因為空襲「會使支持米洛塞維奇的政黨獲得更多的民意。」[22]

另一方面，空襲和民眾傷亡卻讓蒙特內哥羅和塞爾維亞的關係逐漸惡化，久卡諾維奇除了批評米洛塞維奇對科索沃的阿裔民眾施加暴行，並指出駐紮在蒙特內哥羅的前南斯拉夫軍隊企圖奪取政府的權力外，其支持者要求，必須與塞爾維亞重新協議共組聯盟一事。當然蒙特內哥羅境內也不乏支持塞爾維亞的聲音，如前總統布拉托維奇的陣營就要求，應該展現出支持塞爾維亞的愛國主義。[23]蒙特內哥羅與塞爾維亞開始分道揚鑣，走向獨立的傾向越來越明顯。

為了嚇阻蒙特內哥羅的分離潮流，塞爾維亞以經濟封鎖和武力威脅雙管齊下的方式對蒙特內哥羅施加壓力。[24]主掌塞爾維亞的米洛塞維奇意欲在處理完科索沃問題後，再來解決蒙特內哥羅的分離問題。不過，蒙特內哥羅總統久卡諾維奇在公私場合中多次表示，「蒙特內哥羅留在南斯拉夫裡的先決條件是米洛塞維奇下台」、「只有當貝爾格勒出現一個民主的親西方政府時，蒙特內哥羅未來才有可能留在南斯拉夫」，以及「應該以邦聯來取代聯邦體制」。[25]

1999年北約對塞爾維亞的大舉轟炸，不僅重創塞爾維亞，總統久卡諾維奇更引進德國馬克（Deutsche Mark）作為官方貨幣、實施自主的關稅、匯率和外貿政策，以及開放西方人士免簽進入蒙特內哥羅等，以實質的獨立狀態，來對抗塞爾維亞的經濟封鎖。總統久卡諾維奇的執政黨甚且杯葛參加 2000 年舉行的南斯拉夫聯邦國會大選，另一方面，親塞爾維亞的反對黨大眾黨（Popular Party）和社會主義大眾黨（Popular Socialist Party）卻執意參加該項選舉。選舉結束後，社會主

---

[22] Ibid.
[23] Stevan K. Pavlowitch, *Serbia – The History behind the Name*, (London: C. Hurst & Company, 2002), p.220.
[24] Boris Kalnoky, "Montenegro sucht die Entscheidung", *Die Welt*, 03. July 1999, in: https://www.welt.de/print-welt/article575964/Montenegro-sucht-die-Entscheidung.html (2022/12/04)
[25] Ibid.

義大眾黨進入南斯拉夫聯邦的政府內閣,且得到總理與國防部長的職位,此舉讓執政的社會民主黨更堅定走上獨立的道路。[26]

科索沃戰爭結束後,米洛塞維奇下台且被捕,並送上海牙的國際法庭之後,蒙特內哥羅的分離(或者獨立)主張正式浮上檯面。2001年秋天,蒙特內哥羅有意在隔年春天舉行獨立公投,以民意表決方式正式宣告脫離塞爾維亞。然而,蒙特內哥羅的計畫卻引起歐盟的憂慮,擔心此舉將引發波士尼亞或科索沃等地區的仿效,以致巴爾幹地區又陷入前南斯拉夫式的「分裂大戲」。[27]為阻止公投成真,歐盟共同外交暨安全政策高級代表索拉納前往貝爾格勒,以提供補助和可能的入盟(加入歐盟),來和蒙特內哥羅協商。2002年2月,索拉納提出一份以奧匈帝國(1867-1918)為模式的新憲法草案。在此基礎上,塞爾維亞、蒙特內哥羅、南斯拉夫等三方,於歐盟代表的見證下,3月14日在貝爾格勒簽訂《貝爾格勒協議》(Belgrader Agreement)。[28]三方在協議中同意各派9名代表組成憲法委員會,並於年底提出新憲法草案。[29]新憲法草案如期於2002年年底提出,塞爾維亞和蒙特內哥羅的議會分別於2003年1月27日和29日,通過該憲法草案。南斯拉夫聯邦議院於2月4日通過新憲法草案後,立即生效實施。

新憲法(Constitutional Charter of Serbia and Montenegro)將國家體制定位為具有邦聯性質的聯邦國家,國名直接冠上「國家聯盟」(State Union)字樣,亦即由兩個分子國所組成的國家聯盟。聯邦層面設有四個聯邦機關:總統(一任四年)、部長委員會(五個部)、聯邦議會(一

---

[26] Corinne Deloy, "Referendum on independence in Montenegro, 21st May 2006", Fondation Rebert Schumam, in: Referendum on independence 2006 Montenegro (robert-schuman.eu) (2022/12/04)

[27] Mihailo Crnobrnja,許綬難譯《南斯拉夫分裂大戲》,(台北:麥田出版社,1999)。

[28] 該協議的正式名稱為:Proceeding Points for the Restructuring Relations Between Serbia and Montenegro。

[29] Andreás Jakab, "Die Verfassungscharta von Serbien und Montenegro", in: *Zeitschrift für ausländisches öffentliches Recht und Völkerrecht*, 63(2003), pp.802-803, in: https://www.zaoerv.de/63_2003/63_2003_3_b_801_816.pdf (2021/06/26)

任四年），以及聯邦（憲法）法院。這四個機構的設置充分顯露出兩個分子國之間的平衡式對抗，主要乃是蒙特內哥羅想方設法避免受到塞爾維亞的多數宰制；如總統只能輪流擔任，不可連兩次都由同一分子國人士出任；五個部長中，分子國的擔任比例為 3：2，且總統只能和 2 位部長同一國籍；外交部長和國防部長不得為同一國籍人士；部長和副部長也不可為同一國籍，在任兩年後，正副部長的位子交換。法院法官的人數，兩國相等。國會共 126 席，塞爾維亞 91 席，蒙特內哥羅 35 席。國會議長不得和總統同一國籍，議長和副議長也不得同一國籍。議案表決為簡單多數決，但須同時滿足兩個分子國代表也各自超過多數。換言之，91 票對 35 票，該議案是不通過的。此一規定自然對蒙特內哥羅有利，同時也彰顯兩個分子國平等且獨立的特性。[30]

新憲法所呈現的國家體制是一個被揶揄為「沒有總理的聯邦國家」，而且是一個由索拉納所催生出來的國家（Solanija）。這個新國家的未來並不被看好[31]，更有甚者憲法第 60 條即已埋下分離的可能性：兩個分子國留在這個新國家最少三年（至 2005 年 3 月），三年後有權決定脫離此一國家聯盟，而且只能以公民投票的方式來決定去留。

儘管蒙特內哥羅和塞爾維亞使用相同的語言，有著幾乎無法分割的歷史、文化和宗教的鏈結，新憲法實施後，蒙特內哥羅幾乎走上和塞爾維亞相反的道路。兩個共和國雖在國家名稱上顯示出結合在一起的狀態（Serbia and Montenegro），但卻各行其是。如在世界貿易組織（World Trade Organization），兩個共和國以經濟區的方式，各自參加；又如蒙國先前引進德國馬克為官方貨幣，後又引進歐元（2002 年），而塞爾維亞仍以「迪納爾」（Dinar）為官方貨幣；又如在與海牙戰爭法庭的合作態度上，蒙國採合作，而塞爾維亞多數民眾則反對合作。[32]2004

---

[30] Andreás Jakab, ibid.
[31] 兩者的結合被稱為是「被強迫的政治聯姻」，見：Jens Reuter, "Serbien auf dem Weg nach Europa", Jens Becker and Achim Engelberg, *Serbien nach dem Kriegen*, (Frankfurt am Main: edition suhrkamp, 2008), pp.303-307.
[32] Bahri Cani, "Unabhängigkeit oder Konföderation?, Deutsche Welle, 14.10.2004, in: https://www.dw.com/de/unabh%C3%A4ngigkeit-oder-konf%C3%B6deration/a-1361495 (2022/12/05)

年蒙特內哥羅通過《國家象徵法》(Law on the State Symbols)，在國歌、國旗，乃至紋章（coat of arms）等國家象徵性方面，採取連結 1918 年以前的歷史，而去塞爾維亞化的規定。[33]此種表面在一起，實際上兩方分道揚鑣的狀態，讓兩個共和國合組成的國家聯盟無異於一具行屍走肉的「屍體」(corpse)。[34]

蒙國內部對究竟是走上自己的道路，抑或與塞爾維亞「團結」在一起的問題，呈現出分歧的看法：部分塞裔人士主張維持新國家體制（亦即與塞爾維亞結合的國家聯盟）為處理兩國未來關係的最佳方案，而執政的社會民主黨則鼓吹兩個獨立國家的鬆散結合乃是蒙特內哥羅的未來。[35]尤其是總統久卡諾維奇堅決主張，假若找不到可以和平分手的方案，蒙特內哥羅將於三年到期後，舉行公民投票。蒙國為舉行公投一事，除了內部的討論之外，久卡諾維奇尚且走訪歐洲主要國家（如奧地利、德國、俄羅斯等），希冀得到這些國家的支持。不過，這些國家對舉行公投一事，表現出模稜兩可的態度。

依照蒙國方面設定的公投行程，國會將於 2006 年 2 月舉行會議討論公投事宜，4 月底舉行公民投票。為化解公投所可能帶來的區域衝擊，尤其是公投決定獨立一事，可能為科索沃內部的塞裔人士，或是北馬其頓境內的阿爾巴尼亞人帶來具示範性的效果，歐盟於 2006 年 1 月派遣特使斯洛伐克籍外交官 Miroslav Lajčák 前往波多戈里查，分別會晤政府官員與反對黨，了解雙方的歧異，並商討舉辦公投的必要先決條件。[36]在歐盟特使的協調下，蒙國各黨派得出的妥協方案是，由國會通過公投特別法來規範與執行公投事宜。而公民投票的門檻則以歐

---

[33] Jelena Dzankic, op.cit., pp.80-82.
[34] 屍體（corpse）一詞出自蒙特內哥羅前外長 Miodrag Vlahovic，見：Pascale Joannin, "Referedum on independence in Montenegro, 21st May 2006", in:https://www.robert-schuman.eu/en/eem/0520-referendum-on-independence-in-montenegro-21st-may-2006 (2021/06/23)
[35] Patrick Moore, "Former Yugoslavia: The Uncertain Journey Ahead", December 03, 2005, in: https://www.rferl.org/a/1063429.html (2022/12/05)
[36] RadioFreeEurope, EU Envoy In Montenegro To Discuss Referendum Plans, January 12, 2006, in: https://www.rferl.org/a/1064634.html (2022/12/04)

盟特使提出的建議為主。[37]歐盟的建議是公民投票有 50%以上的投票率，且同意票在 55%以上，如此公民投票過程才具有正當性，歐盟才會認可投票的結果。對這一個門檻，塞爾維亞的公共行政暨地方自治部（Public Administration and Local Self-Government）部長龍夏爾（Zoran Lončar）再添上一個小門檻，亦即必須有登記在冊的半數選民以上，而非僅參與投票的選民，決定脫離塞爾維亞，塞爾維亞才會承認蒙特內哥羅的獨立。[38]塞爾維亞提出的條件雖等同於拒絕歐盟特使的提議，但此條件對蒙特內哥羅的公投卻無拘束力。

就一般所理解的民主多數決原則來說，多數的定義為 50%以上，而歐盟指定的 55%，顯然與一般理解的不同，55%應該是歐盟有意對蒙特內哥羅公投所施加的難題。[39]在特定的情況下（如 54.3%），55%門檻可能會產生少數勝過多數的結果，違背眾所週知的民主多數決原則。然而，蒙國總統武亞諾維奇（Filip Vujanovic）[40]卻表示：「無論如何，事情必須依照布魯塞爾所要的來做，因為歐盟是蒙特內哥羅的未來。」[41]

外界的疑慮並沒有動搖蒙特內哥羅舉行公投的決定，蒙特內哥羅國會於 3 月 1 日經 60 位議員投票同意，10 位反對的投票結果下（另有 5 位議員缺席），通過舉行公投的公投特別法。總統武亞諾維奇宣布將於 5 月 21 日舉行獨立公投。這次公投題目只有一題：「你贊成蒙特內哥羅共和國成為一個擁有完整之國際與法人人格的獨立國家」。為籌備與執行公投事宜，特別成立三個層級的公投委員會：中央、區與地方。中央公投委員會（Republican Referendum Commission）設主席一

---

[37] 執政黨認為應該採行簡單多數決，而反對黨則認為同意票必須要超過選民名單一半以上，才能算成案。由於雙方僵持不下，歐盟特使才提出變形多數決的建議。

[38] 見：RadioFreeEurope, "Serbia Rejects EU Advice On Montenegro's Independence Vote, February 16, 2006, in: https://www.rferl.org/a/1065861.html (2022.12.05)

[39] 蒙特內哥羅原本不接受歐盟的 55%門檻，後在歐安組織表示，若蒙特內哥羅不接受該門檻，則歐安組織拒絕派遣選舉觀察團到蒙特內哥羅進行選舉觀察，蒙國才勉強同意接受該門檻。見：Jens Reuter, op.cit., p.305.

[40] 武亞諾維奇於 2003 年至 2018 年之間擔任蒙特內哥羅的總統；而之前擔任總統的久卡諾維奇於 2003 年到 2006 年之間擔任總理。

[41] Corinne Deloy, op.cit.

人和委員 16 人，經蒙國執政黨與反對黨妥協後，同意主席由歐盟特使推薦知名之國際公正人士，由國會任命；[42]而 16 個委員則平均分配給贊成或反對獨立的政黨提名任命。區公投委員會（Municipal Referendum Commission）共有 21 個，每個委員會設 10 名委員，地方投開票所（polling boards）共 1,118 處，每處設 6 名委員。這兩個委員會的委員亦由政黨提名任命。[43]

蒙特內哥羅的社會在獨立與否的議題上，明顯呈現出兩個互相對立的陣營：贊成獨立與贊成國家聯盟。前者是由執政黨社會民主黨主導的陣營，其中包括社會民主黨（Social Democratic Party）、自由黨（Liberal Party），以及少數族群組成的政黨，如阿裔的民主聯盟（Democratic Union Albanians）和波士尼亞裔的波士尼亞黨（Bosniak Party）。另一方為支持與塞爾維亞合組成國家聯盟的陣營，亦即反對蒙國的獨立，這一陣營多由塞裔政黨組成，包括人民黨（People's Party）、塞爾維亞人民黨（Serbian People's Party）、民主黨（Democratic Party），以及一個由波士尼亞裔非官方組織所組成的聯盟。[44]這兩個陣營不僅對公投議題，採取互相對立的立場，彼此之間也缺乏互信，這從中央公投委員會主席的提名任命方式與各級委員會委員的平均分配原則即可看出。

依據 2003 年的人口調查顯示，67 萬人口中，約有 43%認為自己是蒙特內哥羅人，32%自認為是塞爾維亞人，波士尼亞穆斯林有 14%、阿爾巴尼亞人 7%、克羅埃西亞人和吉普賽人皆為 1%。少數族群似乎成為蒙國獨立與否的關鍵所在。這一情形讓支持國家聯盟，亦即支持與塞爾維亞合組國家的政黨，曾經提議禁止少數族群擁有公投投票權。[45]此一提議最後並未成真，少數族群中，以贊成獨立的居多。[46]

---

[42] 歐盟特使最後推薦斯洛伐克籍外交官 František Lipka 出任中央公投委員會主席。主席的任務除主持會議外，在議案因票數相同而無法決議時，擁有最終的決定權。

[43] 見： OSCE/ODIHR, Republic of Montenegro Referendum on State-Status 21 May 2006, in: https://www.osce.org/files/f/documents/f/0/20098.pdf (2022/12/05)

[44] Ibid.

[45] Corinne Deloy, op.cit.

[46] Ibid.

蒙國內部對獨立與否的理由，皆從過往歷史去尋找獨立與否的正當性，如一向贊成獨立的久卡諾維奇認為，獨立是要直接鏈結1918年被併入塞爾維亞之前的蒙特內哥羅王國，「享受」那時的國家（獨立）主權；反對黨社會人民黨則從現實社會的角度出發，宣稱贊成獨立的一小群人，只是為了個人利益而已，卻以傷害蒙特內哥羅和塞爾維亞之間傳統的兄弟情誼為代價；如果和塞爾維亞在一起，加入歐盟的腳步會更快。[47]

由於歐安組織自1997年起即派遣選舉觀察團，進入蒙特內哥羅觀察歷屆的選舉，此次的公投自也不例外。受到蒙國國會的邀請，歐安組織於2006年3月初派遣一個需求評估任務團（Needs Assessment Mission），到蒙國進行公投前的環境評估，以便對後續籌組選舉觀察團一事，提出建議案。[48] 3月底，歐安組織即派出一個29位專家組成的長期選舉觀察團，到首都波多戈里查和6個地區辦公室，就公投法規、政治與社會環境、媒體、選戰宣傳等，進行全面性的選前觀察。5月21日在歐安組織民主辦公室部署的公投觀察任務團（Referendum Observation Mission），總共約500位國際選舉觀察員的注視下，蒙特內哥羅如期舉行並順利、和平地完成獨立公投。[49]這次的公投過程被稱為符合歐安組織與國際規範。公投結果，投票率為86.5%，贊成票55.49%，低空飛過歐盟設定之贊成票55%的門檻。針對公投結果，俄羅斯外長和塞爾維亞總統塔迪奇（Boris Tadic）皆表示接受公投結果，認為是選民自由意志的表現。[50]不過，美國駐歐安組織代表團表示，蒙

---

[47] 見：RadioFreeEurope, "Montenegro: Voters To Decide On Independence", May, 18, 2006, in: https://www.rferl.org/a/1068484.html (2022/12/05)

[48] 見：OSCE/ODIHR, Needs Assessment Mission Report, 7-6 March 2006, in: https://www.osce.org/files/f/documents/9/c/18431.pdf (2022/12/05)

[49] 見：OSCE/European Parliament/Council of European, International Referendum on State-Status, Republic of Montenegro (Serbia and Montenegro) 21 May 2006, Podgorica 22 May 2006, in: https://www.osce.org/files/f/documents/0/2/19199.pdf (2022/12/05)

[50] 見：RadioFreeEurope,"Complete Vote Count Confirms Montenegro Independence", May 23, 2006, in: https://www.rferl.org/a/1068577.html (2022/12/05)

特內哥羅和塞爾維亞必須合力處理公投所帶來的社會和諧（social harmony）問題。[51]

6月3日蒙特內哥羅宣布獨立，正式脫離與塞爾維亞共同組成的國家聯盟。6月12日歐盟正式承認蒙特內哥羅的獨立地位。塞爾維亞經過數日的遲疑後，最終於15日承認蒙特內哥羅獨立的事實。歐安組織在經過一週的「沉默程序」（silence procedure），無參與國提出異議後，於6月21日一致同意蒙特內哥羅加入歐安組織，成為第56個參與國。翌日，加爾塞維奇（Vesko Garčević）以蒙特內哥羅駐歐安組織代表團大使的身分，參加常設理事會會議。[52]而原本塞爾維亞與蒙特內哥羅合組的國家聯盟在常設理事會中的席位，由塞爾維亞繼承，國名直接更改為塞爾維亞。28日蒙特內哥羅加入聯合國，成為聯合國第192個會員國。

蒙特內哥羅以公民投票方式，脫離與塞爾維亞合組的國家聯盟，成為前南斯拉夫的共和國當中，繼1991年的北馬其頓之後，以和平方式，沒有經過戰爭而分離的國家。[53]這一個和平的途徑被視為是解決歐安組織區域內「被凍結的衝突」（frozen conflict）的可能方式之一。[54]不過，曾任歐安組織輪值主席的比利時外長戴古赫特（Karel De Gucht）

---

[51] 見：United States Mission to the OSCE, "Statement on the Conduct of May 21st Montenegro Independence Referendum", Vienna May 25, 2006, in: https://www.osce.org/files/f/documents/9/c/19377.pdf (2022/12/05)

[52] 在此新職之前，加爾塞維奇擔任塞爾維亞與蒙特內哥羅國家聯盟駐歐安組織代表團的大使。此次履新，事實上並非新職，而是以新的身分與會。

[53] 1991年9月北馬其頓公民以96%的同意票，公投贊成脫離前南斯拉夫。數日後，前南斯拉夫國民軍完全撤出北馬其頓，避免掉一場因分離而可能發生的武裝衝突。不過，1999年科索沃爆發衝突後，戰火蔓延入北馬其頓。科索沃民族解放軍進入北馬其頓後，曾與政府部隊發生武裝衝突。最後在歐盟的調解之下，雙方同意停火。

[54] 歐安組織區域內被凍結的衝突，指的是亞美尼亞和亞塞拜然之間的納格羅-卡拉巴赫、喬治亞共和國的南奧塞提亞與阿布哈茲，以及莫爾多瓦的涅斯特河沿岸區等三地區，至今（部分尚）未能解決的衝突。參閱：吳萬寶著《歐洲安全暨合作組織與被凍結的衝突》，（新北市：淡江大學出版中心，2024）。

認為，蒙特內哥羅的例子之所成功，乃是相關各方都接受解決問題的方法與尊重最後的結果，也唯有在滿足這兩個條件下，才能順利且和平解決衝突。[55]戴古赫特的言下之意是，歐安組織區域內的三個被凍結的衝突地區，並不具備和蒙特內哥羅相同的先決條件。

　　2007年10月在歐安組織民主辦公室、歐洲理事會，以及聯合國相關組織的協助下，蒙特內哥羅國會通過獨立後的新憲法。新憲法將蒙特內哥羅定位為一個以法治為基礎之文明（civil）的、民主的、生態的和社會正義的國家；且其領土是統一和不可分割的，異言之，日後不可能再與塞爾維亞合組成國家聯盟。蒙特內哥羅的國體採共和，政府體制為接近半總統制。總統經普選產生，一任五年，得連任一次。國會採一院制，共81席，經普選產生。[56]

　　脫離塞爾維亞，走上自己道路的蒙特內哥羅，在社會民主黨帶領下，採親西方的政策，於2007年5月加入歐洲理事會，成為第47個會員國；也申請加入歐盟與北約。蒙特內哥羅的優先政策乃是加入歐盟，目前和塞爾維亞、阿爾巴尼亞等國，同為歐盟的候選國（candidate country）。在北約方面，2006年獲准加入「和平夥伴計畫」（Partnership for peace），經過10年的磨合後，最終於2017年加入北約。不過，蒙特內哥羅內部對加入北約一事，民意調查的結果卻與政府的積極路線不同（見表8）。蒙特內哥羅非政府組織「民主與人權中心」（Center for Democracy and Human Rights）的年度意見調查顯示出，歐盟比北約更受到受訪者的青睞。對北約之所以持拒絕態度居多，與受訪者對科索沃戰爭期間，北約轟炸前南斯拉夫（包括蒙特內哥羅在內），所留下的負面印象有關；再者，親俄羅斯和塞爾維亞也容易形成對北約的印象不佳。2020年國會大選時，主要反對黨「為蒙特內哥羅的未來」（For the Future of Montenegro）聯盟中的民主陣線（Democratic Front），即在

---

[55] 見：RadioFreeEurope, "OSCE: De Gucht Discusses Montenegro Referendum, Frozen Conflicts", May 23, 2006, in: https://www.rferl.org/a/1068578.html (2022/12/05)

[56] 見：Constitute, Montenegro's Constitution of 2007, 27 April 2022, in: https://www.constituteproject.org/constitution/Montenegro_2007.pdf (2022/12/05)

選戰中主張親俄與退出北約的政策。[57]不過值得注意的是，贊成成為北約會員國的受訪者比例（46.3%），於 2021 年以較大差距，超過不贊成的比例（30.9%）。

表 8：蒙特內哥羅受訪民眾對北約與歐盟的意見調查

問題：成為北約會員國或支持該組織			
北約	贊成	不贊成	無意見
2015	36.3	37.3	26.1
2016	37.1	36.4	26.5
2017	38.7	39.8	21.5
2018	40	42	18
2020	38	41	21
2021	46	31	23
問題：成為歐盟會員國或支持該組織			
歐盟	贊成	不贊成	無意見
2015	63.3	23.2	13.5
2016	61.5	24.5	13.8
2017	56.1	23.2	20.7
2018	63	19	18
2020	54	24	22
2021	71	12	17

*資料來源：蒙特內哥羅民主與人權中心（Center for Democracy and Human Rights）https：//www.cedem.me/en/publikacije/public-opinion-research/（2022/04/26）
**筆者自行整理

---

[57] 見：Samir Kajosevic, "Montenegro Holds Elections in Shadow of National Identity Crisis", *BalkanInsight*, August 28, 2020, in: https://balkaninsight.com/2020/08/28/montenegro-holds-elections-in-shadow-of-national-identity-crisis/ (2022/12/05)

第二節　蒙特內哥羅任務團

　　蒙特內哥羅與歐安組織的關係建立，其實還不算太久遠，迄今只有約 20 年的時間。兩者的互動可以分成三個時期：「波多戈里查辦公室」時期、南聯盟時期，以及全權參與國時期。[58] 2006 年蒙特內哥羅公投決議獨立之前，蒙特內哥羅和塞爾維亞先後組成三種不同形式的國家型態。在南斯拉夫社會主義聯邦共和國時期，蒙特內哥羅可說是透過前南斯拉夫而參與歐安組織。但在波士尼亞戰爭期間，前南斯拉夫因犯下嚴重違反歐安組織規範和義務承諾的人權事件，被當時的資深官員委員會停權。一直到 2000 年 11 月，才因塞爾維亞內部的情況已有大幅改善才取消停權。

　　停權期間歐安組織和前南斯拉夫之間仍有不定期的對話，彼此討論科索沃長期任務團重回科索沃，以及前南斯拉夫重返歐安組織的可能等事宜。可以這麼說，停權期間歐安組織與前南斯拉夫曾進行對話，但任務團無法重返前南斯拉夫，而只有 1997 年民主辦公室在波多戈里查設立的臨時辦公室（ODIHR Office in Podgorica），成為唯一駐前南斯拉夫的歐安組織機構。2001 年歐安組織常設理事會決議成立並派遣南聯盟任務團，翌年波多戈里查辦公室納入南聯盟任務團。2006 年蒙特內哥羅獨立後，歐安組織成立蒙特內哥羅任務團，波多戈里查辦公室停止運作，其人員與經費全轉入該任務團。

一、波多戈里查辦公室

　　歐安組織與蒙特內哥羅的關係建立起點，是從民主辦公室派遣選舉觀察團開始的。1997 年蒙特內哥羅舉行第五屆總統大選，蒙國國會議長馬洛維克（Svetozar Marovic）邀請民主辦公室到蒙國進行選舉觀

---

[58] Vesko Garčević, "Montenegro und die OSZE", in: IFSH (ed.), *OSZE-Jahrbuch 2007*, (Baden-Baden: Nomos Verlagsgesellschaft, 2007), pp.111-124.

察。民主辦公室組成一支來自 23 個參與國，共 61 位專家的選舉觀察團，赴蒙特內哥羅進行長短期的選舉觀察。[59]本次的總統大選過程與結果，被專家評價為過程平順，且結果能反映出選民的意志。[60]就選舉法規與選舉過程，辦公室的選舉報告雖提出許多應改進的項目，如選民登記不實、郵寄投票無法執行、無法讓國際與本地選舉觀察員參與選舉的所有過程等，但選舉本身對蒙特內哥羅的民主化和民主鞏固帶來正面的效益。總統大選過後，民主辦公室設立具臨時性質的波多戈里查辦公室，以協助派駐該地的長期選舉觀察員執行任務。

　　1998 年 5 月蒙特內哥羅舉行國會大選，受蒙國國會議長之邀，歐安組織輪值主席波蘭外長格瑞米克（Bronislaw Geremek）委任歐安組織國會代表大會主席盧培瑞茲（Javier Ruperez）為輪值主席個人代表，帶領選舉觀察團到蒙特內哥羅觀察該次的大選情形。格瑞米克認為這次的選舉觀察將會是歐安組織支持歐蒙特內哥羅民主化的有力象徵。[61]大選結束後，與國會代表大會共同組成選舉觀察團的民主辦公室，提出選舉觀察最後報告書，認為此次的國會大選「執行良好，比之前舉辦過的選舉更有進步。此次選舉為邁向符合歐安組織規範的重要一步。」[62]此外報告書也提出多項選舉改革建議，其中一項建議為「選舉結束後，派一位專家長駐蒙特內哥羅，以協助落實上述（報告內）的各項改革建議。」[63]不過，受到科索沃戰爭的影響，臨時辦公室曾於 1999

---

[59] 長短期選舉觀察，長期指長駐該國觀察與選舉事務有關的過程，如立法、選務改革等；短期選舉觀察指的是於投票日前後，赴各地選區觀察選舉的進行。歐安組織派出的選舉觀察員，一般以短期觀察居多。
[60] 見：ODIHR, Republic of Montenegro (Federal Republic of Yugoslavia) Presidential Election 5th and 19th October 1997, in:
https://www.osce.org/files/f/documents/6/6/15065.pdf (2022/12/05)
[61] 見：OSCE, "OSCE underlines importance of elections in Montenegro", Warsaw 26 May 1998, in: https://www.osce.org/cio/52609 (2022/12/05)
[62] 見：OSCE/ODIHR, Republic of Montenegro (Federal Republic of Yugoslavia) Parliamentary Elections 31 May 1998, in:
https://www.osce.org/files/f/documents/0/b/15101.pdf (2022/12/05)
[63] Ibid.

年 2 月短暫關閉，直到 7 月 18 日才又再度運作。波多戈里查辦公室的規模不大，只有一位來自英國的辦公室主任葉慈（Julian Peel-Yates），5 位國際工作人員和 4 位當地雇員。[64]另外還有一位歐洲理事會的選舉觀察員也進駐波多戈里查辦公室。

波多戈里查辦公室的主要任務為選舉觀察和協助落實選舉改革，除此之外，它還從事類似任務團的任務，如與政府官員、反對黨或市民組織保持聯繫、分析和觀察民主政治發展等；也參與民主化方面有關的司法改革、性別議題、媒體、城市治理等多項計畫與活動。[65]

二、南聯盟時期波多戈里查辦公室

科索沃戰爭結束後，隨著米洛塞維奇下台與被捕，南聯盟的對外與國際關係逐漸「正常化」。2000 年 10 月 26 日，南聯盟加入歐盟的東南歐穩定公約，11 月 2 日加入聯合國，6 日南聯盟總統柯斯圖尼查（Vojislav Koštunica）遞交親筆函給輪值主席，表達願意加入歐安組織。11 月 10 日歐安組織常設理事會歡迎南聯盟成為第 55 個參與國，並決議派遣一個報告員任務團（Rapporteur Mission）到塞爾維亞，觀察和紀錄南聯盟的制度與環境，與歐安組織相關規範的符合程度，並為後續可能成立的長期任務團提供建議。

2001 年 1 月常設理事會決議成立南聯盟任務團[66]，總部設於貝爾格勒，波多戈里查辦公室（此際尚編制於民主辦公室內）納入南聯盟任務團，辦公室主任的位階提升為副團長層級。南聯盟任務團主要協助改善法治、民主化、媒體發展和執法部門等四個面向。不過，出自蒙

---

[64] 見：OSCE/ODIHR, Semi-Annual Report Autumn 1999, Warsaw 15 December 1999, in: https://www.osce.org/files/f/documents/4/6/20465.htm#demo3 (2022/12/05)

[65] 見：OSCE/ODIHR, Annual Report 2000, Warsaw November 2000, in: https://www.osce.org/files/f/documents/f/f/20463.pdf (2021/12/05)

[66] 見：OSCE/Permanent Council, Decision No. 401 Establishment of the OSCE Mission to the Federal Republic of Yugoslavia, PC.DEC/401, 11 January 2001, in: https://www.osce.org/files/f/documents/8/3/22327.pdf (2022/12/05)

特內哥羅的特殊考量,南聯盟任務團的執行地理區域僅限於塞爾維亞,不及蒙特內哥羅。為此,2001 年 11 月常設理事會決議在波多戈里查設立一個歐安組織層級的辦公室,並自 2002 年 1 月起開始執行工作。[67] 這一個辦公室整合成為南聯盟任務團的一部分,初期只有國際工作人員 8 人,專責與蒙特內哥羅的中央和地方政府合作,執行與其相關的專案計畫,尤其是強化民主化的過程、警察訓練、對抗人口販賣、提高媒體的透明度等。

除了辦公室之外,歐安組織少數民族高級委員瑞典籍外交官埃克厄斯(Rolf Ekéus)於 2001 年 11 月,首次訪問蒙特內哥羅。高級委員主要關切的議題是內部族群關係對討論未來地位(獨立或與塞爾維亞合組國家)的影響。此外在 2002 年討論國家聯盟憲章時,高級委員亦曾表達希望少數民族的權利依舊能夠獲得確保,也計畫派遣一位全職人員長駐貝爾格勒,協助政府單位落實少數民族保護法(Law on the Protection of National Minorities)。[68]

歐安組織南聯盟任務團看似一個任務團,實際上,鑒於塞爾維亞與蒙特內哥羅的漸行漸遠,任務團分別在兩地「各行其事」。這一情形明顯表現在任務或計畫的名稱上:「塞爾維亞/南聯盟」(Serbia/FRY)或「蒙特內哥羅/南聯盟」(Montenegro/FRY)。雖是如此,正式名稱上還是只有一個南聯盟任務團。2003 年 2 月 4 日南聯盟國民大會通過「塞爾維亞與蒙特內哥羅國家聯盟憲章」,正式將兩個共和國結合成一個國家聯盟。為此,歐安組織派至南聯盟的任務團,也順勢更名為「歐安組織塞爾維亞與蒙特內哥羅任務團」(OSCE Mission to Serbia and

---

[67] 見:OSCE/Permanent Council, Decision No. 444 Establishment of an Office in Podgorica, PC.DEC/444, 15 November 2001, in:
https://www.osce.org/files/f/documents/f/6/18508.pdf (2022/12/05)

[68] 2003 年高級委員派遣一位聯絡官到貝爾格勒,除協助落實法律外,並觀察政治和社會發展領域內的少數民族議題。見:OSCE/High Commissioner on National Minorities, Statement by Rolf Ekéus to the 148th Plenary Meeting of the OSCE Permanent Council, Vienna, 31 October 2002, in:
https://www.osce.org/files/f/documents/4/5/15149.pdf (2022/12/05)

Montenegro）。不過，由於蒙特內哥羅一來並沒有簽署接受派遣任務團的備忘錄，二來也不在其境內實施國家聯盟的政策與法律，因此冠上新名稱的任務團的工作區域僅限於塞爾維亞。蒙特內哥羅方面則延續波多戈里查辦公室的工作，其正式名稱為「歐安組織塞爾維亞與蒙特內哥羅任務團波多戈里查辦公室」（The Podgorica Office of the OSCE Mission to Serbia and Montenegro）。

三、蒙特內哥羅任務團

　　蒙特內哥羅和塞爾維亞兩國組成的國家聯盟，歷經三年的「磨合期」，蒙特內哥羅決定脫離國家聯盟，追求獨立。2006 年經公民投票後，6 月 3 日宣布獨立，並致函歐安組織申請入會，信中且表明歡迎歐安組織派遣一個任務團到蒙特內哥羅。常設理事會於 6 月 29 日的第 732 次會議中，回應蒙國的邀請，決議結束波多戈理查辦公室的任務，並成立歐安組織蒙特內哥羅任務團，首次任務期限至 2006 年年底，經費則先使用原先分配給辦公室的預算。任務團的任務有：[69]

1. 協助蒙特內哥羅完全實踐歐安組織的義務與規範，包括政治軍事、經濟與環境，以及人道面向方面的安全與安定；
2. 促進和協助蒙特內哥羅與歐安組織的輪值主席、各機構（含其他任務團），以及國際組織等的合作；
3. 建立並維繫與地方政府、大學、研究機構、非政府組織的接觸，並協助其參與歐安組織的各項活動。

　　有關任務團的人員派駐、任務執行的方式與期限延長，以及與蒙特內哥羅政府之間的合作形式等，由雙方簽署的合作備忘錄（Memorandum of Understanding）規範之。至 2022 年，任務團已歷經

---

[69] 見：OSCE/Permanent Council, Decision No. 732 Establishment of the OSCE Mission to Montenegro, PC.DEC/732, 29 June 2006, in: https://www.osce.org/files/f/documents/9/1/19691.pdf (2022/12/05)

十餘次的期限延長。任務團的人員規模，團長一人，工作人員共 32 人，其中 23 人為當地雇員，年經費約 2 百萬歐元（表 9）。在東南歐任務團當中，蒙特內哥羅任務團是規模最小的任務團，團員只有 32 人（東南歐任務團總共有 1,149 人），年度經費只占東南歐任務團總經費的 2%，在歐安組織年度預算中，也只占 0.015%而已。

表 9：蒙特內哥羅任務團人數與年度經費一覽表（2016-2021）

	團員	當地聘僱	年度預算（單位：歐元）
2016	6	30	2,146,200
2017	8	29	2,146,200
2018	7	24	2,145,200
2019	8	23	2,152,100
2020	8	24	2,152,100
2021	11	30	2,152,100

* 資料來源：歐安組織年度報告（OSCE Annual Report）
**筆者自行製表

依據常設理事會於 2006 年 6 月 29 日成立蒙特內哥羅任務團的決議，任務團乃協助蒙特內哥羅的政府與民間，建設一個符合歐安組織各類規範（民主的、人權的和法治的）國家。任務團的工作主要在政治—軍事、經濟與環境，以及人道等三個面向。任務團的內部分成警政、政治—軍事、民主化、法治與人權、媒體，以及經濟與環境等六大部分。以下擇項說明任務團的工作：

（一）、選舉

協助民主改革係任務團的首要工作，其中又以選舉最為重要。任務團的角色是，協助中央選舉委員會（State Election Commission）辦理選舉、擔任選舉專業諮詢，並支援該國選舉立法的相關工作。蒙特內哥羅於 2006 年獨立後，於中央層級，總共舉行過三次總統選舉與五次

國會大選。在這八次的大選期間，民主辦公室籌組人數不等的選舉觀察團，並和任務團合作，赴蒙特內哥羅觀察選舉的過程。選舉觀察團的觀察重點為選舉及其行政作業，是否符合歐安組織的相關規範，以及是否符合國際一致認定的民主選舉的標準。選舉結束後，民主辦公室公布選舉觀察的初步與最後報告書，一方面為選舉做出評價，另一方面則是提供改革建議。就2018年的總統大選來說，最後報告書的評論為「4月15日的總統選舉，基本自由受到尊重，儘管執政黨的候選人具備制度上的優勢。候選人的選戰相當自由，媒體也提供候選人一個表達政見的平台。」[70]即便如此，選舉觀察報告還是提出多達22項的改革建議[71]，而協助政府進行選舉改革的工作，正落在任務團的身上。

在歷次的改革建議中，有一項建議是「為促進身心障礙人士的平等參與，應採取措施改善投開票所的設施，動線安排應該便利身心障礙人士的獨立投票。」根據這一項改革建議，任務團分別與蒙特內哥羅的「青少年身心障礙協會」（Association of Youth with Disabilities）和「盲人聯盟」（Union of the Blind），以及中央選舉委員會合辦工作坊，討論便利身障人士投票的可行方案。[72]

歐安組織選舉觀察團雖給予蒙特內哥羅歷次的選舉頗為正面的評價，但也數次提出對內部緊張情勢的關心。內部情勢之所以造成緊張對峙的狀態，乃是反對黨民主陣線（Democratic Front）、社會人民黨（Socialist People Party）和蒙特內哥羅積極黨（Positive Montenegro）等堅稱政府無能舉辦公平的選舉。民主陣線發起一連串的抗議示威，要求

---

[70] OSCE/ODIHR, Montenegro Presidential Election 15 April 2018, ODIHR Election Observation Mission Final Report, Warsaw, 28 June 2018, p.1, in: https://www.osce.org/files/f/documents/5/1/386127_1.pdf (2022/12/05)

[71] 這22項改革建議包括8項優先建議和14項其他建議。優先建議如：為增進透明與公眾的信任，中央選舉委員會應允許所有的媒體參加它的會議；相關機關應嚴肅譴責對記者的攻擊，並應採取措施保護記者。其他改革建議包括選舉行政、選民登記、候選人登記、選戰、選舉經費、媒體、選舉申訴、投票與計票等。

[72] 見：OSCE, "OSCE Mission to Montenegro works with NGOs to improve accessibility on polling day", 7 May 2021, in: https://www.osce.org/mission-to-montenegro/486068 (2022/12/05)

貪腐的總理和部長下台,並要求停止與北約的對話。2015 年 10 月原本和平的示威,演變成與警方的暴力衝突。[73]衝突過後,歐盟呼籲各政黨應在國會內協商。[74]經過數月的協商,執政黨和反對黨於 2016 年 4 月簽署一項協議,以確保選舉的公平性。[75]但 2016 年國會選舉前夕,反對黨因國內經濟、政治和社會情況沒有獲得大幅度的改善,而杯葛國會的開會,以及提出一系列抗議,要求提早舉行國會大選。[76]國會選舉依然在 10 月舉行,在投票率 73.3%之下,執政的社會民主黨雖然沒有獲得超過半數的席位,但依舊是國會最大黨(36 席),而最大反對黨民主陣線只獲得 18 席。社會民主黨聯合四個小黨組成聯合內閣,共佔國會中的 42 席,反對黨聯盟只有 39 席。選後政府指控一群塞爾維亞人、蒙特內哥羅人和俄羅斯人,企圖於投票日發動政變,但被安全單位破獲,且逮捕 20 位塞爾維亞公民。司法單指控兩位反對黨國會議員涉嫌參與政變,請求國會撤銷其豁免權。[77]由於不滿選舉出現舞弊事件與選舉不公,以及不滿政府的政變指控,反對黨持續杯葛國會的開會[78],且宣布杯葛第二

---

[73] 反對黨除杯葛國會議事運作外,在國會外紮營抗爭,指控警察過度使用暴力,要求總理下台和提前舉行大選。執政黨質疑俄羅斯和塞爾維亞涉嫌在背後支持反對黨的抗爭行動,遭到反對黨駁斥。Dusica Tomovic, "Montenegro Opposition Denies Russia Behind Protests", *BalkanInsight,* October 21, 2015, in: https://balkaninsight.com/2015/10/21/russia-does-not-stir-up-montenegro-protests-opposition-says-10-21-2015-1/ (2022/12/05)

[74] 見:European Commission, Commission Staff Working Document Montenegro 2015 Report, Brussels, 10.11 2015, p.2, in: https://ec.europa.eu/neighbourhood-enlargement/system/files/2018-12/20151110_report_montenegro.pdf (2022/12/05)

[75] 這項協議的正式名稱為:「為自由與公平的選舉創造條件協議」(Agreement for Creating Conditions for Free and Fair Election)。

[76] 見:Dusica Tomovic, "OSCE Fears Tension Ahead of Montenegro Election", *BalkanInsight,* June 27, 2016, in: https://balkaninsight.com/2016/06/27/osce-to-monitor-montenegro-s-elections-06-24-2016/ (2022/12/05)

[77] 參閱:Dusica Tomovic, "Montenegro PM Accuses Opposition Over 'Plot to Kill Him'", *BalkanInsight,* November 10, 2016, in: https://balkaninsight.com/2016/11/10djukanovic-accuses-pro-russian-opposition-over-plot-to-kill-him-11-10-2016/ (2022/12/05)

[78] 反對黨之所以杯葛國會開會,乃是因兩位反對黨國會議員,Andrija Mandic 和 Milan Knezevic,被指控參與企圖於 10 月 16 投票日發動的政變。國會開會主要討論撤除該兩位國會議員的豁免權。兩位國會議員所屬的政黨強烈反對加入北約,主張與俄羅斯發展緊密的關係。

大城尼克希克（Niksic）的市長與議會選舉。[79]國會內的政黨對峙，也在社會上投下引起動盪不安的變數。

（二）、人權

依據2011年的人口調查，蒙特內哥羅的人口當中，以蒙特內哥羅人的人口數最多（45%），其次是塞爾維亞人（28.7%）、波士尼亞人（12%）、阿爾巴尼亞人（5%），其他12.7%（如吉普賽人、俄羅斯人、「埃及人」等）。自2006年宣布獨立以來，境內的塞裔與蒙特內哥羅人之間屢屢發生衝突，各自政黨的立場也針鋒相對，如社會民主黨一貫主張親西方，而塞裔的政黨則主張親塞爾維亞與俄羅斯，且拒絕加入北約。任務團在少數族群議題方面，不像科索沃任務團重視成立少數族群的警察單位或者協助少數族群加入警方，而是著重於提升人權機構保護人權的效率、擔任人權立法的諮詢，以及強化對流離失所者的協助，如協助執行區域住房計畫（Regional Housing Programme）。歐安組織少數民族高級委員亦關切蒙特內哥羅內部的族群和諧問題。[80]但總的說來，在少數民族高級委員的日常議程中，蒙特內哥羅的族群問題並不如科索沃或烏克蘭那般的嚴重。

如同巴爾幹地區部分國家的內部情況，吉普賽人、阿敘卡利人和「埃及人」的處境格外艱難，常遭遇到社會歧視、難獲得社會救助/補助、孩童就學問題，以及工作難尋等生活困境。任務團通常會藉由專案，如「預防弱勢群體早婚」（Prevention of early marriages among vulnerable groups），與蒙國的官方機構和民間組織合作，協助改善弱勢群體的生活處境。

---

[79] 見：Dusica Tomovic, "Montenegro Opposition to Boycott Poll Over 'Coup' Claims", *BalkanInsight*, February 15, 2017, in: https://balkaninsight.com/2017/02/15/montenegro-opposition-to-boycott-polls-over-coup-plot-alligations-02-14-2017/ (2021/10/25)

[80] 見：OSCE/High Commissioner on National Minorities, Statements to the OSCE Permanent Council, p.8, in: https://www.osce.org/files/f/documents/a/4/489767_0.pdf (2021/11/01)

（三）、媒體自由與發展

　　任務團的民主改革協助計畫包括促進媒體自由。蒙特內哥羅的媒體，依據民主辦公室針對 2018 年的總統大選選舉觀察報告指出，「應該強化媒體的獨立性與專業性」；2020 年國會選舉觀察報告則提出問題所在：「…但執政黨透過濫用公權力、國家資源，以及全面性掌握媒體，而獲得不當的優勢。」歐安組織對蒙特內哥羅的選舉報告一再指出，長久以來媒體欠缺公正、獨立性與專業性，以及執政黨掌控媒體的事實。任務團的媒體自由工作專案，主要著力於協助政府機關相關的立法、協助公營媒體的轉型（如蒙特內哥羅廣播電視台，Radio Television Montenegro，以下簡稱公廣電視台）[81]、在大學規劃媒體專業課程、增進媒體從業人員的專業能力，尤其是新聞倫理與專業報導。

　　長久以來，蒙特內哥羅的記者因報導不利執政黨的言論或文章，常遭受到生命的威脅，而獨立媒體的總部或是記者的住家也被恐嚇放置爆裂物，或直接以自製爆裂物攻擊。[82]面對此種直接威脅媒體自由的情形，歐安組織媒體自由代表屢屢表達對記者生命安全的關心，以及譴責對媒體總部或記者住家的爆裂物攻擊。[83]此外記者在群眾示威遊行時，也常遭受到警察的不當對待。媒體自由代表經常以 2007 年通過的文件，要求蒙特內哥羅警方，對報導示威遊行的記者，必需展現出公平與克制。[84]

---

[81] 長期以來，蒙特內哥羅廣播電視台的營運都接受政府的大量補助，以至於被視為是執政黨的傳聲筒。

[82] 見：Dusica Tomovic, "Montenegro Detains Six Over Journalist Attack", *BalkanInsight*, March 28, 2014 in: https://balkaninsight.com/2014/03/28/montenegro-holds-suspected-journalist-attackers/ (2022/12/06)

[83] 見：OSCE, "OSCE media freedom representative condemns bomb attack in Montenegro, commends swift police action", 3 April 2018, in: https://www.osce.org/representative-on-freedom-of-media/376753 (2022/12/06)

[84] 該份文件為「政治示威期間處理媒體的特別報告：觀察與建議」（Special Report Handling of the media during political demonstration： Observations and Recommendations），見：OSCE, "OSCE Media Freedom Representative concerned

歐洲安全暨合作組織與巴爾幹──東南歐任務團

為協助東南歐國家推展媒體自由的工作，歐安組織媒體自由代表自 2011 年起，召開東南歐媒體會議，邀集東南歐國家的官方與國會代表、各類傳媒代表與記者、歐安組織東南歐任務團的媒體專案負責人，以及國際組織代表等，齊聚一堂，討論媒體的立法、媒體的角色與公共廣播的獨立性，以及政府、國際社群和市民社會的角色，主要目的是促進東南歐地區的媒體自由。迄 2023 年，東南歐媒體會議已召開過九屆，每屆的會議也獲得豐碩的成果。然而，會議的結論建議卻無法改善相關國家的媒體生態，尤其是政府對記者的態度。歐安組織媒體自由代表曾在第八屆會議（2021 年 10 月）的閉幕致詞提到：「我擔心這些國家的情況，不是媒體條件變壞的全球趨勢的例外…政府應該確保記者的安全。」[85]

任務團實在「無力也無能」確保蒙特內哥羅記者的人身安全，而協助公廣電視台的轉型，也無法完全成功，原因在於長久執政的社會民主黨介入營運過深，再加上媒體的營運經費受限於政府補助，以至於未能完全改造。2020 年國會大選雖讓執政達 30 年之久的社會民主黨首嚐敗選下台，但公廣電視台似乎跟著轉向，「服務」國會新多數。歐盟對此一情形表達高度關切，並憂慮政治力依舊介入媒體過深。[86]依據「記者無國界」（Reporters without Borders）組織對全球 180 個國家的媒體自由的評比，蒙特內哥羅的排名在過去幾年皆位在 103-106 名之間，2021 年排名第 104 名，顯見蒙特內哥羅的媒體自由程度並未好轉。主要原因在於政府相關單位持續騷擾媒體和專業記者，而多起攻擊記者的嫌疑犯並沒有受到司法懲罰。[87]

---

about brief detention of journalist while covering public protest in Montenegro", 14 May 2020, in: https://www.osce.org/representative-on-freedom-of-media/452353 (2022/12/06)

[85] 見：OSCE/The Representative on Freedom of the Media, "Closing Remarks 8th South East Europe Media", 12 October 2021, in:
https://www.osce.org/files/f/documents/6/9/500764.pdf (2022/12/06)

[86] 見：Samir Kajosevic, "Montenegro's Troubled Public Broadcaster Elects New Chiefs", *BalkanInsight*, August 6, 2021, in: https://balkaninsight.com/2021/08/06/montenegros-troubled-public-broadcaster-elects-new-chiefs/(2022/12/06)

[87] Reporters without Borders, "Dubious justice, problematic legislation", in: https://rsf.org/en/montenegro (2022/12/06)

（四）、警政

　　警政改革向來是歐安組織任務團協助衝突後重建的主要工作之一。透過相關立法、訓練與教育警察及維護治安人員、協助成立少數民族的警察單位、強化對抗組織化犯罪的能力等，讓當事國的警政能符合歐安組織與國際認定的標準。在警政改革方面，任務團除辦理一系列的專案計畫，如協助強化犯罪資訊系統、建立反恐特勤單位（Special Anti-Terrorist Unit）、邊境警察（Border Police）等，自 2011 年起對蒙特內哥羅的警政改革，進行成效評估與提出改善建議。2021 年出版的「蒙特內哥羅 2011-2019 警政改革」（Police Reform in Montenegro 2011-2019），針對警政制度架構、警察問責，以及社區警察（亦即少數族群警察）三方面進行過去八年的事實評估，並提出共 90 項的改革建議。[88] 這些改革建議如：警察總長在人力資源計劃與執行方面，應具備專業自主權，不受內政部的影響；針對少數族群警察的建議如：在阿爾巴尼亞語地區執行的警察應接受語言訓練、應提高在吉普賽人居住地區的巡邏次數等等。

　　2020 年在任務團的委託下，位於波多戈里查的事實諮詢顧問公司（DeFacto Consultancy）對民眾的警察印象，進行意見調查。該調查結果顯示，一般民眾對警察的信任度排在第三位，僅次於教堂和軍隊。三分之二的受訪者對警察有正面的印象，但少數族群的受訪意見略有不同，塞裔對警察的印象以負面居多。83%的受訪者認為貪腐是最大的問題，而 77%認為警察多多少少都涉嫌其中。只有 39%的受訪者知道警察在做些甚麼，而獲得訊息的主要來源是電視。97%的受訪者認為男女皆可從事警察工作，而且做得一樣好。[89]這一項調查顯示出，任務團

---

[88] 見：OSCE Mission to Montenegro, *Police Reform in Montenegro 2011-2019 – An Assessment and Recommendations for Good Governance in Policing*, Podgorica, 2021, in: https://www.osce.org/files/f/documents/c/4/486994.pdf (2022/12/05)

[89] 見：OSCE, Perception of the police in Montenegro – Results of a quantitative survey, December 2020, in:
https://www.osce.org/files/f/documents/4/5/475025.pdf (2022/12/05)

協助警政改革，已逐漸看到成效（如民眾對警察的信任度），而且激勵女性加入警察隊伍的專案計畫，已獲得民眾的支持。[90]

第三節　任務團的成效與困難

歐安組織派駐東南歐的任務團當中，蒙特內哥羅任務團不僅是預算最少，年度預算素來僅占歐安組織東南歐總預算的 2%左右，團員人數也是最少，但任務項目卻與其他任務團相當。[91]

從最初隸屬民主辦公室的波多戈里查辦公室所執行的選舉觀察任務，以協助民主化和民主鞏固為起點至今，任務團的工作項目已擴及武器管制、對抗人口販運、媒體自由、警察訓練、少數民族（吉普賽人）、法治、青少年等，可說項目繁多，但人員編制與預算編列卻偏少。此一情形只能說是歐安組織年度經費拮据所致。以蒙特內哥羅每年繳交給歐洲理事會的「會費」來看，2021 達 548,900 歐元，而繳交給歐安組織的年度「會費」（contribution）也只有基本會費 45,486 歐元，前者為後者的 10 倍之多。[92]歐安組織的年度「會費」，由部長理事會決定各參與國依比例應繳交的額度。此一額度與歐洲理事會相比，大國（如英國、德國）差距可達兩倍之多，小國的差距更可達十倍。[93]歐安組織的年度預算由會費與參與國和國際社會自由捐助所構成。會費乃是各工作單位年度經費的最主要來源，而參與國和國際社會的自由捐助有其指定的對象。2020 年自由捐助的經費共約 4 千萬歐元，但並無任何

---

[90] 任務團在提升民眾意識，激勵女性從事警察工作方面，公開發行主題為「更多女性參與維持治安」（For more women in the police）的短片，in: https://youtu.be/hYQKORwkN7E (2022/12/05)

[91] 2020 年歐安組織任務團總人數為 2,975 人，其中東南歐六個任務團即有 1,149 人，蒙特內哥羅任務團人數僅總人數的 1%，東南歐任務團的 2%。

[92] 2021 年歐洲理事會編列的預算為 3 億 3 千 5 百萬歐元，約歐安組織的年度預算 2.5 倍。

[93] 如英國於 2021 年繳交給歐洲理事會的年費為 3,512 萬歐元，給歐安組織的年費為 1,429 萬歐元。德國繳給歐洲理事會的會費為 3,876 萬歐元，繳給歐安組織「只有」1,505 萬歐元。

捐助指定給蒙特內哥羅任務團。2021 年該項款數約為 5 千 3 百萬歐元，指定捐給蒙特內哥羅任務團的款數，僅有 18,754 歐元。

巴爾幹國家當中，蒙特內哥羅算是個小國，人口僅約 63 萬人，比科索沃還少約 130 萬人。而派駐此地的歐安組織任務團，在東南歐的所有任務團當中，其規模也是最小的。然而蒙特內哥羅內部的族群緊張程度，卻也不遜於塞爾維亞與科索沃，或者是科索沃內部阿裔與塞裔之間的關係。2020 年民主辦公室的國會選舉觀察報告書指出，此次「選舉具競爭性但卻在一種對教會議題和民族認同高度分化的環境下進行。」[94]在如此分化與對立的環境下，任務團能取得的進展，可想而知是有限的。除此之外，選舉觀察報告書亦指出，中央選舉委員會並沒有適當地完成其規範性的角色，報告書建議應面對和處理當前的挑戰，並完善選舉過程的各面向。[95]依據這項建議，任務團在 2021 年 10 月委託達瑪爾民調機構（Damar agency），針對各級選舉委員會，特別是中央選舉委員會，以及選舉本身進行公民意見調查。調查結果顯示出有 89%的受訪者認為，中央選舉委員會的工作影響大眾對民主與選舉的信任。調查結果建議，各級選舉委員會應強化其專業與透明度。[96]2022 年 1 月，中央選舉委員會決定修改內部規則，對外開放其會議。此舉獲得任務團的肯定。[97]

由於任務團的規模小，在執行各項任務時，通常都以協辦或支援為主，如針對人口販運議題，任務團和警方、檢察官、公民社會與媒體等合作，舉辦工作坊或訓練營，以喚起公眾的問題意識和增進執法者的效能；又如在人權議題方面，任務團擔任國會的立法諮詢，或是參

---

[94] OSCE/ODIHR, Montenegro Parliamentary Elections 30 August 2020 ODIHR Limited Election Observation mission Final Report, p.1, Warsaw, 11 December 2020, in: https://www.osce.org/files/f/documents/5/2/473532.pdf (2022/04/26)
[95] Ibid., p.28.
[96] 見：Survey on Public Perceptions and Confidence in Election Management Bodies in Montenegro, 26 November 2021, in:
https://www.osce.org/files/f/documents/7/e/505747.pdf (2022/04/28)
[97] OSCE, "OSCE Mission to Montenegro welcomes State election Commission's decision to open its sessions to public", 26 January 2022, in:
https://www.osce.org/mission-to-montenegro/510740 (2022/04/28)

加入權監察官主辦的區域會議，提供必要的專業知識；又或者在法治方面，擔任促進司法的專業化、效能與獨立性的協助者角色。此外任務團也和其他國際組織合作，共同進行針對特定議題的改革，如在歐盟資助下，與歐盟駐波多戈里查辦公室共同執行為期三年，特別針對組織化犯罪與貪腐案例的法院開庭監測（Trial Monitoring）專案計畫，目的是提升司法的行政效能。協助蒙特內哥羅建立法治制度與改革的，歐安組織任務團只是眾多國際與非官方組織當中的一個，另一個重要的國際組織是歐洲理事會。

蒙特內哥羅於 2007 年 5 月獲准加入歐洲理事會，成為歐洲理事會的第 47 個會員國。[98]在加入之前，雙方即有合作往來。2001 年以前，歐洲理事會透過派遣專家任務團或舉辦專家會議的方式，協助蒙特內哥羅進行政府體制的各項改革措施，以及結合各國際組織與當地團體，促進人權教育與人權保護。[99]2001 年 1 月歐洲理事會在波多戈里查成立辦公室，針對改革項目，展開制度化的合作。在蒙特內哥羅與塞爾維亞協商成立國家聯盟期間，總統久卡諾維奇甚至提議將歐洲理事會和歐盟的專家，納入雙方有關成立國家聯盟的會談內。[100]

歐洲理事會的波多戈里查辦公室，負責在該地執行其與歐盟的合作計畫，協助蒙國的民主改革。計畫項目有預防酷刑、對抗種族主義、少數民族保護、反貪腐、洗錢防制、憲法與司法改革、對抗人口販賣等。[101]此外歐洲理事會的辦公室也與歐安組織波多戈里查辦公室／任

---

[98] 參閱：Council of Europe/Committee of Ministers, Montenegro: Request for accession to the Council of Europe, 18 April, 2007, in: https://search.coe.int/cm/Pages/result_details.aspx?ObjectID=09000016805d628a (2022/12/06)

[99] 參閱：Council of Europe/Committee of Ministers, Report by the Special Representative of the Secretary General of the Council of Europe in Montenegro covering the period from 1 September to 18 October 2000, 20 October 2000, in: https://search.coe.int/cm/Pages/result_details.aspx?ObjectID=09000016805e2e6a (2022/12/06)

[100] 見：Council of Europe News from the Council of Europe Field Offices, January 2001, in: https://rm.coe.int/09000016805e2c02 (2021/9/16)

[101] 參閱：Council of Europe Programme Office in Podgorica, News on the Project Accountability of the Judicial System: Judicial reforms in Montenegro – achievements,

務團攜手合作，促進蒙特內哥羅的民主化與法治等改革，而這些改革措施有助於蒙特內哥羅加入歐洲理事會與歐盟。

依據世界自由之家的全球評比，2021 年蒙特內哥羅得分 67 分，高於塞爾維亞的 62 分，兩國被歸為部分自由的國家。在民主項目方面，得分也不高（47 分，與北馬其頓相當），被歸類為轉型或混和型的政體（Hybrid Regime）。[102]蒙特內哥羅的評比得分不高，主因是蒙特內哥羅的政黨對立、與塞爾維亞之間的關係糾葛，以及長期執政的社會民主黨的貪污醜聞所致。蒙國近年來的內部問題：

1. 2019 年 3 月數以千計的民眾連續數週的週六走上街頭，抗議官員貪腐，要求政府領導階層和司法官員下台，以及整頓國營電台和電視台。[103]

2. 2019 年 3 月蒙特內哥羅總統指控科索沃和阿爾巴尼亞干涉該國事務，支持蒙國境內的阿爾巴尼亞裔，贏得土茲市（Tuzi）[104]的選舉。選舉期間，科索沃總統塔奇（Hashim Thaci）和阿爾巴尼亞總理拉瑪（Edi Rama），分別呼籲阿爾巴尼亞裔選民，集中選票投給阿爾巴尼亞聯盟。[105]選舉結果，阿爾巴尼亞獲得 32 席市議會席位中的 16 席，執政黨屈居第二。選後，阿爾巴尼亞聯盟邀請其他黨派組成聯合內閣，執政黨表明不會參加聯合內閣。

---

challenges and perspectives, 26 March 2018, in: https://www.coe.int/en/web/podgorica/news-on-projects-on-the-judicial-system/-/asset_publisher/EKfieTyj5r1T/content/judicial-reforms-in-montenegro-achievements-challenges-and-perspectives (2022/12/06)

[102] 見：Freedom House, Countries and Territories – Montenegro, in: https://freedomhouse.org/countries/freedom-world/scores (2021/11/03)

[103] "Thousands Rally in Montenegro Against Corrupt Leaders", in: https://www.rferl.org/a/thousands-rally-in-montenegro-against-corrupt-leaders-/29800927.html

[104] 土茲市位於首都波得理查東南方約 10 公里處，人口約 3700 人，以阿爾巴尼亞裔較多，約佔 60%。

[105] 見：Samir Kajosevic, "Montenegro President Blames outside Interference for Election Loss", *BalkanInsight*, March 14, 2019, in: https://balkaninsight.com/2019/03/14/montenegro-president-blames-outside-interference-for-election-loss/ (2022/12/06)

3. 2020 年 6 月，蒙國多個城市陸續出現親塞爾維亞的遊行活動。

4. 2020 年初，塞爾維亞東正教會在蒙特內哥羅進行數週的抗議，抗議政府實施宗教法，該法要求東正教會須提出 1918 年（蒙特內哥羅加入南斯拉夫王國那年）以前的財產證明，否則教會的財產將收歸國有。蒙國內部的塞爾維亞民族主義分子並不承認蒙國的獨立地位，仍視蒙特內哥羅為塞爾維亞的傳統領域。[106]

5. 國會於 2021 年 6 月通過譴責 1995 年斯雷布雷尼查（Srebrenica）大屠殺，以及禁止否認大屠殺的法案，並免除司法部長雷伯薩維奇（Vladimir Leposavić）的職務，因他質疑國際戰犯法庭將斯雷布雷尼查大屠殺歸類為種族滅絕（genocide）的正確性，進而造成執政聯盟之間出現齟齬。執政聯盟中最大的政黨民主陣線指控執政聯盟部分成員和反對黨社會民主黨合作通過該法案，進而杯葛國會運作。[107]歐洲理事會在「實踐蒙特內哥羅保護少數民族權利」（the Framework Convention for the Protection of National Minorities by Montenegro）的第三回觀察報告書中指出，蒙特內哥羅內部族群之間的分裂加深，仇恨言論（hate speech）走向犯罪化。[108]

依據記者無國界的年度調查，2021 年蒙特內哥羅排名第 104 名，2022 年上升至 63 名。儘管憲法與法律保障言論與表達自由，但媒體自由依然受到政治的干預，而對記者的攻擊亦時有所聞。[109]歐安組織媒

---

[106] 見：RFE/RL's Balkan Service, "Police in Montenegro Detain Dozens after Pro-Serbian Protests", RadioFreeEurope, June 25, 2020, in: https://www.rferl.org/a/police-in-montenegro-detain-dozens-after-pro-serb-rotests/30690097.html (2022/12/06)

[107] 見：CrisisWatch, July Alerts and June Trends 2021, Montenegro, in: https://www.crisisgroup.org/crisiswatch/july-alerts-and-june-trends-2021#montenegro

[108] 見：Council of Europe, Resolution CM/ResCMN(2021)14 on the implementation of the Framework Convention for the Protection of National Minorities by Montenegro, in: https://search.coe.int/cm/pages/result_details.aspx?ObjectId=0900001680a2b177 (2022/12/06)

[109] Reporters without Border, Montenegro, in: https://rsf.org/en/country/montenegro (2022/12/06)

體自由代表亦在媒體自由與記者工作方面，表達出她對警察拘留記者的憂心。[110]

第四節　結語

　　歐安組織已經在蒙特內哥羅協助各領域的制度建立多年了，但在蒙特內哥羅的公眾意見中，歐安組織似乎是個能見度相當低的國際組織。以 2021 年 12 月的制度信任（Trust in Institutions）民意調查來看，在被列名信任調查的 17 個制度（機構）中，未見歐安組織，仿佛歐安組織是個不存在的組織般。[111]不過在官方網頁裡，介紹蒙國參與的國際組織中，除了歐盟單獨列出外（歐洲事務部），歐安組織與聯合國、歐洲理事會，以及北約並列。這說明「小國」參與大型國際組織可彰顯它在國際社會中的地位。

　　依據 2022 年少數民族高級委員送交常設理事會的定期報告，蒙特內哥羅內部的族群關係已獲得一定程度的緩解，甚至在高級委員訪問蒙特內哥羅，並與少數民族代表晤談時，代表們指出他們對促進少數民族權利的司法機制普遍感到滿意。[112]從這點可以看出，任務團協助政府機關的司法改革已有成效。任務團的規模雖小，然從小處著手，

---

[110] OSCE/Representative on Freedom of the Media, OSCE Media Freedom Representative concerned about brief detention of journalist while covering public in Montenegro, Vienna, 14 May 2020, in:
https://www.osce.org/representative-on-freedom-of-media/452353 (2022/12/06)

[111] 這 16 個制度（機構）為塞爾維亞東正教會、教育制度、衛生體系、歐盟駐蒙特內哥羅代表處、聯合國、蒙特內哥羅國軍、北約、世界衛生組織、警察、非政府組織、中央政府、總統、國會、司法、檢察官、政黨，以及蒙特內哥羅東正教會。Centar Za Demokratiju Ljudska Prave (CEDEM), Political Public Opinion of Montenegro, 2021, https://www.cedem.me/wp-content/uploads/2022/02/Pol-Public-Opinion-MNE-Dec-2021.pdf (2022/04/26)

[112] OSCE/High Commissioner on National Minorities, OSCE High Commissioner on National Minorities address to the 1381st Plenary meeting of the OSCE Permanent Council, HCNM.GAL/3/22Corr.a, 7July 2022, p.8., in:
https://www.osce.org/files/f/documents/0/1/522352.pdf (2022/10/12)

日久後也可見到正面的成效。2022 年 9 月,在任務團的援助下,警察單位贈送所有小學一年級新生彩色塗畫書。書中內容有健康的生活、生態保護、預防家庭與同儕暴力、網路的陷阱等教育議題。以舉例方式,教導該年紀小朋友應有的正確行為。[113]任務團與警方的合作,一方面可改善公眾對警察單位的態度,二來可透過向下扎根的教育,培養日後健全的公民與公民意識。蒙特內哥羅發展成為制度成熟的民主國家指日可待。

---

[113] OSCE/Mission to Montenegro, OSCE supports the police to deliver educational classes and colouring books to first grades in Montenegro, 12 October 2022, in: https://www.osce.org/mission-to-montenegro/528539 (2022/12/06)

第伍章
北馬其頓與歐安組織

osce
歐洲安全暨合作組織
與巴爾幹——東南歐任務團

在歐安組織派駐東南歐的六個任務團當中，只有位於北馬其頓共和國（North Macedonia）[1]的任務團，不是以國家之名，而是以首都之名為名的任務團。之所以如此，最主要的原因來自於「馬其頓」這一用字所帶來的紛爭，特別是希臘對這個名詞的主張[2]，不僅阻礙了北馬其頓加入國際組織之路，也使得北馬其頓最終「不得不」於2019年2月更改國名，才順利解決兩國之間的國名紛爭，也才得以加入北約（2020年3月）。

北馬其頓於1991年9月8日宣布獨立之際，將「回歸歐洲」列為其外交政策的核心目標，也隨即申請加入歐洲各大國際組織，但一直受阻於它和希臘之間的國名糾紛。歐安組織前資深官員委員會的歷次會議中，北馬其頓的入會問題一直是會議討論的焦點。儘管多數參與國抱持支持的態度，希望此一問題能得到正面的解決，但受限於共識決的決策機制，在希臘的反對之下，北馬其頓的入會問題一直懸而未決。直到1995年才以妥協性的國名「前南斯拉夫共和國馬其頓」（Former Yugoslav Republic Macedonia），先後加入歐安組織，成為第53個參與國，以及歐洲理事會（11月9日）。在歐盟方面，一直要到2003年才被泰薩隆尼基（Thessaloniki）高峰會議視為是成為正式會員國的潛在候選國（potential candidate）。2004年北馬其頓再次提出入會申請，歐盟部長理事會於2005年賦予其候選國的地位迄今。

北馬其頓加入歐洲國際組織的時間，顯然較其他前南斯拉夫共和國晚了數年（科索沃除外），但另一方面，北馬其頓卻也是前南斯拉夫各共和國當中，沒有經過內戰衝突，而得以宣告獨立的國家。然而，北馬其頓因科索沃戰火的影響，導致境內的阿爾巴尼亞裔居民受到「鼓

---

[1] 北馬其頓共和國於1991年以馬其頓共和國之名宣布獨立，1993年在希臘的異議下，以「前南斯拉夫共和國馬其頓」之名加入聯合國，直到2019年更名為止。在這28年期間，國際社會存在兩個不同名稱的馬其頓。為一致起見，本書以北馬其頓（共和國）指稱1990年獨立後的馬其頓共和國實體。

[2] 參閱：吳萬寶著《歐洲安全暨防衛政策與境外任務》，（台中：天空數位圖書出版公司，2009），頁168-169。

舞」，進而要求政治、經濟與文化上的平等權利，且手段越趨激烈，最終演變成暴力衝突。後在美國、北約和歐盟的強大壓力下，北馬其頓政府與阿裔人士於 2001 年簽訂奧赫里德（Ohrid）協議，才進入修復式的平和進程。

第一節　歷史發展與概況

北馬其頓為東南歐的內陸國家，周遭鄰國由北起依順時鐘方向，依序為塞爾維亞、保加利亞、希臘、阿爾巴尼亞，以及科索沃。國土面積有 25,713 平方公里，人口約 2 百萬。1991 年宣布獨立時，以馬其頓人最多，有 131 萬人（64.6%），其次是阿爾巴尼亞裔居民，約 42.7 萬人

圖 8：北馬其頓簡圖
資料來源：Google 地圖，筆者自行製圖

（21%)、土耳其人（97,000 人）、吉普賽人（56,000 人）、塞維亞人（44,000 人），以及其他少數族群。[3] 2021 年的 2 百萬人口中，內部族群的人口比例，自稱是馬其頓人約佔 54.2%，阿爾巴尼亞人為 29.5%，土耳其人約 4%，其餘為吉普賽人、塞爾維亞人、波士尼亞人等。在信仰方面，境內以信仰東正教占多數，約 46%，其次是伊斯蘭信徒，約 32.2%。[4] 阿爾巴尼亞裔居民以居住在西北部，和阿爾巴尼亞與科索沃接壤的地區為

---

[3] Martina Boden, *Nationaltäten, Minderheiten und ethnische Konflikte in Europa*, (München: Olzog Verlag, 1993), p.192.

[4] 參閱：Republic of North Macedonia State Statistical Office, Census of Population, Households and Dwelling in the Republic of North Macedonia, 30.05.2022, in: https://www.stat.gov.mk/PrikaziSoopstenie_en.aspx?rbrtxt=146 (2022/10/14)

最大宗，尤其在泰托沃（Tetovo，約 75%）和戈斯瓦帝爾（Gostivar，約 64%），兩座城市阿裔所佔的比例均在 60%以上。

北馬其頓的歷史其實是一部受異族統治的歷史。中世紀時，被拜占庭帝國、保加利亞王國和塞爾維亞王國輪流統治，之後有長達 500 年的時間，臣屬於鄂圖曼土耳其帝國。進入 20 世紀後，統治者變化的速度更快。首先從鄂圖曼土耳其帝國換成塞爾維亞王國，二年（1915 年）後成為保加利亞王國，1918 年底又成為塞爾維亞、克羅埃西亞和斯洛維尼亞王國的領地。二戰時落入保加利亞的統治，1945 年後進入前南斯拉夫聯邦，直到 1991 年。20 世紀的馬其頓人歷史可以戲謔地說：一位 1900 年出生的馬其頓人，活到 91 歲時，已經歷經 7 個國家的統治。[5]換言之，過了 91 年後，才真正生活在「自己」的土地上。

1991 年 9 月 8 日，在阿爾巴尼亞裔公民的杯葛之下，超過四分之三的公民，以 96%的贊成票，決定北馬其頓脫離前南斯拉夫，成為一個獨立的共和國。數日後，駐紮在境內的前南斯拉夫國民軍隨即裝載大批重型武器，完全撤出北馬其頓，避免掉一場因分離而可能爆發的武裝衝突。1992 年 1 月東邊鄰居保加利亞成為第一個承認北馬其頓獨立的國家，而南邊的希臘則以「馬其頓」為國名的原因，不僅杯葛北馬其頓國際承認之路達十餘年久，也對北馬其頓實施經濟禁運。[6]再加上受到聯合國對前南斯拉夫禁運措施的波及，致使北馬其頓獨立後的經濟發展形同雪上加霜。[7]

1992 年 9 月，為協助聯合國安理會執行對前南斯拉夫的禁運決議，歐安組織前資深官員委員會與歐盟共同決議，在環繞前南斯拉夫的鄰

---

[5] Nada Boškovska, "Makedonien – ein historischer Überblick", *OST-WEST Europäische Perspektiven*, 1/2015, https://www.owep.de/ausgabe/2015-1 (2022/12/07)

[6] 見：Der Spiegel, "Mazedonien:Die Unabhängigkeit und ihr Preis", 26.03.1999, in: https://www.spiegel.de/politik/ausland/mazedonien-die-unabhaengigkeit-und-ihr-preis-a-14828.html (2022/12/07)

[7] 北馬其頓主要的外貿對象為前南斯拉夫，而位於希臘北部，臨愛琴海的泰薩隆尼基是北馬其頓貨物進出的唯一港口。該國 80%的貨物進出口，尤其是金屬加工都經由泰薩隆尼基港。

國邊界地區,成立歐安組織協助禁運任務團(OSCE Sanctions Assistance Missions),以派遣監視員和諮詢當地國政府的方式,嚴格管制進出前南斯拉夫的貨物。禁運任務團分布在阿爾巴尼亞、保加利亞、克羅埃西亞、匈牙利、北馬其頓、羅馬尼亞和烏克蘭等七個國家與前南斯拉夫接壤的邊界地區。歐安組織任命一位歐盟/歐安組織禁運協調專員(EU/OSCE Sanctions Co-ordinator),專責兩個組織之間的分工與協調,以及組成總人數最高達 160 人的監視任務團,其中在北馬其頓就派遣超過 50 人。[8]

北馬其頓獨立之初,經濟發展相當落後。因禁運之故,既阻礙外資進入,也導致失業率高達 30%。北馬其頓內部最大的隱憂來自於潛在的族群問題,亦即阿爾巴尼亞裔族群對內的自治要求,以及易受到來自阿爾巴尼亞和科索沃阿裔族群的外來影響。前者具體而言,阿裔居民做為北馬其頓境內第二大族群的訴求有四:[9]

1. 在憲法內具備少數族群的地位
2. 阿爾巴尼亞語具有官方語言的地位
3. 在軍隊、警察、司法體系和高級文官層級內,阿裔族群具有合適的代表比例
4. 設立阿爾巴尼亞語教育機構(大學)的權利

就後者而言,科索沃阿裔人士,以及阿爾巴尼亞境內極端分子追求建立一個大阿爾巴尼亞的行動,自然會影響北馬其頓境內的阿裔族群;而科索沃內部阿爾巴尼亞裔與塞爾維亞裔之間的衝突,也可能將北馬其頓捲入一場鄰國的內戰。[10]至於宗教因素,在族群衝突問題上所扮演的角色就沒有那麼明顯。[11]

---

[8] 歐安組織於 1996 年 9 月 30 日終止禁運任務團的任務。
[9] Alice Ackerman, ibid., p.73.
[10] Martina Boden, op.cit., p.195.
[11] Matthias Dornfeld, *Das Konfliktmanagement der Organisation für Sicherheit und Zusammenarbeit in Europa (OSZE) – Eine Analyse am Beispiel der interethnischen Konflikteskalation in der Republik Makedonien 2001*, (Berlin: poli-e-Books-Fachverlag für politische Kommunikation, 2006), p.69.

北馬其頓於 1991 年宣布獨立後,陸續向國際組織提出申請入會,但因該國在前南斯拉夫內部的地位問題,屢屢遭受到挫折。直到 1993 年以「前南斯拉夫共和國馬其頓」之名加入聯合國後,歐安組織才賦予其觀察員的地位。不過阿爾巴尼亞因北馬其頓內部阿裔居民之故,兩國之間的關係一直呈現緊張的狀態,阿國堅持北馬其頓的觀察員地位,只能是一個無任何發言權的沉默觀察員(silent observer)。[12]直到 1995 年布達佩斯部長會議,歡迎北馬其頓加入歐安組織,成為參與國後,北馬其頓才獲得全權參與的平等地位。

1994 年 12 月,阿裔居民在以阿裔佔多數的泰托沃,成立第一所以阿爾巴尼亞語教學的私立大學,卻被政府視為是非法成立的教育機構,因為依據當時該國憲法第 48 條規定,高等教育機構只能以馬其頓語教學。歐安組織少數民族高級委員范德史托爾(Max van der Stoel)於 1994 年訪問北馬其頓後[13],特別致函其外交部長茨爾文科斯基(Stevo Crvenkovski),指出依據 1990 年的歐安組織哥本哈根文件(Copenhagen Document),任何少數民族都可以成立自己的教育、文化和宗教性的組織、機構或協會。北馬其頓政府雖然提高阿裔居民就讀首都斯科普里(Skopje)和比托拉(Bitola)兩所大學的新生比率(所有少數民族合計共 10%),從 1991/92 年入學的 2.4% 上升到 1994/95 年的 5.2%,但與阿裔人口所占接近 23% 的總人口比例有相當大的落差。范德史托爾在信中提出相當務實的建議,亦即在符合歐安組織相關規範與北馬其頓的憲法之下,成立一所以阿爾巴尼亞語和馬其頓語,以及英語授課的公共行政暨經濟學院(Higher Education Center for Public Administration and Business),以培養該國社會經濟發展所需的人才,而英語授課則可與國際接軌。該高教機構所需的經費每年約 180 萬美元,可向國際社會募款支應。范德史托爾認為這是一項對雙方有益的妥協方案:既可符合阿裔居民的需求,又有利於國家的建設發展。[14]對於范德史托爾的妥

---

[12] Alice Ackerman, "Die Republik Mazedonien und die OSZE", in: IFSH (ed.), *OSZE-Jahrbuch 1997*, (Baden-Baden: Nomos Verlagsgesellschaft 1997), p.75.

[13] 范德史托爾在 1993 到 1995 年期間,總共訪問北馬其頓 11 次。

[14] CSCE High Commissioner on National minorities, REF.HC/3/95, 10 July 1995, in: https://www.osce.org/files/f/documents/4/8/30492.pdf (2022/12/08)

協建議案，北馬其頓外長僅表示，會將他的建議案列入新草擬的高等教育法中。[15]北馬其頓政府直到 2004 年 12 月才正式承認由阿裔族群設立之泰托沃大學的合法地位，成為國內六所國立大學之一。[16]

在北馬其頓境內，歐安組織少數民族高級委員處理的問題不僅侷限於少數民族的權利，有時還必須關切多數族群對少數的暴力。1997 年在中右翼政黨「馬其頓內部革命組織—馬其頓民族統一黨」（Internal Macedonian Revolutionary Organization – Democratic Party for Macedonian National Unity，一般簡寫成 VMRO DPMNE）的組織動員之下，高中生和大學生發動一場學生示威遊行，抗議執政的社會民主聯盟（Social Democratic Union of Macedonia）允許位於首都科斯普里的教育學院，得以阿爾巴尼亞語授課的決定。學生們聚集於國會大廈外達數週之久，並舉行絕食抗議。學生的示威活動除了加深已高度緊張的群關係之外，也讓組織這次示威的右翼人士獲利不少。[17]歐安組織少數民族高級委員雖對示威活動中出現的不容忍（intolerance）發出警訊，卻也支持執政黨一再重申於歐安組織規範下，尊重少數民族的權利的保證。[18]

1999 年 3 月科索沃爆發武裝衝突，北約的大規模空襲，造成百萬科索沃阿爾巴尼亞裔居民逃往阿爾巴尼亞（43.5 萬人）、蒙地內哥羅（6.9 萬人），以及北馬其頓（34.4 萬人）和其他地區。此一規模的逃亡人潮，僅非洲大湖區和伊拉克境內庫德族區可比擬，對國際社會和周遭國家

---

[15] Ibid.
[16] 北馬其頓共有六所國立大學和十餘所私立高等校院。范德史托爾 1994 年建議設立的學院，最終於 2001 年成立東南歐大學（South East European University），其辦學所需的經費主要來自歐洲聯盟與美國國際發展署（US Agency for International Development）的資助。
[17] 見：Sinisa Jakov Marusic, "Nikola Todorov – Macedonia's Unwanted Reformer", *BalkanInsight*, December 12, 2012, in: https://balkaninsight.com/2012/12/12/nikola-todorov-macedonia-s-unwanted-reformer/(2022/10/12)
[18] 參閱：OSCE/Secretariat, Report of the High Commissioner on National Minorities regarding his Visit the FRY of Macedonia 10-13 1997, REF.HC/9/97, 16 July 1997, in: https://www.osce.org/files/f/documents/9/3/30495.pdf (2022/12/07)

造成重大影響。[19]尤其是北馬其頓，一下湧入約佔全國總人口六分之一的阿爾巴尼亞裔，其影響不僅是社會與經濟面，更為北馬其頓的國家安全蒙上一層陰影。[20]大量阿爾巴尼亞裔湧入，頓時提高阿裔族群所佔的人口比例。此一情形導致北馬其頓民眾反對北約空襲、破壞歐安組織和聯合國難民署的公務車、騷擾甚至攻擊美英大使館，國內形成一股反「西方與國際組織」的風潮。[21]另一方面，從科索沃逃入北馬其頓的阿裔「民族解放軍」(Ushtria Çlirimatre Kombëtare, UÇK)[22]不僅獲得多數阿裔居民的支持，國內也出現相同名稱的民兵組織，開始攻擊政府建築物。北馬其頓有陷入內戰之虞。

  2001 年 1 月 22 日境內的民族解放軍首次攻擊位於北馬其頓西北方，距科索沃邊界約 15 公里的提爾西（Tearce）警察局，造成數人傷亡，之後在泰托沃和庫曼諾沃（Kumanovo）等城鎮，針對官方建築物發動數次武裝攻擊，拉開阿裔民族解放軍與北馬其頓政府部隊之間長達七個月的武力衝突序幕。北馬其頓政府於 3 月 21 日對民族解放軍下達最後通牒，呼籲在 24 小時內放下武器，否則將展開武力反擊。3 月 25 日北馬其頓政府部隊開始大規模轟炸民族解放軍的陣地，四天後政府部隊停止攻勢，宣稱民族解放軍已退入科索沃。雙方之間的武裝衝突似乎有停止的趨勢。然而捲土重來的民族解放軍於 6 月時，進軍到首都斯科普里附近，而政府部隊一時之間卻無法擊退為數約 500 名戰

---

[19] 見：United Nation High Commissioner for Refugee, *The Kosovo refugee crisis an independent evaluation of UNHCR's emergency preparedness and response,* p.6, in: https://www.unhcr.org/3ba0bbeb4.pdf (2022/10/12)

[20] 據當時國際貨幣基金組織於 1999 年 5 月的預估報告指出，科索沃衝突對周遭國家可能造成高達 12 億美元的經濟損失。若戰事膠著，難民無法返鄉，則經濟損失更可達 22 億美元。見：International Monetary Fund, "The Economic Consequences of the Kosovo Crisis: An Updated Assessment", May 25, 1999, in https://www.imf.org/external/pubs/ft/kosovo/052599.htm#VI

[21] Ibid., p.11

[22] 阿爾巴尼亞語。有關北馬其頓「民族解放軍」的由來、組成和主張，請參閱：Alice Ackermann, "Auf des Messers Schneide – Mazedonien zehn Jahre nach der Unabhägigkeit", in: IFSH (ed.), *OSZE-Jahrbuch 2001*, (Baden-Baden: Nomos Verlagsgesellschaft, 2001), pp.125-144.

士的民族解放軍。雙方可能爆發一場大規模的血腥衝突。後在歐盟的奔走調解之下，雙方最終同意停火，民族解放軍退入位於庫曼諾沃附近，由北約派駐之「科索沃武力」（KFOR Kosovo Force）部隊的軍營。

同一時間，北馬其頓總統特拉伊科夫斯基（Boris Trajkovski）發表聲明，請求北約協助該國解除阿裔極端分子的武裝，以及將民族解放軍去軍事化。不過，北約的回應是，只有在衝突團體之間的政治對話獲得成功，以及各方確實遵守停火時，北約才會派遣武裝部隊，協助北馬其頓，收繳阿裔極端分子的武器。[23]

對阿裔民族解放軍的訴求和發動一連串的武裝攻擊，以及如何解決這次的武力衝突，北馬其頓內部存在著不同，甚至相對立的意見。總統傾向在北約的協助下，解除民族解放軍的武裝，並給予特赦；而具民族主義傾向的政黨則採取強硬措施，堅持以武力對付民族解放軍，甚至不惜發動示威遊行，向政府表達反對向阿裔少數族群或民族解放軍，做出任何讓步的強硬立場。[24]另一方面，聯合內閣中由阿裔人士組成的馬其頓阿爾巴尼亞民主黨（Democratic Party of Albanians）和民主富裕黨（Party for Democratic Prosperity）[25]的兩位黨主席與民族解放軍首領阿赫麥提（Ali Ahmeti）「私自」簽署「和平協議書」，提出憲法改革、阿爾巴尼亞語做為第二官方語言、更高比例的國會議員代表，以及更大的地區自治權等政治訴求時，遭到政府和各國際組織的堅決反對後，幾乎導致聯合內閣垮台。最後在歐盟外交暨安全政策高級代表索拉納的努力奔走下，才得以確保聯合內閣的完整，並宣布該「和平協議書」無效。[26]

---

[23] 見：NATO, "Skopje requests NATO assistance", in: https://www.nato.int/docu/update/2001/0618/e0620a.htm (2022/12/08)

[24] Alice Ackermann, op.cit., p.135.

[25] 這兩個由阿裔人士組成的政黨，自北馬其頓獨立後，即多次參與聯合內閣，成為政壇上主要的政黨之二。但自 2002 年的大選後，阿爾巴尼亞民主黨逐漸失去選民的支持，2016 年國會大選得票率為 2.6%（2 席），2020 年僅獲得 1.5%（1 席）的選票。民主富裕黨的情形顯得更糟，2002 大選得票率為 2.3%（2 席），自 2011 年後得票率皆不足 1%。

[26] Alice Ackermann, op.cit., p.136.

相較於北馬其頓政府和阿裔族群政黨對如何結束危機的意見分歧，歐盟、北約、歐安組織和美國皆同意在處理危機時，國際社會必須採取一致的立場：支持北馬其頓政府的軍事反應措施，但也要求衝突各方進行政治協商。透過索拉納和北約秘書長羅伯森（George Robertson）兩人的奔走協調，最後在歐盟特別代表雷歐塔德（Francois Leotard）和美國特別代表柏祖（James W. Pardew）兩人的見證下，總統特拉伊科夫斯基和四位政黨領袖[27]，於 2001 年 8 月 13 日在奧赫里德簽署框架協議（Framework Agreement），正式結束暴力衝突。[28]

　　奧赫里德框架協議追求的目標在於確保北馬其頓之民主制度的未來，以及容許（permit）北馬其頓與歐洲－大西洋共同體發展更緊密和更整合性的關係。協議之所以使用「容許」這個字眼，主要還是滿足北馬其頓對加入歐盟與北約的期待。奧赫里德框架協議的實質內容分為兩大部分：一方面是中止敵意的時程和解除阿裔民族解放軍的武裝；另一方面是廣泛的法律與憲法改革，包括去中央化的政府制度、消除歧視與平等代表、教育與語言政策，以及表達族裔認同的權利等。簡言之，奧赫里德框架協議所欲改革的項目極為廣泛，從發給少數民族的雙語證明文件、行政與司法的全面性改革、武裝部隊改革，直到國家體制的去中央化和區域重新劃分。[29]

　　奧赫里德框架協議包含三項附件：附件一為憲法修正案，附件二為法規修正案（如地方政府自治、地方財政、公職人員與公共行政、選

---

[27] 政黨領袖分別為 Arben Xhaferi（阿爾巴尼亞民主黨）、Imer Imeri（民主繁榮黨）、Branko Crvenkovski（馬其頓社會民主聯盟），以及 Ljubco Gerogievski（馬其頓內部革命組織—馬其頓民族統一民主黨），參閱："Frame Agreement Concluded at Ohrid, Macedonia, Signed at Skopje, Macedonia on 13 August 2001", in: https://www.osce.org/files/f/documents/2/8/100622.pdf (2022/10/12)

[28] 奧赫里德框架協議全文見：OSCE, Framework Agreement Concluded at Ohrid, Macedonia, Signed at Skopje, Macedonia on 13 August 2001, in: https://www.osce.org/files/f/documents/2/8/100622.pdf (2022/10/12)

[29] Harald Schenker, "Mazedonien und 'seine' OSZE-Mission 2002-2004: Erfolg auf Raten", in: IFSH (ed.), *OSZE-Jahrbuch 2004*, (Baden-Baden: Nomos Verlagsgesellschaft, 2004), p.117.

區劃分等），附件三為執行與信任建立措施。在附件三裡，北馬其頓簽約各方邀請國際社會，在歐盟的協調下，監視和協助執行奧赫里德框架協議的各要點，主要有下列四項：

1. 人口普查與選舉：前者由歐洲理事會和歐盟負責國際監督，後者則邀請包括歐安組織在內的國際社會，組團觀察規劃於 2002 年 1 月 27 日舉行的國會選舉；

2. 難民返鄉、恢復名譽和重建：以聯合國難民署（United Nation High Commissioner for Refugees）、歐盟執委會和世界銀行為主要協助的國際組織；

3. 消除歧視與平等代表：歐安組織、歐盟和美國被賦予協助執行警務人員的徵選與訓練計畫；以及

4. 文化、教育與語言的使用：歐安組織協助發展包括阿爾巴尼亞語在內，涵蓋各族群語言的大眾傳播媒體（廣播電台、電視、印刷媒體）。

　　奧赫里德協定簽署後，北約隨即於 8 月 22 日決定派遣一支 3,500 人的武裝部隊，進入北馬其頓，執行為期 30 日，代號為「Essential Harvest」的部署行動，以解除阿裔民族解放軍的武裝和摧毀繳獲的武器。[30]在北約部隊的監視下，民族解放軍不僅被解除武裝，更被解散。為協助實踐奧赫里德框架協議，9 月 26 日北約通過為期三個月的「Amber Fox」行動，以保護歐盟和歐安組織監視實踐奧赫里德框架協議之國際人員的人身安全。[31]2003 年北約將維護國際人員安全的任務移交給歐盟。（見表 10）

---

[30] 見：NATO, "Operation Essential Harvest", in: https://www.nato.int/fyrom/tfh/home.htm (2022/12/08)

[31] 見：NATO, "Operation Amber Fox", in: https://www.nato.int/fyrom/tff/home.htm (2022/12/08)

表 10：北約與歐盟在北馬其頓的軍事任務團

	行動代號	任務	期限/人數	參與國家數
1	Essential Harvest（北約）	監視解除武裝	30 天/4800 人	14
2	Amber Fox（北約）	維護歐安組織國際監視員安全	3 個月/700 人	5
3	Allied Harmony（北約）	監視緊張區域、提供軍事支援	3.5 個月/450 人	8
4	EUFOR Concordia（歐盟）	監視邊界、維護國際監視員安全	8 個月/300 人	13

資料來源：作者自行製表

　　2002 年 9 月在歐安組織近千位國際選舉觀察人員的注視之下，北馬其頓舉行被視為是公平、自由的國會選舉。[32]社會民主聯盟（Social Democratic Union of Macedonia, SDSM）再度成為北馬其頓的最大黨[33]，但令人意外的是代表阿裔族群的阿爾巴尼亞民主黨和民主富裕黨，竟輸給由 2001 年民族解放軍解散後組成的民主聯盟（Democratic Union for Integration），民主聯盟一躍成為北馬其頓第三大政黨及代表阿裔族群的第一大黨。[34]此次大選後，北馬其頓進入落實奧赫里德框架協議的階段，歐安組織在處理族群融合方面，扮演主要的角色。

　　2001 年的武裝衝突與奧赫里德框架協議，凸顯出族群問題的嚴重性，以及處理該問題的高難度，否則不會導致族群之間的武裝衝突。

---

[32] Mattias Dornfeld, op.cit., pp.71-72.
[33] 北馬其頓社會民主聯盟於 1991 年 4 月成立，為主要的大黨之一。自成立以來，一直是聯合內閣的成員之一。其立場中間偏左，對內部族群問題和與希臘之間的爭議，採取較為溫和與務實的路線。
[34] 民主聯盟於 2001 年初組成，主要來自三股不同的勢力：一支是由之前散居在北馬其頓境外的阿裔族群組成，主要成員為領袖 Ali Ahmeti 與其夥伴；第二支勢力為來自其他阿裔政黨的政治人物，具有比較豐富的立法與行政經驗；第三支勢力為先前民族解放軍在地區層面的指揮官，常以村莊為其勢力範圍。參閱：Harald Schenker, op.cit., pp.118-119.

北馬其頓的國中小學實施的是族群混合的教育制度。所謂的混合，並非是不同族群的學生在同一間教室上課，而是在同一所學校，卻在不同大樓的教室各自上課，其所持的理由是基於安全顧慮，混在一起，教師或者學生之間很難不會發生肢體衝突。[35]而民族主義極端分子卻鼓吹以族群的居住地來畫分學區。此一教育上的族群問題，不僅歐安組織任務團無法解決，就連政府單位也幾乎束手無策，因為「家長關心的是孩童的安全」[36]，在同一班級上課總是會有安全上的風險。[37]

總的來說，北馬其頓自獨立後，面臨的最大問題是內部不同族群如何相處的問題，而奧赫里德框架協議乃是該國邁向和平的重要起點。

第二節　斯科普里任務團

歐安組織以長期任務團的方式介入北馬其頓，可說「歷久悠久」，幾乎與歐安組織任務團的發展歷史一樣久遠。最早是在 1992 年 1 月的布拉格部長會議中，鑒於南斯拉夫內戰所可能引發的外溢（spillover）效果，亦即戰火可能擴及其他的加盟共和國，以及加劇各加盟共和國內部的族群緊張情勢，乃思考派遣監視任務團（Monitor Mission）的可能性，以便支援歐盟在前南斯拉夫境內的監視任務團（European Community Monitoring Mission）。繼之則是上文提及，為期達四年之久的歐安組織協助禁運任務團。該任務團的派駐地雖達七個國家之多，卻以派駐在北馬其頓的人數為最多，且任務團所執行的禁運任務對北馬其頓的經濟影響甚為巨大。以下分兩階段介紹歐安組織派駐北馬其頓的任務團：

---

[35] Harald Schenker, "Mazedonien und 'seine' OSZE-Mission 2002-2004: Erfolg auf Raten", in: IFSH (ed.), *OSZE-Jahrbuch 2004*, (Baden-Baden: Nomos Verlagsgesellschaft, 2004), p.124.

[36] Ibid., p.125.

[37] 隸屬不同族群的中小學生如何上課，一直都是巴爾幹半島國家的棘手問題。有關這方面的問題分析，可參閱：Cyrill Stieger, *Die Macht des Ethnischen – Sichtbare und unsichtbare Trennlinie auf dem Balkan,* (Zürich: Rotpunktverlag, 2021).

OSCE 歐洲安全暨合作組織
與巴爾幹——東南歐任務團

一、斯科普里外溢監視任務團（1992-2010）

  1991年7月，經歐盟三巨頭（Troika）的協調[38]，涉入南斯拉夫內戰的交戰各方（前南斯拉夫、斯洛維尼亞和克羅埃西亞），於克羅埃西亞臨亞得里亞海的布里歐尼（Brioni）集會，協商如何解決三方之間的武力衝突問題。會後各方簽署布里歐尼協議書（Brioni Agreement），除了確定和平處理衝突問題的原則之外（協議書附件一），各方也同意由歐安組織組成監視任務團，以監視前南斯拉夫境內的情勢，以及監視交戰團體之間所簽署的各項協議之執行情形（附件二）。[39]這一份協議書，以及日後由涉入衝突之當事團體所簽署的各項協議，最終促成歐盟派遣由15個會員國組成的監視任務團進入前南斯拉夫。歐盟監視任務團的總部設於薩拉耶佛，並在索菲亞、地拉那、貝爾格勒、查格里布、斯科普里等城市設立地區辦公室。[40]

  1992年4月當波士尼亞內部的戰火被點燃時，前美國總統布希（George Bush）即要求歐安組織，派遣觀察任務團進入塞爾維亞和波士尼亞的邊界地區，觀察情勢發展，避免戰火蔓延到北馬其頓，以及觀察北馬其頓的內部情勢，尤其是阿裔族群的反應。[41]四個月之後，歐安組織前資深官員委員會於第16次會議中表示，為防範未然起見，「派駐鄰國的觀察員有助於避免緊張情勢外溢到其他國家，也可協助監視

---

[38] 歐盟三巨頭由前現後任的輪值主席國（外交部長）組成。
[39] 布里歐尼協議書附件二規範歐安組織所派遣的觀察任務團（Observer Mission），僅侷限於斯洛維尼亞，以及必要的話克羅埃西亞。但歐安組織最終並沒有派遣觀察或監視任務團進入斯洛維尼亞，而是在該國申請加入歐安組織時，邀請人權報告任務團（Human Rights Rapporteur Mission），進入該國查核其遵守歐安組織相關規範的情形，請見："URADNI List.", in: https://peacemaker.un.org/sites/peacemaker.un.org/files/HR%20RS%20SI_910707_Brioni%20Declaration.pdf (2022/12/08)
[40] 見 Kerensa Hardy, "EUMM stands back, observers political activity", SFOR Informer #115, June 13. 2001, in:
https://www.nato.int/sfor/indexinf/115/p03a/t0103a.htm (2021/01/22)
[41] Alice Ackerman, op.cit., p.74.

實踐聯合國的禁運措施」,因此決議與斯科普理當局共同討論派遣觀察任務團至該地的可能性。[42]9 月,前資深官員委員會決議在塞爾維亞和蒙特內哥羅與鄰國的邊界地帶,派遣一個監視任務團,以監視邊界的情勢發展,並在斯科普里設立一個任務團協調中心(Mission Co-ordination Centre)。經過歐安組織內部工作小組的籌畫後,遂在 11 月 6 日正式通過成立「歐安組織斯科普里外溢監視任務團」(The CSCE Spillover Monitor Mission to Skopje)。翌日,前馬其頓共和國外交部長馬列斯基(Denko Maleski)遞交一封「有關歐安組織外溢監視任務團之諒解條款」(Articles of Understanding CSCE Spillover Monitor Mission)的信函給歐安組織,信中劃定任務團的主要任務為監視邊界地區的情勢發展,其目的為:1.確保(北馬其頓的)領土完整;2.促進維持和平、穩定與安全,以及 3.預防區域內可能的衝突。[43]為完成這三項目標,北馬其頓政府允諾提供歐安組織相關的資訊,以及提供完成任務團目標之所有必需的全面合作。

　　為實踐諒解條款所設定的任務目標,任務團應和斯科普里當局、政黨和團體代表,以及其他一般市民建立對話、赴各地巡視,以評估區域穩定的程度和發生衝突與緊張不安的可能性。若是爆發衝突,任務團應協助查證事實,以避免情勢惡化。有關任務團執行任務的期限,諒解條款並無明確規範,僅只載明任一方若有意終止條款所規範的行動,應於 15 日前通知另一方。任務團執行任務初期(1993 年)僅有 8 位監視員(monitor),另有兩位歐盟的監視員由歐安組織任務團調度;預算編列約 8 百萬奧地利幣(換算約 58 萬歐元)[44]。任務團的總部設於首都斯科普里,另外在鄰近科索沃邊界,以阿裔居民為主的泰托沃和靠近塞爾維亞邊界的庫曼洛沃兩地成立地區辦公室。

---

[42] 見:CSCE Fifteenth Meeting of the Committee of Senior Officials, Prague 1992, in: https://www.osce.org/files/f/documents/1/1/16159.pdf (2022/12/08)

[43] 見:Mandate Articles of Understanding Concerning CSCE Spillover Monitor Mission to Skopje, in: https://www.osce.org/files/f/documents/d/4/42366.pdf (2022/12/08)

[44] 因總部設於維也納之故,早期歐安組織以奧地利幣為計算單位。俟歐元正式發行後,改以歐元計算。

任務團於 12 月正式執行諒解條款所列舉的工作，除了和北馬其頓政府官員、各政黨會談外，也和記者、工會幹部，以及地方居民進行非正式的訪談。任務團成員執行任務期間，科索沃的情勢發展、足以影響族群關係的事件、難民潮、邊界安全，尤其是內部政治和經濟的穩定，逐漸成為觀察的重點。任務團成員也定期訪問鄰近塞爾維亞和阿爾巴尼亞邊界的城市。[45]此外任務團團長也和聯合國派遣至波士尼亞的「聯合國保護武力」（United Nations Protection Force）部隊，駐紮在北馬其頓的部隊指揮官，定期交換相關的情報資訊，以及彼此協調監視情勢的工作。[46]

外溢監視任務團執行任務的期限，初期為六個月，之後每次延長以六個月為限，直到 2006 年 12 月常設理事會才將期限延長為一年（第 764 號決議案）。任務團配置的人員數，歷年約在 150 到 200 人之間，但有逐年微幅縮減的趨勢。以 2010 年為例，由各參與國派遣的團員有 53 人，當地雇員 140 人，兩者合計 193 人。此一人員配置約占歐安組織該年度任務團成員（1,777 人）的 11%，僅次於科索沃和波士尼亞任務團團員人數。

根據外溢監視任務團的首次年度報告（1993），在任務團巡視的邊界地區並沒有衝突外溢的明顯徵兆，值得關注的反而是北馬其頓內部日益惡化的經濟情況；另一方面北馬其頓則關切該國在歐安組織內部的地位問題，亦即申請加入成為參與國的問題。除了任務團之外，歐安組織的兩個主要機構：少數民族高級委員和民主辦公室，透過任務團的規劃與協助，分別至北馬其頓進行具預防外交性質的活動。

1993 年 6 月和 10 月少數民族高級委員范德史托爾（Max van der Stoel）訪問北馬其頓，分別與政府官員和阿裔族群代表進行對話，了解爭議所在，並試圖協商出消弭歧見的可能性。范德史托爾也訪問阿爾巴尼亞，聽取阿國政府對阿裔族群在北馬其頓境內之處境的意見。

---

[45] Alice Ackermann, op.cit., p.78.
[46] Marcus Wenig, *Möglichkeiten und Grenzen der Streibeilegung ethinischer Konflikte durch die OSZE*, (Berlin: Duncker & Humblot GmbH, 1996), p.250.

第伍章　北馬其頓與歐安組織

1994 年民主辦公室則派遣專家到斯科普里的歐安組織任務團總部，就歐盟和歐洲理事會主持的北馬其頓人口普查事項，提供背景與專業知識；也訪問阿裔居民，進行廣泛的意見交換。[47]

各方對南斯拉夫內戰（波士尼亞）所引發之衝突外溢的擔憂，隨著 1995 年 12 月交戰團體簽署岱頓和平協定，以及北馬其頓和前南斯拉夫聯邦共和國（塞爾維亞與蒙特內哥羅）的互相承認，已逐漸降低。監視任務團遂將監視與觀察的重點轉向北馬其頓內部情勢，尤其是阿爾巴尼亞裔的活動所可能引發的族群對立；並且協助少數民族高級委員與民主辦公室在北馬其頓進行預防外交的工作。對這兩個單位來說，阿裔族群的政治、文化、教育等權利，一直是關切的重點，其他如促進新聞媒體自由、獨立記者的地位等，也是工作的內容之一。

1998 年 3 月科索沃的緊張情勢有升高到戰爭的可能時，常設理事會決定強化任務團的監視能量，以便任務團具備足夠能力，以監視鄰近科索沃的邊界地區，避免科索沃的內部衝突外溢到北馬其頓（第 218 號決議案）。為達預警的功能，責成任務團團長定期回報監視報告；2001 年，當北部阿裔族群居住地區開始爆發武裝衝突，以及衝突程度升高時，常設理事會曾四度決議，增加任務團的人數，以監視和紀錄北部地區的安全情勢，包括武器走私、難民返鄉、人口販運、以及族群敏感區域內的敵意事件。任務團成員人數從最初的 8 人，一路增加到當年 9 月底的 159 人。這 159 人包括 72 位「信任建立監視員」（confidence-building monitor）、60 位警務諮詢專家（協助警力的階段性重新部署）、17 位警察訓練專家（協助執行警察學院專案），以及 10 位行政支援人員。北馬其頓北部的（族群）武裝衝突，最後在 2001 年 8 月簽署奧赫里德框架協議後，衝突漸趨平息，進入以實踐奧赫里德協議為目標的修復式和平過程。

從 2001 年到 2010 年的 10 年間，北馬其頓的內外部情勢，大體為平靜與穩定，然可引發衝突的因子尚未完全消失，尤其是在內政的改

---

[47] 見：CSCE/ODIHR Annual Report 1994, p.5. in: https://www.osce.org/files/f/documents/7/7/20535.pdf (2022/12/08)

革（選舉制度、司法、警察等），以及阿裔族群的地位與權利方面，仍有待任務團的協助。

2010年6月北馬其頓前外長米洛索斯基（Antonio Milošoski）以擔任歐洲理事會部長委員會輪值主席的身分，到歐安組織常設委員會訪問並致詞。米洛索斯基除指出兩個組織的互補價值之外，並表達將外溢監視任務團更名為歐安組織斯科普里任務團的想法。米洛索斯基的想法不僅符合東南歐的現實情況，也傳達「外溢監視」的任務已經無法彰顯北馬其頓的內部改革意圖。對此提議，歐盟會員國的參與國代表一致表達開放的態度，並表示將在年底與任務團展期的會議中一併討論。[48]而俄羅斯駐歐安組織常設代表阿齊莫夫（Anvar Azimov）並不認為任務團更名一事會遭遇重大的障礙。[49]2010年12月，常設理事會決議將斯科普里外溢監視任務團更名為斯科普里任務團（第977號決議案）。此一更名顯示出任務團功能的轉變，從監視與週遭鄰國的邊界情勢影響，轉換至協助內部的改革與制度建立。

二、斯科普里任務團（2011-）

就實質面來說，任務團更名，廢除「外溢監視」的字眼，只是反映現實局勢，且和其他任務團的名稱取得一致，不再標有特定的任務名稱而已。畢竟冠上特殊名詞，總會給人以與眾不同的印象。更名後，斯科普里任務團的任務主要有下列四項：

1. 實踐奧赫里德框架協議和促進內部族群關係

---

[48] 見：Spanish Presidency of the European Union, EU statement in response to the report by the Head of the OSCE Spillover Monitor Mission to Skopje, Ambassador José Luis Herrero Ansola, PC.DEL/626/10, 24 June 2010, in:
https://www.osce.org/files/f/documents/4/e/71079.pdf (2022/12/08)

[49] 見：Delegation of the Russian Federation, Statement by Anvar Azimov, Permanent Representative of the Russian Federation, at the Meeting of the OSCE Council, PC.DEL/631/10, 24 June 2010, in:
https://www.osce.org/files/f/documents/5/a/71100.pdf (2022/12/08)

2. 協助政府相關部門的改革：警察與執法部門、法治和司法部門、媒體自由、民主治理改革
3. 協助處理跨國的安全議題：組織化犯罪、網路犯罪、人口販運
4. 提供與安全情勢相關的早期預警

由於任務團協助改革的項目多且細，底下就以司法改革中的特別檢察官辦公室、選舉、人權、媒體自由，以及2015年爆發的難民潮，來說明任務團的工作重點。前四項屬任務團的工作，後一項則是因應難民湧入而新增的任務。

（一）、司法：特別檢察官辦公室

任務團協助北馬其頓司法改革的重點工作在於強化司法的獨立性和法律改革。2015年2月反對黨（SDSM）主席薩耶夫（Zoran Zaev）召開記者會，公布政府系統性地竊聽超過20,000人的通訊資料，內容包括政府與執政黨高級官員干涉司法、濫用公權力、控制媒體、干涉選舉等；5月，反對黨共舉行超過20次的記者會，進一步公布政府官員濫用公權力，竊聽電話通訊的詳細資料。反對黨指控所有的竊聽行動全來自時任總理兼執政黨主席谷耶夫斯基(Nikola Gruevski)的命令。執政黨（VMRO-DPMNE）並不否認這些資料的存在，卻將矛頭指向外國情報勢力，認為是外國情報當局進行的竊聽行動。自反對黨公布政府的竊聽資料後，北馬其頓民眾走上街頭抗議，要求涉案的總理和內閣部長下台。5月中，內政部和運輸部兩部的部長辭職下台，但總理拒不辭職。此一竊聽風暴有演變成內政危機的趨勢。7月在歐盟和美國的協調下，四大政黨共同簽署「普奇諾協議」（Przino Agreement）。協議要求總理提前下台、看守內閣籌備提前大選事宜（2016年4月），以及任命特別檢察官（Special Prosecutor）調查遭指控的各項違法事件。9月，國會通過成立特別檢察官辦公室（Special Prosecutor's Office）。[50]

---

[50] 特別檢察官辦公室是簡稱，其正式名稱相當長：The Public Prosecutor's Office for Prosecuting Criminal Offenses Related to and arising from the Content of the Illegally Intercepted Communications.（起訴與非法竊聽有關的刑事犯罪公訴檢察官辦公室）

這個辦公室由斯科普里任務團協助成立，荷蘭和美國國務院捐款支應其所需的經費。

在任務團協助之下，由亞內瓦（Katica Janeva）擔任特別主任檢察官[51]，辦公室著手調查竊聽案的相關資料，傳訊嫌疑人員，提告並參與法庭開庭辯論。從辦公室成立之日起到 2020 年 1 月，任務團成員觀察開庭過程，並分三階段公布三份法院開庭觀察報告（Trial Observations Report）。觀察法院開庭的過程，其目的乃在藉由評估開庭過程與國際公平審判標準的符合度，來提高司法制度的公平性、有效性與透明；另一方面，觀察開庭並不對個別案件做出優缺點的評價。在上述的觀察期間，任務團成員總共觀察 439 件案件的開庭過程。開庭結束後，觀察員即以標準化的報告，詳細撰寫觀察經過。在最終報告內，就公訴制度、被告律師、斯普科里刑事法庭（the Basic Criminal Court Skopje），以及立法和行政部門等，提出多項司法改革建議：如公訴檢察官應慎選有力證據、提升個人的證據論述能力、辯護律師應有職業道德，只接手熟悉的專業領域、避免因工作或商務旅行的個人因素而准予延期開庭（如國會議員以開會名義請假不出庭），以及與缺席審判相關的法規應符合國際標準等。[52]

任務團協助北馬其頓司法改革之所以重要，如美國駐歐安組織代表團所表達，「過去數年，北馬其頓在邁向具可運作之民主國家的轉型之路上，已有重要的進步。歐安組織斯科普里任務團完全有能力持續協助

---

[51] 亞內瓦被指控擔任特別主任檢察官期間（2018 年 11 月到 2019 年 4 月），與另一名商人 Bojan Jovanovski 共謀，涉嫌收賄 150 萬歐元，讓富商 Orce Kamcev 免受牢獄之災，並取得臨時護照。亞內瓦被控濫用權力，居家軟禁，一審遭判 7 年有期徒刑，另一位 9 年。兩名被告皆宣稱無罪，並認為本案是為打擊特別檢察官辦公室公信力而進行的政治操作。見：Sinisa Jakov Marusic, "North Macedonia Jails Ex-Special Prosecutor Over 'Extortion' Case", *BalkanInsight*, June 18, 2020, in: https://balkaninsight.com/2020/06/18/north-macedonia-jails-ex-special-prosecutor-over-extortion-case/ (2022/12/08)
[52] 見：OSCE/Mission to Skopje, Third Interim and Project Final Report on the Activities and the Case under the Competence of the Special Prosecutor's Office(SPO), in: https://www.osce.org/files/f/documents/7/a/451564.pdf (2022/12/08)

此一轉型過程,尤其是透過它在法治改革,以及和各方團體衡平往來方面的活動。」[53]不過,在特別主任檢察官亞內瓦因涉案(Extortion)被收押,並於第一審被判有期徒刑 7 年後,特別檢察官的形象與民眾對它的期待一落千丈。2020 年 3 月國會通過立法,將特別檢察官手中的案件全數移轉至檢察部後,特別檢察官辦公室於 7 月 1 日正式走入歷史。特別檢察官辦公室成立之初,民眾普遍認為係對抗政商勾結和改革司法的象徵所在,但因亞內瓦涉入收賄事件,民眾不僅對司法失望,更表示北馬其頓的政府從來就不曾想建立一套獨立且公正的司法制度。[54]

(二)、選舉

北馬其頓自 1991 年宣布獨立後,幾乎每隔一兩年都會舉行中央、地方或首都地區的大小選舉。每一次選舉,歐安組織皆在任務團的安排協助下,由民主辦公室組成選舉觀察團赴北馬其頓各地,進行選舉觀察。選舉觀察的主要目的是察看北馬其頓的選舉法規、候選人與選民登記、競選活動、選區劃分、選務機關、媒體,以及處理選舉訴訟的機關等是否符合歐安組織的相關規範,以及與國際標準相契合。每次的選舉觀察團成員大多在數百人之眾,2019 年總統選舉有 39 位長期和 250 位短期觀察員。長期觀察員由民主辦公室的專家組成,通常於投票日前一個月即赴各選區進行選情觀察,選舉結束後兩周離境。短期觀察員由各參與國提供,於距投票日四或五天前抵達,經過兩日的說明會後,投票前一日赴劃分好的觀察區,並於投票結束兩三日後提交觀察報告書且離境。截至 2021 年,歐安組織已觀察過北馬其頓 17 次選舉和 2 次公民投票。

---

[53] United States Mission to the OSCE: Response to the Head of the OSCE Mission to Skopje, Clemens Koja, November 22, 2018, in: https://www.osce.org/files/f/documents/3/9/404405.pdf (2021/06/16)

[54] Vasko Magleshov, "Justice Denied: How North Macedonia's Special Prosecution Became History", *BalkanInsight*, July 1, 2020, in: https://balkaninsight.com/2020/07/01/justice-denied-how-north-macedonias-special-prosecution-became-history/ (2021/06/21)

依據民主辦公室於每屆選舉後所提出的選舉觀察報告，北馬其頓的選舉大抵皆符合歐安組織相關規範與國際標準。針對 2019 年的總統大選，選舉觀察報告書給予的評語是：「選民有能力在各政治理念之間，做出有意識的選擇；選戰中，代表與言論表達的基本自由皆受到尊重。儘管有部分技術方面的挑戰，選務辦理良好。」[55]2020 年 7 月舉行的國會提前大選，選舉觀察報告提出的正面觀點較多：「選戰儘管充滿負面消息，是一場真正競爭性的選戰，候選人可以充分表達他們的理念。」[56]雖有正面評價，選舉報告書也提出改善建議，如 2019 年總統大選，選舉觀察報告書共提出 8 項優先建議案，以及在選舉行政、選民登記、候選人登記、選戰、選舉經費等項目，提出 20 項建議案。其中在選民登記方面，選舉報告提出的改善建議是：透過去除以智力或社會心理功能障礙之人士的選舉權限制，（讓）法律符合身心障礙人士權利公約（Convention on the Rights of Persons with Disabilities）的目標。

除選舉觀察外，任務團與民主辦公室在選舉項目所負責之事項不同的是，任務團協助政府改革選舉制度、協助選務人員的作業符合國際標準、協助選務機關改善選舉缺失等等。其實任務團與民主辦公室兩者之間是互助合作，相輔相成。例如在歷次的選舉最後報告書內，民主辦公室皆提出針對身心障礙人士之政治與選舉參與的改革建議。針對此一議題，任務團不僅邀請專家研究身心障礙人士的政治參與[57]，並與民主辦公室共同舉辦提高身心障礙人士參與選舉的會議。該會邀請政府各部門代表（中央選舉委員會、司法部、勞工部等機關）、身心

---

[55] OSCEODIHR, Republic of North Macedonia, Presidential Election 21 April and 5 Mar, 2019, Final Report, Warsaw, 21 August 2019, in: https://www.osce.org/files/f/documents/1/7/428369_1.pdf (2022/12/08)

[56] OSCE/ODIHR, Republic of Macedonia, Early Parliamentary Election 15 July 2020, Final Report, Warsaw, 2 October 2020, in: https://www.osce.org/files/f/documents/b/e/465648_2.pdf (2022/2/08)

[57] Zhaneta Poposka (ed.), ANALYSIS of the Political Participation of Persons with Disabilities, in: https://www.osce.org/files/Analysis%20of%20the%20Political%20Participation%20of%20PwDs_ENG.pdf (2022/10/13)

障礙人士團體和國際組織代表,討論身心障礙人士參與選舉過程所可能遭遇的困難與解決之道。[58]

(三)、人權

在憲法層面,北馬其頓憲法從第 8 條到第 60 條全都與保障基本自由和權利有關。這些自由與權利和其他民主國家憲法所規範的自由與權利約略相當。為保障人民的自由與權利,北馬其頓設有「反歧視之預防與保護委員會」(Commission for Prevention and Protection against Discrimination)和「人權監察官」(Ombudsman)等機構。北馬其頓於 2010 年通過反歧視法(Anti-Discrimination Law),但從 2006 年到 2017 年,執政黨(VMRO-DPMNE)卻拒絕將基於性傾向的歧視納入包括反歧視法在內的相關法規內。2019 年執政的社會民主黨將性傾向歧視納入反歧視法內,並獲國會通過。此一事件獲得歐盟、歐安組織的讚許,但憲法法庭卻以程序缺失為由,宣布該法無效。[59]2020 年 10 月,北馬其頓國會以 69 票(共 120 票)的多數,再次通過反歧視法。反歧視法的主要目的在於:實踐人權與自由時,確保平等原則,以及保護和預防反歧視(第 2 條)。[60]第 5 條清楚列出基於 18 項原因的歧視。[61]2021 年 1 月國會根據該法選出預防歧視委員會的七位委員。人權監察官的主要職責在保護憲法和法律賦予公民的權利,不受到政府機關的侵害(憲法第 77 條)。

---

[58] 見:Electoral participation of persons with disabilities promoted at national conference organized by ODIHR and OSCE Mission to Skopje, 6 February 2019, in: https://www.osce.org/odihr/410850 (2022/10/13)

[59] 憲法法庭稱法案必須由國會 120 位委員的多數通過,而不是在場委員的多數。

[60] European Commission, *European network of legal experts in gender equality and non- discrimination: Country Report North Macedonia*, 2021, in: https://www.equalitylaw.eu/downloads/5491-north-macedonia-country-report-non-discrimination-2021-1-11-mb (2022/10/13)

[61] 這 18 項原因包括種族、膚色、出身、國籍或族群、性、性別、性傾向、性別認同、語言、教育、宗教、政治信仰、身障、年齡、家庭或婚姻狀況等等。

大體而論，北馬其頓人民的自由與權利並沒有受到明顯的限制或侵害。司法部甚至在 2021 年 4 月通過一份友善性別認同的法案，亦即人民可以更改出生時的性別登記。[62] 就整個巴爾幹地區來說，這一部法律可說相當先進。

北馬其頓境內涉及自由與權利方面，比較大的問題在仇恨犯罪（hate crime）。憲法第 19 條規範宗教信仰的自由，並保障北馬其頓東正教會與其他宗教團體在法律之前平等，且與國家分離。北馬其頓東正教會與其他宗教團體亦可自由地建立學校和社會福利機構。2020 年，北馬其頓境內以信仰基督教的人占多數，約 130 萬人（61.6%），其次是伊斯蘭信徒，約 77 萬人（36.6%），其他還有少數天主教徒、無神論者。在馬其頓人和阿爾巴尼亞裔，或者是基於宗教因素的東正教與伊斯蘭教之間，經常爆發仇恨犯罪，而相關政府機關則設法淡化基於族群或宗教因素的衝突事件。[63]

依據 2002 年的人口普查，北馬其頓以馬其頓人居多數，約占總人口的 64.2%，其次是阿爾巴尼亞裔，約為 25.2%，其他的少數族群有土耳其裔、塞爾維亞裔、波士尼亞裔、吉普賽人等。北馬其頓的憲法保障少數族群在地方自治層面，可以使用除了官方語言與文字之外少數族群的語言與文字（第 7 條）。[64] 為促進內部族群關係，原先在憲法第 78 條明定成立「內部族群關係理事會」（Council for Inter-Ethnic Relations），除國會議長為其當然委員外，由國會依族群選出 12 位委員組成。後在憲法第 12 號修正案中，將理事會改為「內部族群關係委員會」（Inter-Community Relations Committee），委員人數擴增到 19 人，其中馬其頓

---

[62] Sinisa Jakov Marusic, "North Macedonia to Recognize Identity of Transgender People", BalkanInsight, April 28, 2021, in: https://balkaninsight.com/2021/04/28/north-macedonia-to-recognize-identity-of-transgender-people/ (2022/10/13)

[63] Sinisa Jakov Marusic, "Macedonia 'Hiding' Rise in Hate Attacks, Report Says", *BalkanInsight*, May 22, 2013, in: https://balkaninsight.com/2013/05/22/macedonia-ignores-hate-crimes-helsinki-committee-says/ (2022/10/13)

[64] 見：Constitution of the Republic of Macedonia, in: https://www.ilo.org/dyn/natlex/docs/ELECTRONIC/36714/70972/F511737559/MKD36714%20Eng.pdf (2022/12/08)

人與阿裔各 7 人，土耳其裔、弗拉赫人（Vlach）[65]、吉普賽人、塞爾維亞裔和波士尼亞裔各一人。[66]

除了中央層級，在地方層級，依據奧赫里德框架協議中的去中央化（decentralization）與自方自治原則，在地方自治法中亦有內部族群關係委員會的規範。該法明定只要某一地區的居住人口中，單一族群人口超過 20%以上，應成立內部族群關係委員會，且各族群擁有的委員人數相同。委員會與國會委員會的性質相同，亦即就涉及少數族群的議題提出意見與處理方式，而地方議會和國會就該建議做出決議。成立內部族群關係委員會的主張為「勿傷害他人的感情」（Do not hurt the feelings of others）。[67]

一般說來，北馬其頓的阿裔族群的經濟環境比周遭鄰國的阿裔族群要來得好些，但阿裔族群仍不滿他們在北馬其頓所遭遇到的待遇，要求憲法應將阿爾巴尼亞語列為國家的官方語言，而不是僅侷限於以居住阿裔人數為多數的地方政府自治區。[68]2018 年執政的右翼政黨 VMRO DPMNE 下台，反對黨上台後，隨即通過新的國家語言法，將阿爾巴尼亞語列為國家官方語言，廢除它的地域性限制。[69]只是這一個法的背後，可見到科索沃與阿爾尼亞政府的努力痕跡。[70]

---

[65] 弗拉赫人為巴爾幹地區操羅曼語的族群，目前散居在阿爾巴尼亞南部、保加利亞、希臘北部和北馬其頓等地。

[66] 參閱：Assembly of the Republic of North Macedonia, Inter-Community Relations Committee, in: https://www.sobranie.mk/inter-community-relations-committee.nspx (2022/12/08)

[67] 參閱：OSCE/Mission to North Macedonia, Committee for Inter Community Relations – CICR Establishment, mandate and exiting experiences, in: https://www.osce.org/files/f/documents/e/e/30744.pdf (2022/12/08)

[68] Fatjona Mejdini, "Kosovo, Albania Condemn Macedonian President's Veto", *BalkanInsight*, March 2, 2017, in: https://balkaninsight.com/2017/03/02/tirana-and-prishtina-accuse-macedonian-president-for-ethnic-discrimination-03-02-2017/ (2022/12/08)

[69] Sinisa Jakov Marusic, "Macedonia Passes Albanian Language Law", *BalkanInsight*, January 11, 2018, in: https://balkaninsight.com/2018/01/11/macedonia-passes-albanian-language-law-01-11-2018/ (2022/12/08)

[70] 根據阿爾巴尼亞憲法第 8 條的規定，阿爾巴尼亞共和國應保護居住在國外的阿爾巴尼亞人民的民族權利（national rights）。

（四）、媒體自由與發展

任務團在促進媒體自由方面的工作，是與歐安組織媒體自由代表合作，協助媒體改革、監視違反媒體自由的案件，以及為政府相關的媒體政策提供建議。任務團亦參與提升記者人身安全的專案計畫。

如同東南歐國家的媒體環境，北馬其頓的媒體依舊受到政府（執政黨）強大的影響，獨立媒體或者批評政府，揭發不法事件的媒體，通常須面對較為險惡的環境，記者甚有被判刑的可能。北馬其頓政府雖承諾進行媒體改革，但 2013 年歐洲記者聯盟（European Federation of Journalists）認為，北馬其頓的媒體改革是東南歐地區最糟的例子。[71]到了 2020 年，有關北馬其頓媒體改革一事，媒體文章直接以標題：「關掉─北馬其頓的媒體改革漸行漸遠」，來總結自 2010 年以來媒體改革的進程。[72]媒體改革之所以進展緩慢，究其原因在於無論哪一個政黨上台執政，皆無法避免以國家預算「援助」友好（公私立）媒體的誘惑。而受到政府掌握的官方媒體（馬其頓廣播與電視，Macedonia Radio and Television）一直未能進行改革，提升其專業與獨立性。[73]不過，依據歐洲理事會 2021 年度報告，包括北馬其頓在內的部分國家，對媒體自由的壓力有減輕的趨勢。[74]2022 年 9 月歐安組織媒體自由代表里拜羅（Teresa Ribeiro）訪問北馬其頓，提出記者工作條件（低工資、缺乏適當的工作合約、社會安全福利等）、民眾對媒體的信任日漸消失、網路騷擾與侮辱等關心的議題，與北馬其頓政府單位和媒體社群交換意見。[75]

---

[71] Sinisa Jakov Marusic, "Media Freedom in Macedonia Alarms EFJ", *BalkanInsight*, November 29, 2013, in: https://balkaninsight.com/2013/11/29/ifj-media-freedom-in-macedonia-worst-in-the-region/ (2021/12/28)

[72] Vlado Apostolov, Switched off: North Macedonia's Media Reform Fade Away", *BalkanInsight*, June 23, 2020, in: https://balkaninsight.com/2020/06/23/switched-off-north-macedonias-media-reforms-fade-away/

[73] Ibid.

[74] Council of Europe, *State of Democracy, Human Rights and the Rule of Law – A democratic renewal for Europe*, (Strasbourg: Council of Europe, May 2021), p.37, in: https://rm.coe.int/0900001680a2646a

[75] OSCE/Representative on Freedom of the Media, OSCE Representative on Freedom of the Media concludes visit to North Macedonia, 22 September 2022, in: https://www.osce.org/representative-on-freedom-of-media/526693 (2022/10/13)

民主辦公室對馬其頓的選舉觀察報告書中，亦提出網路媒體沒有受到規範，或少數記者在選戰中遭政黨和政府官員鎖定等事件。[76]

（五）、難民潮

斯科普里任務團原本依據所委任的任務，執行該團在北馬其頓的工作。但在 2015 年至 2016 年期間，來自北非和中東的難民，沿著俗稱的巴爾幹路線（Balkan route），經由希臘、北馬其頓和塞爾維亞（俗稱西路線），以及土耳其、保加利亞和羅馬尼亞（俗稱東路線），進入歐洲，對首當其衝的國家（尤其是北馬其頓與塞爾維亞）造成非常嚴重的影響。[77]2015 年 1 月到 10 月之間，即有 70 萬難民湧入巴爾幹路線。[78]處理難民問題原本不屬於任務團的工作，但有鑑於難民潮對北馬其頓所帶來的嚴重衝擊（人道的、經濟的、公共衛生的），斯科普里任務團的警察發展小組與監視小組，每週一次到距希臘邊界約 2 公里之遙的蓋夫蓋利亞（Gevgelija）鎮，監視邊界的難民流動情況，並蒐集和回報相關資料。2015 年 11 月到 2016 年 2 月，當北馬其頓政府加強邊界管制時，任務團成員每週去邊界地區 3-4 次。直到 5 月，情況緩和下來後，每週去邊界地區的次數減少為一至二次。之後，任務團在蓋夫蓋利亞難民營區內設立一個臨時辦公室，由辦公室人員觀察難民的生活情況。[79]

斯科普里任務團依據在邊界地區所觀察與蒐集的資料，撰寫任務團在該地執行任務的背景報告，內容包含難民大事記，以及與此相關的人口販賣、警察、監視等。任務團的背景報告會傳送給常設理事會，

---

[76] OSCE/ODIHR, Republic of North Macedonia Local Elections 17 and 31 October 2021, ODIHR Election Observation Mission Final Report, Warsaw, 25 March 2022, in: https://www.osce.org/files/f/documents/9/3/514666.pdf (2022/12/08)

[77] 據估計，在 2015 和 2016 年間，大約有 100 萬難民從希臘進入馬其頓，穿越馬其頓後進入歐洲。

[78] Deutsche Welle: Balkanroute, 09 11 2022, in: https://www.dw.com/de/balkanroute/t-19127463 (2022/12/08)

[79] Florent Marciacq, "Die Reaktion der OSZE-Feldoperationen in Südosteuropa auf die Migrations- und Flüchtlingskrise", in: IFSH (ed.), OSZE-Jahrbuch 2016, (Baden-Baden: Nomos Verlagsgesellschft, 2016), pp.270-271.

以作為相關決策時參考。[80]此外在任務團各自撰寫背景報告之際,歐安組織在東南歐的任務團彼此之間也進行主管或相關團員之間的非正式會面,互相交流資訊和加強合作。2015 年 11 月,歐安組織民主辦公室邀請受到難民潮影響的參與國(奧地利、克羅埃西亞、希臘、北馬其頓、塞爾維亞等共 10 個國家)、國際組織(如聯合國、國際移民組織),以及歐安組織塞爾維亞任務團和斯科普里任務團等共 45 位專家代表,討論如何保障難民、尋求庇護者、以其他弱勢團體(如身障人士、婦女與孩童)等的權利。斯科普里任務團之所以受到邀請,乃是任務團位於難民潮的第一線,且蒐集的各項資料和撰寫的背景報告,有助與會者了解第一線的真實情況。[81]在北馬其頓境內,任務團本身也協助或參與其他國際組織或民間團體舉辦的難民潮危機會議,合力商討如何以歐安組織相關規範和國際準則,來處理難民問題。

由於經由巴爾幹路線進入歐洲的難民未曾稍減,北馬其頓於 2020 年加強與塞爾維亞和希臘的邊界管制,防止大量難民非法進入北馬其頓。[82]2021 年當塔利班再度取得阿富汗的政權後,北馬其頓連同其他巴爾幹國家(科索沃和阿爾巴尼亞),答應給予逃離家鄉的阿富汗人(約 390 人)庇護權,並給予適當的住所,等待轉往願意收容的第三國。[83]

---

[80] Florent Marciacq, op.cit., pp.272-273.
[81] 見:OSCE/ODIHR, "Migration Crisis in the OSCE Region: Safeguarding Rights of Asylum Seekers, Refugees and other Persons in Need of Protection 12-13 November 2015 Warsaw, Poland", in:
https://www.osce.org/files/f/documents/9/9/217616.pdf (2022/12/08)
[82] Sinisa Jakov Marusic, "North Macedonia Tightens Border Security, Fearing Migrant Influx", *BalkanInsight*, July 1, 2020, in: https://balkaninsight.com/2020/07/01/north-macedonia-tightens-border-security-fearing-migrant-influx/ (2021/11/15)
[83] Sinisa Jakov Marusic, Fjori Sinoruka and Xhorxhona Bami, "Albania, Kosovo, North Macedonia Prepare to Shelter Fleeting Afghans", *BalkanInsight*, August 17, 2021, in: https://balkaninsight.com/2021/08/17/albania-kosovo-north-macedonia-prepare-to-shelter-fleeing-afghans/ (2021/11/15)

第三節　任務團的成效與困難

　　東南歐的六個任務團當中，斯科普里任務團不論在人員規模或年度經費方面，向來與塞爾維亞任務團相當，兩者總是並列第三位。任務團的年度預算約占歐安組織年度總預算的 4-5%（見表11）。在參與國和國際社會自由捐款方面，任務團約獲得 138 萬歐元的贊助（2021年），僅次於波士尼亞任務團，算是得到捐款較多的。

表11：斯科普里任務團人數與年度經費一覽表（2016-2021）

年度	派遣人員	當地雇員	預算（歐元）	佔歐安組織年度預算的比例
2016	34	107	6,346,000	4%
2017	37	111	6,442,600	5%
2018	35	114	6,483,400	5%
2019	37	115	6,506,100	5%
2020	32	113	6,506,100	5%
2021	32	113	6,506,100	5%

資料來源：OSCE Annual Report 2016-2021，筆者自行整理

　　與歐洲其他國際組織相比較，歐安組織是最早派遣長期任務團進駐北馬其頓的組織。北約雖曾在北馬其頓執行軍事行動,但皆為短期性質,期限一到，任務隨即結束並撤離。歐盟則是直到 2000 年 3 月，才成立「歐盟駐北馬其頓代表團」（EU Delegation to the North Macedonia），並開始運作。歐安組織與歐盟在北馬其頓的常設性機構,兩者的性質不一，前者主要的任務為協助改革，而後者不僅是官方代表單位（類似大使館），其主要任務在於觀察和報告北馬其頓入會前的準備工作，是否合乎歐盟的規範。任務團和代表團的功能不同，但前者卻有協助當事國改革，以滿足後者之入會條件的作用。

osce
歐洲安全暨合作組織
與巴爾幹──東南歐任務團

歐洲理事會於 2012 年，在斯科普里設立「歐洲理事會斯科普里計畫辦公室」（Council of Europe Programme Office in Skopje），執行雙邊的合作計畫，協助北馬其頓進行民主轉型之必要的改革工作，如司法改革、對抗經濟犯罪、反歧視、保護少數族群的權利，以及促進符合歐洲規範的言論表達與媒體自由等。歐洲理事會總共在 14 個會員國成立計畫辦公室，這些計畫辦公室年度預算合計約為 754 萬歐元。

歐安組織斯科普里任務團的主要任務乃是監視與協助實踐奧赫里德框架協議，以及在與其相關的職權內，協助北馬其頓政府的改革計畫。北馬其頓政府的改革（或稱施政優先，Strategic Priorities）計畫，共有九項：[84]

1. 發展經濟、增加就業與提高生活水準
2. 成為北約的全權會員國
3. 與歐盟完成入會談判
4. 對抗組織化犯罪與貪污
5. 強化法治，中立與不帶歧視的執法，成立獨立機關和可運作的地方政府體系
6. 改革教育制度，投資創新與資訊科技
7. 改革司法制度
8. 完全實踐奧赫里德協議，建立文人政府，以及在多邊容忍與尊重的原則上促進族群融合
9. 降低空氣汙染

這九項改革計畫當中，任務團協助第 4 到第 8 項。而成為北約全權會員國這一項優先目標，在 2018 年 6 月和希臘簽訂普雷斯帕協議（Prespa Agreement），將國名更改為北馬其頓，並於 2019 年 2 月生效

---

[84] 見：Republic of North Macedonia, Strategic Report, in: https://www.vlada.mk/node/18029?ln=en-gb (2022/01/03)

後，北馬其頓遂於隔年 3 月順利加入北約，可說完成北馬其頓歐洲化的另一塊拼圖。

就北馬其頓自獨立後，極力追求的國際參與和國際承認來說，在歐洲各大國際組織當中，歐盟與北約是最重要的，而歐安組織或歐洲理事會則是居於次要的地位。北馬其頓非常需要歐盟的經濟協助，歐盟則可協助該國的經濟發展。2003 年歐盟泰薩隆尼基高峰會議賦予其潛在候選國（potential candidate for EU membership）的地位，翌年 3 月北馬其頓申請加入歐盟，2005 年該國成為歐盟會員國的候選國。自 2009 年起，歐盟執委會即開始和北馬其頓進行入會談判，提出諸多改革與改善條件。直到 2020 年，歐盟始提出入會的協商框架，兩方正式進入入會協商。為協助北馬其頓與其他候選國改革入會的條件，歐盟自 2007 年起提出入會先期協助計畫（Instrument for Pre-Accession Assistance, IPA）。第一期從 2007 年至 2013 年，第二期從 2014 至 2020 年。北馬其頓在第一和第二期，分別獲得總經費達 2 億 1 千 8 百萬歐元和 6 億歐元的補助，以改善民主與治理、法治與基本權利、環境與氣候行動、運輸、競爭力與創新、農業與鄉村發展、區域與國界合作等項目。歐盟的第三期計畫從 2021 至 2027 年，總經費達約 147.48 億歐元，將分配給包括北馬其頓在內的西巴爾幹國家與土耳其。2020 年北馬其頓政府的總預算為 75 億歐元（收入 36 億歐元，支出 39 億歐元）。[85]歐盟的協助對該國來說，是一筆重要的「投資」。

關於任務團的成效，從歐盟的角度來看，歐盟參與國就斯科普里任務團團長柯亞（Clemens Koja）於 2019 年向常設理事會提出的報告的回應中，可見端倪。歐盟在該份聲明裡，既指出有進步的地方，亦提出需進一步改進的結構性缺失。[86]有進步之處在於司法的獨立性、對抗

---

[85] 參閱：North Macedonia adopts 2020 Budget, targets lower deficit, in: https://www.reuters.com/article/us-northmacedonia-budget-idUSKBN1YQ0JG (2022/10/13)

[86] 見：EU Statement in Response th the Report of the Head of the OSCE Mission to Skopje, H.E. Ambassador Clemens Koja, in:
https://www.osce.org/files/f/documents/9/4/428222.pdf (2022/10/13)

貪污，以及行政體系的專業化等方面，皆獲得明顯的進展；而在結構性缺失方面，法治、基本人權、可運作的民主制度和公共行政，以及經濟發展和國家競爭力等涉及長期性的制度，仍有待提出具體的成效。具體成效之所以重要乃是這些長期性制度與入會談判有關，只有獲得具體而明確的改革成效，才有助入會談判的進展。[87]

2018年當柯亞出任任務團團長，接受北馬其頓媒體資訊社（Media information agency）訪問時，表明任務團的工作集中在四個方面：協助實踐奧赫里德框架協議與促進內部健全的族群關係、在職權範圍內協助北馬其頓政府完成改革計畫、協助處理跨國的威脅，如組織化犯罪與網路犯罪、人口販賣、極端主義暴力等，以及與安全相關的議題方面，發揮早期預警的功能。[88]首項的奧赫里德框架協議的重點之一，是促進族群之間的關係和諧，並讓少數族群有機會進入公共領域、警察和軍隊內服務。

今日北馬其頓內部的族群關係要比20年前的血腥衝突要好得太多，依據國際少數族群權利團體（Minorities Rights Group International）的年度調查，北馬其頓的「人民受到威脅」（People under Threat）排名為第95名，表示各族群受到威脅的程度相當低[89]，甚至比波士尼亞或科索沃的內部族群關係都要來得好。[90]歐安組織少數民族高級委員Kairat Abdrakhmanov 2022年7月在呈給常設委員會的定期報告中指出，北馬其頓是族群關係相處和平的最佳例子，尤其是最近幾年在這方面獲得長足的進展。Abdrakhmanov認為依據范史托爾的建議所成立

---

[87] Ibid.
[88] OSCE, Interview with Head of OSCE Mission to Skopje Ambassador Clemens Koja, 15 October 2018, in: https://www.osce.org/files/Questions%20for%20the%20Head%20of%20the%20OSCE%20Mission%20to%20Skopje.pdf
[89] 「人民受到威脅」指數代表一國人民受到種族屠殺、大規模殺害，或系統性的暴力壓迫的程度，排名越前人民受到的威脅越大。沒有列入調查的國家或地區（如德國、台灣）代表其人民沒有受到上述的威脅。
[90] Sinisa Jakov Marusic, "20 Years On, Armed Conflict's Legacy Endures in North Macedonia, January 22, 2021, in: https://balkaninsight.com/2021/01/22/20-years-on-armed-conflicts-legacy-endures-in-north-macedonia/

的東南歐大學一直是展現多元文化主義的最佳典範,該大學足以成為東南歐各國學習的對象。[91]今日北馬其頓所面臨的族群關係問題已經不再是族群武裝衝突的問題,而是政府施政的功能性問題,也就是如何讓人民不僅可獲得基本溫飽,甚至能享有富裕的生活。[92]

今日,北馬其頓境內族群關係主要圍繞在馬其頓人與阿爾巴尼亞裔的互動關係上,這一點從憲法第 12 修正案取代第 78 條有關於內部族群關係委員會的組成改變上即可看出。在政治上,依據族群而組成的政黨彼此之間的對立清晰可見,而對立的焦點主要在語言、國家等不同的認知上。[93]選舉時,選民較容易受到政黨的動員,但相反的在民間則有促進族群諒解的努力。由民間人士所成立的斯科普里南森對話中心(Nansen Dialogue Centre Skopje),以促進民主、和平、多方諒解、對話與合作為宗旨,推展跨文化教育的師資培訓與相關活動。[94]2020 年南森對話中心曾與歐安組織科索沃任務團合作,共同培訓科索沃不同族群的教師,以增進他們對跨文化教育的認識。選舉時的族群動員故有其政治上的目的,也易升高族群之間的緊張關係,但民間的努力卻是可收到潛移默化的效果,只是這效果並非在短期內一蹴可幾。

第四節　結語

北馬其頓是前南斯拉夫分裂過程中,唯一一個受到鄰國衝突而被波及,導致內部發生武裝衝突的國家,且參與衝突的另一方並非塞爾維亞裔,而是境內的阿爾巴尼亞裔。此外北馬其頓的內部衝突,程度

---

[91] OSCE, OSCE High Commissioner on National Minorities to the 1381st Plenary meeting of the OSCE Permanent Council, HCMN, GAL/3/22/Corr.1, Vienna, 7 July 2022, p.9., in: https://www.osce.org/files/f/documents/0/1/522352.pdf (2022/10/13)
[92] Ibid.
[93] 參閱:Agon Demjaha, "The State of inter-ethnic relations in Macedonia after 16 years of the Ohrid Agreement", SEEU Review, 12(2), December 2017, pp.8-31, in: https://www.researchgate.net/publication/325151155_THE_STATE_OF_INTER-ETHNIC_RELATIONS_IN_MACEDONIA_AFTER_16_YEARS_OF_THE_OHRID_AGREEMENT (2022/12/09)
[94] 參閱:Nansen Dialogue Centre Skopje, in: https://ndc.mk/ (2022/12/08)

上並未如同科索沃般地「墜入深淵」，也沒有發生如斯布雷尼查的大屠殺或種族清洗。政府軍與阿裔武裝民兵之間的暴力衝突有其地域上的侷限性，儘管衝突導致人員與財產損失，但其規模並未像波士尼亞或科索沃來得大。[95]總的說來，雙方的領導人、歐盟、歐安組織與其他國際組織的強力介入，最終達成簽署奧赫里德框架協議，結束為期數個月的武裝衝突。北馬其頓乃在奧赫里德框架協議的基礎上，展開衝突後建立制度的工作。

歐安組織介入北馬其頓的時間甚早，從長期任務團派駐北馬其頓迄今（2022），已有 30 年的光景。雖說早期的任務團以衝突預警為主要任務，2011 年之後才擴增為協助各項制度建設，僅是從任務團長期派駐北馬其頓這一點，足以說明任務團對北馬其頓的重要性。依據 2021 年歐安組織任務團的調查報告，北馬其頓任務團的工作為：[96]

- 與地主國政府對話
- 與政黨和其他組織代表，以及平民建立接觸管道
- 巡迴各地，評估穩定、發生不安和衝突的可能性
- 參與其它有助於促進歐安組織目標的活動
- 提高歐安組織的能見度
- 發生意外事件時，協助建立事實經過

這六項具體工作可濃縮為歐安組織的兩大原則：對話與溝通，以及預防外交。在實際層面上，任務團的工作遍及國家建立的各個面向，從邊界管理、教育、選舉、良善治理、人權、性別平等、少數族群議題，到警政與反恐等，都是國家在衝突後，邁向正常化的重要環節。當

---

[95] 北馬其頓的內部武裝衝突主要發生於 20011 的 1 月到 12 月，主要發生在靠近科索沃邊界泰托沃和庫曼諾沃地區。

[96] OSCE/The Secretariat, Survey of OSCE Field Operation, SEC.GAL/118/21, September 2021, pp.19-20, in:
https://www.osce.org/files/f/documents/6/5/74783_3.pdf (2022/12/09)

然以任務團的規模而言，它不會是唯一協助北馬其頓的國際組織，而是眾多國際組織合作網絡中的一個。如在奧赫里德框架協議中規範的去中央化（decentralization）議題，任務團以召集人的身分，邀請總理、部長和地方政府單位首長，以及相關國際組織代表，召開年度會議共同檢視去中央化政策的成效，以及下一階段的任務。[97]

奧赫里德框架協議簽署迄今已有 20 餘年的光景，在歐安組織、歐盟、歐洲理事會的協助下，「北馬其頓已是一個中上收入的國家，過去十年的經濟改革，獲得非常大的進步。」[98]世界銀行對北馬其頓有相當正面的評語，但仍點出在改善生活水準方面，仍需要很多努力。其他組織給予北馬其頓的評價，也多半舉出有需要再努力的地方：

- 世界自由之家給予北馬其頓的評分為 66 分（政治權利 27 分，公民權 39 分），評價為部分自由的國家，約與阿爾巴尼亞相當（67 分：政治權利 27 分、公民自由 40 分）。
- 依據國際透明組織（Transparency International）的年度貪腐印象指數（Corruption Perception Index）調查，2021 年北馬其頓的排名為第 87 名（台灣第 25 名）
- 記者無國界的年度調查，2021 年北馬其頓的排名第 90 名，2022 年上升至第 57 名（台灣第 38 名），評語：儘管記者已經不再處於一個具有敵意的環境中工作，但假新聞氾濫和缺少專業主義，社會對媒體的信任日漸降低。
- 「人民受到威脅」的調查，2021 年排名第 95 名，情況略遜於阿爾巴尼亞（107），但比科索沃（62）或波士尼亞（41）要來得好。

---

[97] OSCE/Mission to Skopje, OSCE Mission to Skopje holds annual conference on decentralization, 14 December 2018, in: https://www.osce.org/mission-to-skopje/406703 (2022/12/09)

[98] 2022 年北馬其頓的人均所得約為 5,975 美元，只略高於科索沃（5,309），低於其他西巴爾幹國家。參閱：The World Bank, The World Bank in North Macedonia, in: https://www.worldbank.org/en/country/northmacedonia (2022/12/12)

北馬其頓於 2023 年接任歐安組織輪值主席一職，在 2022 年的部長會議閉幕致詞時，北馬其頓外長歐斯馬尼（Bujar Osmani）表示，北馬其頓已經準備好接受到來的責任，「我們必須找出增強歐安組織的方法，讓它的機制在需要的地方，繼續創造出不同。」[99]北馬其頓擔任歐安組織輪值主席一職堪稱是該國外交上的大事，另有一件「小事」也可記上一筆，亦即 2022 年 11 月，北馬其頓在希臘北部弗羅里納（Florina）成立一處「馬其頓語言中心」（Centre for the Macedonian Language），以開班方式，推廣馬其頓語。[100]過往歷史中，希臘完全禁止馬其頓語和保加利亞語，也不承認馬其頓裔的少數族群地位。不過自 2018 年簽署佩雷斯帕協議（Perespa Agreement）後，北馬其頓與希臘的關係開始邁向正常化，而成立「馬其頓語言中心」正是關係正常化中繼續往前進的一大步。

---

[99] OSCE, OSCE Ministerial Council concludes in Łódź, 2 December 2022, in: OSCE Ministerial Council concludes in Łódź | OSCE (2022/12/08)

[100] Eleni Stamatoukou and Sinisa Jakov Marusic, "Macedonians Hail Opening of Pioneer Language Centre in Grece", November 30, 2022, in: https://balkaninsight.com/2022/11/30/macedonian-language-center-operates-in-greece/ (2022/12/12)

第陸章
科索沃與歐安組織

科索沃於 2008 年 2 月宣布獨立，卻不像從前蘇聯或南斯拉夫分裂而出的國家一樣，獨立後旋即獲得各國承認並加入國際組織。迄今為止，它雖獲得眾多國家承認[1]，但還無法加入歐安組織、歐洲理事會、歐盟、北約或聯合國等國際組織。[2]其原因可歸之於在 1999 年聯合國安全理事會第 1244 號決議案的框架下，科索沃成為塞爾維亞「事實上無法統治的領土」的一部分，以至於儘管科索沃獲得世界主要國家，如美國、德國、法國、沙烏地阿伯、日本、澳洲等承認，也互設大使館，至目前（2022 年）為止，科索沃仍徘徊在國際組織的大門之外。

再者科索沃雖然已經獨立有年，但 1999 年開始運作的「聯合國科索沃臨時行政團」（United Nations Interim Administration Mission in Kosovo，UNMIK，以下簡稱臨時行政當局），仍駐紮在科索沃首都普里斯汀那（Pristina），依據安理會第 1244 號決議案所賦予的職權，協助科索沃的政府運作、促進境內安全、穩定與尊重人權，以及促進科索沃與塞爾維亞之間的對話。[3]此外北約的科索沃武力維和部隊（NATO Kosovo Force）至今仍駐紮在科索沃境內。簡言之，已經宣布獨立的科索沃依舊是聯合國的保護國（Protectorate）。

第一節　歷史發展與概況

科索沃算是為期達 10 年之久的巴爾幹半島衝突當中，最後宣布獨立的國家。2008 年 2 月宣布獨立後，迄今（2022 年）已經獲得 117 個國家承認。在前南斯拉夫仍存在的年代（1918-1992），科索沃屬於塞爾維亞自治共和國的一部分，但連同沃伊沃地那（Vojvodina）在內[4]，被

---

[1] 科索沃最多曾獲得 117 個國家或政治實體的外交承認，不過期間有 15 個國家撤銷承認。

[2] 歐盟迄今仍將科索沃列為「潛在候選國」（Potential candidate），且聲明此一地位符合聯合國安全理事會第 1244/99 號決議案和國際法院（International Court of Justice）有關科索沃獨立宣言的意見。

[3] 聯合國駐科索沃的臨時行政當局網址為：https://unmik.unmissions.org/（2022/10/17）

[4] 沃伊沃地那位於塞爾維亞北部，土地面積約 2.1 萬平方公里，人口有 190 萬，其中約 70%為塞裔族群，其次是匈牙利裔，其餘為少數族群，包括斯洛伐克裔、羅馬尼亞裔、阿爾巴尼亞裔等。

第陸章　科索沃與歐安組織

塞爾維亞的憲法賦予自治的地位，亦即可以選舉自己的國會與政府，執行自己的經濟、文化、教育和衛生等政策，也擁有使用自己的語言、設立教育機構等少數民族的權利。此外，還可依人數比例選出出席塞爾維亞國會和南斯拉夫聯邦國會的代表。不過，這兩個自治區所擁有的自治權利，甚少被實踐過。[5]

科索沃位於東南歐，是個內陸國家，四方鄰國為塞爾維亞、北馬其頓、阿爾巴尼亞和蒙特內哥羅。科索沃土地面積有 10,900 平方公里，人口約 177 萬（2020），其中以阿爾巴尼亞裔最多，約占 90%，其餘為波士尼亞人、古拉尼人

圖9：科索沃簡圖
資料來源：Google 地圖，筆者自行製圖

（Gorani，操斯拉夫語的穆斯林）、塞爾維亞人、吉普賽人、土耳其人（於鄂圖曼帝國統治期間，改信伊斯蘭教的阿爾巴尼亞人）、操阿爾巴尼亞語的阿許卡里（Ashkali）人，以及所謂的「埃及人」。[6]在前南斯拉夫時代，居住於科索沃的塞爾維亞人尚佔有總人口的 25-30%，科索沃戰爭結束後，因逃離科索沃之故，只剩約 5-7%，其中有一半居住於北部米特羅維查（Mitrovica）以北與塞爾維亞接壤的地區，其餘散居於南部地區。

---

[5] Martin Boden, *Nationalitäten, Minderheiten und ethnische Konflikte in Europa*, (München: Olzog Verlag, 1993), p.150.
[6] 所謂的「埃及人」指的是一群操阿爾巴尼亞語，信仰伊斯蘭教的吉普賽人。這一名詞出現於 1990 年代，主要是塞爾維亞人用來對付阿爾巴尼亞人之用。Thomas Schmidinger, *Kosovo:Geschichte und Gegenwart einen Parastaates*, (München: bahoe books, 2019), pp.8-9.

科索沃地區在被納入羅馬帝國的版圖之前，居住操不同語系的族群。塞爾維亞人的祖先（操南斯拉夫語的斯拉夫人）自西元 6 世紀起，陸續進入此一地區，並在此地建立王國。不過，1389 年 6 月 15 日（一說 28 日），塞爾維亞王國軍隊在喀斯特平原（Karst field，今稱之為科索沃平原）被鄂圖曼帝國擊敗，這一天被後來的塞爾維亞人「神話」為國殤紀念日。[7]在塞爾維亞東正教的推波助瀾之下，打破「科索沃詛咒」，重回塞爾維亞榮光，乃成為塞爾維亞民族的神聖使命。塞爾維亞東正教認為，「科索沃是塞爾維亞民族的耶路撒冷」。[8]對塞爾維亞人來說，科索沃是塞爾維亞絕對不可放棄的一部分。只是這個一部分在 17 世紀之後，卻逐漸被阿爾巴尼亞人所佔據。

15 世紀時，鄂圖曼帝國陸續擊敗匈牙利、波士尼亞和阿爾巴尼亞的軍隊，並收服該地區的貴族為帝國隨從後，開啟鄂圖曼帝國統治巴爾幹半島長達 500 年的年代。塞爾維亞雖遭帝國佔領，塞爾維亞人仍起義抗爭，卻屢遭失敗。[9]後來在奧地利哈布茲堡的武力協助下，一度擊退土耳其人。但隨著哈布茲堡軍隊返國時（1690），塞爾維亞人因懼怕土耳其人的高壓報復，也跟著往北方遷移。[10] 17 世紀末期，阿爾巴尼亞人陸續進住塞爾維亞人所遺下的地方。土耳其人統治期間，阿爾巴尼亞人甚至越過西馬其頓和保加利亞，直抵今日羅馬尼亞和保加利亞交界的多布羅加（Dobrudscha）地區。[11]

---

[7] Stevan K. Pavlowitch, *Serbia – The History behind the Name*, (London:C. Hurst & Company, 2002), pp.9-10.；哈羅德坦伯利著，張浩譯《塞爾維亞史—困擾巴爾幹半島一千五百年的火藥桶》，（北京；華文出版社，2020），頁 134-139。

[8] Cyrill Stieger, *Die Macht des Ethnischen – Sichtbare und unsichtbare Trennlinien auf dem Balkan*, (Zürich: Rotpunktverlag, 2021), pp.188-89.

[9] 在這段歷史中，並非所有的塞爾維亞人皆起身對抗鄂圖曼帝國，部分塞爾維亞貴族（如 Stefan Lazarevic 或 Durad Brancovic）曾協助土耳其人對抗蒙古人的入侵（1402）；或幫助土耳其人攻佔君士坦丁堡（Constantinople）（1553）。

[10] 哈布茲堡皇帝利奧普一世將新近征服的匈牙利南部和布達佩斯以北的地區，劃歸給塞爾維亞居住，並保障他們的信仰自由與廣泛的自治權利。Edgar Hösch, Geschichte des Balkans, (München: Verlag C.H.Beck, 2017), p.18.

[11] Ibid.

第陸章　科索沃與歐安組織

　　1912/13 年的巴爾幹戰爭中,塞爾維亞和蒙特內哥羅的軍隊從鄂圖曼帝國的手中奪回科索沃,大批阿裔穆斯林逃離科索沃,前往土耳其和阿爾巴尼亞。為標誌科索沃重回塞爾維亞的懷抱,塞爾維亞人將這一次的勝利稱為「返鄉」(Heimkehr),亦即重返塞爾維亞的傳統核心區域。[12]由於科索沃一地以阿爾巴尼亞裔占人口多數,塞爾維亞企圖透過同化阿裔族群或將塞裔遷入的方式,改變科索沃地區的族群結構。不過,塞爾維亞的措施都未能收到成效,阿裔族群一直是科索沃地區的最大族群。[13]再者,塞爾維亞對此地的管理,就如同殖民地般,採取的是高壓統治,塞爾維亞王國的憲法並不適用此地。

　　一戰期間,奧匈帝國和保加利亞聯軍擊退塞爾維亞軍隊,佔領科索沃。科索沃北部劃歸奧匈帝國,南部由保加利亞實施軍事統治。在奧匈帝國的管理下,科索沃不僅建立地方政府,也成立以阿爾巴尼亞語教學的學校;相對的在科索沃南部,保加利亞實施的是保加利亞化政策與經濟剝削,強制勞工前往馬其頓修建鐵路。1918 年奧匈帝國戰敗,退出科索沃,科索沃再度回到塞爾維亞人的統治。科索沃雖是塞爾維亞的「聖地」,但居住在此地的阿爾巴尼亞人卻是高壓統治的受害對象。在科索沃境內,並不存有大規模的反抗,但塞爾維亞的統治一直遭受到具反抗軍與犯罪集團雙重身分的山區「盜匪」的武裝挑釁。[14]即使到了 1920 年代塞爾維亞的統治逐漸穩定下來,科索沃仍是一個不平靜的地區。如同戰前的移民政策,塞爾維亞直到二戰爆發前,總共將超過 6 萬塞爾維亞人移居到從阿裔族群沒收而來的土地上。然而由於阿裔族群的高出生率,致使移民政策無法獲得預期的效果,以至於1930 年代出現有系統地驅離阿爾巴尼亞裔的聲音。[15]

---

[12] Ibid., p.32.
[13] Denis Drobyshey, "Wem gehöhrt Kosovo?-Die Geschichte eines Konflikts", *OST – WEST. Europäische Perspektiven*, 3/2005, in: https://www.owep.de/artikel/465-wem-gehoert-kosovo-geschichte-eines-konflikts (2023/01/15)
[14] Thomas Schmidinger, *Kosovo – Geschichte und Gegenwart eines Parastaates*, (Wien: bahoe books, 2018), pp.37-38.
[15] 1937 年塞爾維亞歷史學者 Vaso Čubrilović 提出大規模驅離阿爾巴尼亞人的措施,如燒毀房屋、逮捕、沒收土地、禁止就業等,讓阿爾巴尼亞人無法在科索沃立足。Thomas Schmiding, ibid., p.40.

1941 年德國進攻前南斯拉夫，以不到兩週的時間，逼使南國投降。前南斯拉夫的領土被德國和它的盟國瓜分，而科索沃北部被德國佔領，劃為德國保護區，南部一小塊地方（Kaçanik 地區，約 220 平方公里），由保加利亞佔領，其餘劃給受義大利保護的阿爾巴尼亞公國。在德國占領軍的容忍下，科索沃阿爾巴尼亞裔開始對塞爾維亞人展開報復，燒毀塞裔的住房，收回被沒收的土地。1941 年 6 月前南斯拉夫開始出現小規模的反抗運動。一個月之後，反抗運動的規模漸漸變大，首先出現在塞爾維亞，之後蔓延全南斯拉夫。德國與其盟國雖屢次發動攻擊，但到 1943 年年底，不僅無法消滅南斯拉夫反抗軍，反抗軍甚至擴充到 30 萬人的規模。

當阿爾巴尼亞反抗軍對德作戰取得節節勝利之時，由於害怕塞爾維亞人重返科索沃，部分科索沃阿裔人士轉而與德軍合作，在米特羅維查接手德國占領軍交付的行政業務，甚至協助成立一支隸屬納粹黨衛隊的第 21 山地師（The 21st Waffen Mountain Division），這支部隊的大部分士兵來自科索沃的阿爾巴尼亞人。部隊的主要任務為在山區與游擊隊作戰，且曾對塞爾維亞人進行多起暴行。1944 年德軍開始從科索沃撤退，反共產黨與反塞爾維亞的科索沃阿爾巴亞人成為反抗軍的主要敵人。一直到 1945 年 7 月，南斯拉夫反抗軍才全面消滅這支反共產黨的武裝部隊，將科索沃重新置於前南斯拉夫的統治之下。但對大部分的阿裔科索沃人來說，南斯拉夫反抗軍帶來的不是解放，而是佔領，再度將科索沃帶回塞爾維亞人的手中。[16]

1946 年，前南斯拉夫的國名訂為南斯拉夫聯邦共和國（Federal Republic of Jugoslav），其下有六個共和國和兩個自治省：科索沃與沃伊沃地那。前南斯拉夫立國初期，科索沃還只是一個三級行政單位「區」而已，直到六零年代才升格為「省」。即使升格為省，科索沃的發展情況比其他的共和國都要來得落後，以至於所謂的「科索沃問題」逐漸浮上檯面，成為前南斯拉夫的內部隱憂。[17]

---

[16] Thomas Schmidinger, op.cit., pp.56-57.
[17] 孔寒冰著《東歐史》，（上海：上海人民出版社，2000），頁 400-403。

第陸章　科索沃與歐安組織

「科索沃問題」來自三方面，一是經濟發展緩慢，遠遠落後於其他地區；二是參與中央層級各機關決策階層的人數偏少，即便是同一層級的沃伊沃地那都要比科索沃來得多；三是阿爾巴尼亞裔的科索沃人一直無法用自己的阿爾巴尼亞語教學，直到1970年代才有改善，建立雙語教學（阿語和塞爾維亞語）。1960年代末期，科索沃地區的多個城鎮爆發示威遊行，要求將科索沃升格為共和國，使之擁有與共和國相同的自治權利。此舉導致阿裔和塞裔之間的緊張衝突。

1974年前南斯拉夫通過一部對科索沃來說，比較平等的憲法，科索沃雖仍是塞爾維亞的一個自治區，但提昇了科索沃的地位，使之幾乎具有和共和國處於平等的權利地位。不過好景不常，當狄托（Josip Tito）於1980年過世，米洛塞維奇成為塞爾維亞的總統後，要求建立一個強而有力的中央政府，並收回各共和國的權利，試圖建立一個由塞爾維亞人領導的國家。這一個轉變對科索沃極為不利，科索沃追求成為共和國的希望落空，再加上科索沃的經濟發展落後，於是爆發大學生的示威抗議。[18]

1981年3月普里斯汀那大學的學生起先是在校園內舉行示威，抗議校園內的經濟條件不佳（教學設備、餐飲等），學生的抗議獲得部分工人的聲援支持。於是學生示威抗議如滾雪球般越演越烈，口號與標語開始出現阿爾巴尼亞民族主義與民族統一，以及科索沃升格為自治共和國的要求；甚至出現建立涵蓋前南斯拉夫境內所有阿爾巴尼亞裔的科索沃共和國（Kosovo Republika!），且不排除與鄰國阿爾巴尼亞合併統一的極端主張。塞爾維亞對大學生的抗議示威祭出極為嚴厲的措施：宣布進入緊急狀態、逮捕示威群眾、封鎖科索沃的邊界，以及宣布宵禁。[19] 4月大學生與民眾的示威越演越烈，而塞爾維亞最終以武力鎮壓，結束被稱為「科索沃之春」（Kosovo Spring）的大學生示威運

---

[18] Denis Drobyshey, op.cit.
[19] Patrick F. R. Arhsien and R. A. Howells. "Yugoslavia, Albania and the Kosovo Riots." *The World Today*, Vol. 37, No. 11, 1981, pp. 419-427. *JSTO*. https://www.jstor.org/stable/40395240 (2023/01/19)

動。[20]這場大學生示威運動所代表的是阿裔族群與塞爾維亞的衝突正式浮上檯面，而所謂的「科索沃問題」則成為科索沃、塞爾維亞，以及阿爾巴尼亞三者之間的棘手問題。

塞爾維亞鎮壓大學生的示威運動後，進一步嚴重限縮科索沃的自治權利，導致科索沃事實（de facto）上成為塞爾維亞的一部分。此舉又引發阿裔的示威和罷工，在阿裔族群內部也逐漸醞釀建立「科索沃共和國」（Republic Kosovo）的獨立聲浪。另一方面，塞爾維亞的民族主義者不僅對塞裔少數族群在科索沃地區的處境發出不平之鳴，認為塞裔的語言和文化從 1912/13 年起就被阿裔有意地排擠；科索沃的塞裔人士甚至蒐集 6 萬份請願書，要求撤銷科索沃的自治權利，並移除所有象徵阿爾巴尼亞民族主義的標語或旗幟。[21]

1989 年米洛塞維奇當選塞爾維亞的總統，以民族主義為包裝，1389 年的所謂「科索沃戰役」在經過 600 年後，被米洛塞維奇以「保護塞爾維亞民族的搖籃」，不容失去科索沃為由，強制取消科索沃的自治地位，解散議會和關閉學校，禁止發行阿爾巴尼亞語的報刊雜誌。科索沃形同一個內部實施種族隔離政策的地區。[22]科索沃的遭遇引起斯洛維尼亞知識份子的不滿，號召群眾走上街頭，群眾身上別著「科索沃，我的故鄉」標語，聲援科索沃。斯洛維尼亞人此舉深深引發塞爾維亞人的憤怒，不到 24 小時，於貝爾格勒國會前聚集百萬群眾，譴責斯洛維尼亞人的背叛，並將仇恨的矛頭對準科索沃阿爾巴尼亞裔與斯洛維尼亞人。[23]在科索沃這方面，阿裔族群杯葛所有位於科索沃的塞爾維亞官方機構，並於 1991 年以自行宣布獨立來回應米洛塞維奇的強硬政策。

---

[20] Ethem Çeku (2017) "The Kosovo Demonstrations of 1981 and the Redefining of the Albanian Question", *Diplomacy & Statecraft*, 28: 2,277-295, DOI: 10.1080/09592296.2017.1309888

[21] Marie-Janine Calic, *Geschichte Jugoslawiens*, (München: C.H. Beck, 2020, 2. Auflage), p.270.

[22] Jelena Subotić, "Building Democracy in Serbia: One Step forward, Three Steps Back", Sabrina P. Ramet, Christine M. Hassenstab, and Ola Listhaug, *Building Democracy in the Yugoslav Successor States*, (Cambridge: University Printing House, 2017), pp.166-167.

[23] Ibid., pp.294-95

科索沃被取消自治地位後，開始著手成立自己的政府和總統制度，並建立稅務、教育與衛生體系，1990年9月甚至提出一部科索沃獨立的憲法草案，準備於一年後舉行獨立公投。1991年9月阿裔族群自行舉行公民投票，並由「國會」宣布成立「科索沃共和國」，國際社會中只有阿爾巴尼亞宣布承認科索沃，而歐盟則間接拒絕。[24]歐盟對所謂的科索沃問題，在1992年的里斯本高峰會議宣言中，強調「科索沃追求其合法的自治權利，必須在南斯拉夫會議的框架內處理。」[25]換言之，在歐盟的眼裡，科索沃仍是前南斯拉夫領土的一部分。歐盟主要關切的是如何阻止科索沃地區發生暴力衝突，科索沃獨立並不在日常議程上。不過，對科索沃的阿裔族群來說，獨立則是他們關切的議題。在歐安組織方面，1992年的斯德哥爾摩部長會議，除強調有擴大在科索沃的長期任務團的規模，以及相信聯合國派遣任務團進入科索沃，會對保護人權有助益之外，呼籲在日內瓦討論波士尼亞建立憲政制度的會議，也處理其他相關的問題，包括科索沃未來的地位。[26]

1992年1月科索沃「國會」選出異議作家魯戈瓦（Ibrahim Rugova）為科索沃總統。[27]魯戈瓦是首位公開要求科索沃獨立的阿裔政治人物，他期望在科索沃獲得獨立地位之前，能成為前南斯拉夫的第七個共和國。當斯洛維尼亞和克羅埃西亞相繼以武力衝突，走向獨立之際，同樣

---

[24] 歐盟在1991年和1992年之間，由法國憲法學者Robert Badtiner組成一委員會，界定承認歐洲新國家的原則。根據這項原則，可被承認為新國家的為從前南斯拉夫分離出的共和國，自治省並不擁有分離的權利。Jens Reuter, "Kosovo 1998", in: IFSH (ed.), *OSZE-Jahrbuch 1998*, (Baden-Baden: Nomos Verlagsgesellschaft, 1998), p.203.

[25] 見：European Union, European Council in Lisbon 26/27 June 1992 Conclusions of the Presidency , Annex II European Council Declaration on Former Yugoslavia, p.46, in: https://www.consilium.europa.eu/media/20510/1992_june_-_lisbon__eng_.pdf (2022/10/17)

[26] 參閱：OSCE, Third Meeting of the Council Summary of Conclusions, Stockholm 1992, p.5., in: https://www.osce.org/files/f/documents/9/2/40342.pdf (2022/10/17)

[27] Ibrahim Rugova（1944-2006）為科索沃著名的文人作家，於1989年12月成立「科索沃民主聯盟」（Democratic League of Kosovo），並在美國、德國、瑞士和加拿大等國成立海外分布。科索沃民主聯盟日後成為科索沃主要的政黨之一。

追求獨立的魯戈瓦卻以較為和緩的方式，希冀達到獨立於塞爾維亞之外的目標。他拒絕參與斯洛維尼亞和克羅埃西亞對抗塞爾維亞的聯合陣線，計畫以科索沃問題國際化的方式，來爭取美歐國家的外交支持。[28]

當 1995 年在國際（尤其是美國）壓力下，前南斯拉夫與波士尼亞於美國岱頓（Dayton）簽署和平協定時，魯戈瓦希望能將科索沃的地位問題與波士尼亞一起放入協定內處理。然而因米洛塞維奇的強烈反對，致使魯戈瓦和阿裔人士的希望落空，岱頓協定通篇沒有出現與科索沃相關的字眼。魯戈瓦追求以政治手段處理和解決「科索沃問題」，不僅沒有獲得國際支持，在塞爾維亞的強力阻擾下，證明毫無成效可言。於是阿裔族群轉而支持逐漸暴力化的科索沃解放軍（Kosovo Liberation Army），「被岱頓遺忘」的科索沃最終走向暴力。[29]

科索沃解放軍是由一群不同的地下組織結合而成的集合體，最初的企圖是想成為「科索沃共和國」的武裝部隊，卻遭到塞爾維亞的破壞與追捕。從科索沃解放軍所散發的傳單來看，其追求的目標是「以軍事武力從塞爾維亞的統治中解放出來，並建立一個獨立的科索沃。」[30]儘管科索沃解放軍初期的人數與武器有限，走暴力路線卻是他們與魯戈瓦總統的明顯區別。從 1996 年起科索沃解放軍先對準塞裔族群個人與其居住的地區，繼之攻擊警察機構，以及與塞爾維亞合作的阿裔叛徒（collaborateur）。1997 年阿爾巴尼亞因爆發金融危機，導致全國失序成為無政府狀態時，數以萬件輕武器從阿國各地軍營流出，部分則轉入科索沃解放軍手中。除了武器之外，大批來自西歐、阿爾巴尼亞、北馬其頓，以及科索沃的年輕人加入解放軍，而移居到西歐、美國和澳洲的阿裔移民踴躍捐輸，金援科索沃解放軍。此外由阿裔人士主導的國際販毒集團，也對科索沃解放軍提供大量經費協助。[31]在這些「有

---

[28] Patrick Moore, "Kosovo: The Legacy of Ibrahim Rugova", RadioFreeEurope, January 29, 2006, in: https://www.rferl.org/a/1065194.html (2023/01/15)

[29] Marie-Janine Calic, Geschichte Jugoslawien, (München: Verlag C.H. Beck, 2020), p.322.

[30] Jens Reuter, "Kosovo 1998", in: IFSH (ed.), *OSZE-Jahrbuch 1998*, (Beden-Baden: Nomos Verlagsgesellschaft, 1998), p.211.

[31] Marie-Janine Calic, "Kosovo:der jüngste Staat in Europa", *Aus Politik und Zeitgeschichte*, 32/2008, in: Kosovo:der jüngste Staat in Europa | bpb.de (2023/01/16)

利」的條件下，科索沃解放軍逐漸壯大起來，1997 年開始與塞爾維亞的民兵和安全部隊爆發武裝衝突。1998 年前南斯拉夫軍隊對解放軍所盤據的城鎮和地區，開始展開攻勢，最終造成約 1,500 人死亡，超過 30 萬阿裔居民被驅離家鄉。

相較於貝爾格勒的強硬政策，居住科索沃的塞裔族群卻有兩種不同的意見。科索沃塞爾維亞反抗運動（Serbian Resistance Movement）主席 Momcilo Trajkovic 曾表示，願意和科索沃阿裔商談，因為「沒有妥協，巴爾幹半島上就不可能找到解決方案，尤其是在科索沃，因此必須要和阿裔妥協。」[32]由塞裔人士組成的民主黨（Democratic Party）也願意和阿裔協商在科索沃成立自治政府的可能性。[33]不過，在塞裔族群中，這類意見畢竟屬於少數，大部分的塞裔族群仍支持米洛塞維奇政府。在塞爾維亞內部，大部分的民眾面對科索沃問題，雖仍認為科索沃應留在塞爾維亞，但並不具有民族主義式的熱忱，普遍呈現出政治上的漠不關心。1998 年的一份民意調查顯示出，70%以上的受訪者反對親友被動員，送到科索沃打仗。[34]

科索沃地區暴力衝突升高，國際社會試圖介入調停，但不具實力與強制性的呼籲，並無法改變科索沃的緊張情勢。歐安組織於 1996 年里斯本高峰會議上，只是呼籲：「我們要求南斯拉夫聯邦當局和科索沃的阿裔代表進行實質對話，以便為此一地區的問題尋得答案。」[35]1997 年德法兩國的外交部長金克爾（Klaus Kinkel）和韋德里納（Hubert Védrine）也要求涉入科索沃的當事團體進行對話和妥協。[36]1999 年由美、英、法、德、義和俄等大國組成的接觸小組（Contact Group）和前南斯拉夫，以及科索沃的各方代表齊聚法國朗布依埃（Rambouillet）商討解決科索沃的地位問題。接觸小組提出的方案是科索沃成立自治政

---

[32] Robert Thomas, *Serbia under Miloševic Politics in the 1990s*, (London: C. Hurst & Company, 2000), p.401.
[33] Ibid.
[34] Ibid., p.410.
[35] 吳萬寶著《歐洲安全暨合作組織—導論與基本文件》，（新北市：韋伯文化，2003），頁 303。
[36] Jens Reuter, op.cit, p.206.

府、解除武裝，以及北約維和部隊進駐科索沃。塞爾維亞拒絕北約武力進入科索沃，而科索沃解放軍代表塔奇（Hashim Thaçi）則拒絕放棄科索沃的獨立地位。朗布依埃會談失敗，歐安組織隨即從科索沃撤出任務團成員，翌日，北約開始轟炸塞爾維亞。

1999年3月24日到6月在沒有聯合國安理會的授權之下，北約於夜間針對塞爾維亞（與蒙特內哥羅）的軍事陣地、交通設施和工業區等目標展開為期78日的轟炸，然而科索沃地區的地面戰事卻仍持續進行，塞爾維亞軍隊於日間大舉驅逐阿爾巴尼亞裔居民，最終導致傷亡人數超過萬人，以及超過80萬阿裔族群流離失所，成為內外部難民。但空中轟炸，最終也讓貝爾格勒接受停戰協議，將所有的軍警武裝部隊和行政管理單位完全撤出科索沃，並同意在前南斯拉夫的體制內，將科索沃置於聯合國保護之下。相對的，接觸小組則確保前南斯拉夫的主權和領土完整。

6月10日聯合國安理會通過第1244號決議案，決議在科索沃成立臨時行政當局，置科索沃於國際管理之下，實施類國家的制度建設，讓科索沃民眾在前南斯拉夫共和國內享有自治權。依據該決議案，臨時行政當局將以五個階段的工作，協助科索沃，從成立自治制度與組織，逐步移轉行政權，到最後自主決定科索沃的地位。[37]臨時行政當局的任務不僅是協助成立科索沃自治組織，同時也協助建立司法制度、重建經濟、提供人道救援和協助難民返鄉。聯合國協助科索沃自立自主的任務分成四個支柱（pillars），且各有國際組織負責主導：行政（聯合國）、人道事務（聯合國難民高級公署）、民主化與制度建立（歐安組織），以及經濟重建（歐盟）。而科索沃的境內安全與秩序維護由北約領導的國際部隊「科索沃武力」（Kosovo Force）負責。[38]在臨時行政當

---

[37] 見：United Nation Resolution 1244, in: https://unmik.unmissions.org/united-nations-resolution-1244 (2022/05/23)

[38] 北約的「科索沃武力」規模，初期高達五萬人，隨著科索沃境內的安全情勢好轉，部隊人數也跟著縮減。2022年部隊人數有來自27個國家的軍士官共3,735人，以義大利派遣638人最多，其次是美國的635人。

局之下，科索沃成立暫時性自我管理的行政機構（Provisional Institutions of Self-Government），也在歐安組織任務團的協助下，成立警察學校，開始訓練警察，組成科索沃警察服務隊（Kosovo Police Service）。科索沃臨時政府堪稱是在聯合國臨時行政當局的「指導與協助」下，逐步建立自我管理的能量與能力。臨時行政當局的最高主管為聯合國秘書長特別代表（Special Representative of the Secretary-General），這位特別代表的角色類似於科索沃的「總督」，擁有相當大的權限，如在特定情形下，可宣布解散國會，重新舉行大選、握有科索沃預算和貨幣政策的最後決定權、擔任「科索沃防護團」（Kosovo Protection Corps）[39]的最高負責人、負責科索沃的對外關係等等。所有歸屬於「總督」的權力，皆不屬於科索沃臨時政府。換言之，科索沃臨時政府只能在聯合國秘書長特別代表的照看下，遂行與自我管理相關的工作。即便如此，科索沃在國際社會的管理下，開啟一個類國家的民主化過程。[40]

依據臨時行政當局於 2001 年 5 月公布的「暫時性自我管理之憲法框架」（Constitutional Framework for Provisional Self-Government）[41]，科索沃為一個國際行政管理之下的實體，這個實體具有不可分割的領土，在該領土內，一個暫時性自我管理的行政機構遂行其被賦予的責任。此一暫時性行政機構由國會、總統、行政單位（政府）、法院，以及其他相關機構組成，這些機構僅只能執行聯合國安理會第 1244 號決議案與該憲法框架所賦予的權限。[42]

---

[39] 科索沃防護團專門負責處理災難事件，執行緊急與人道協助，以維護公共安全。

[40] Gëzim Krasniqi, "Quadratic nexus and the process of democratization and state-building in Albania and Kosovo: a comparison", Soeren Keil (ed.), *State -building in the Western Balkans – European Approaches to Democratization*, (New York: Routledge, 2014), p.60.

[41] 在討論名稱時，國際社會傾向使用「法律框架」（Legal Framework）一詞，而阿爾巴尼亞卻堅持應該使用憲法（Constitution）這個詞彙，最後妥協折衷的結果就是使用「憲法框架」一詞。

[42] 見：Constitutional Framework for Provisional Self-Government, UNMIK/REG/2001/9-15 May 2001, in: http://www.comparativeconstitutionsproject.org/files/Kosovo_2001.pdf (2022/10/17)

科索沃的國會由 120 名議員組成，其中 10 席保留給塞裔族群，另 10 席保留給少數民族：吉普賽人、阿許卡里人（Ashkali）和「埃及人」共 4 席、波士尼亞裔 3 席、土耳其裔 2 席，以及古拉尼人一席。國會議員的名額分配比例充分顯示出科索沃是一個多族群的國家。

　　科索沃的總統對外代表科索沃，一任 3 年，由國會以三分之二多數選出。只有國會最大黨，或擁有 25 席以上的政黨才有總統候選人提名權。政府由總理和各部會首長組成，可以由國會議員或合格的專業人士擔任。國會大選後，總統向國會推薦總理人選，而總理須提出部長名單。科索沃由「市」（municipal）組成，市係基本的地方自治單位。[43] 聯合國特別代表對市的畫分，握有決定權。科索沃的民主化是從地方選舉開始的。擔任第二任特別代表的法籍外交官庫希內（Bernard Kouchner）將首次的地方選舉訂在 2000 年 10 月 28 日舉行。在歐安組織科索沃任務團的籌備與規劃下，科索沃如期於 2000 年 10 月舉行地方議會與市鎮首長選舉（投票率為 79%），2001 年 11 月舉行國會大選，選出 120 席的國會議員。2002 年 3 月國會選出魯戈瓦為科索沃首任總統，從此科索沃走上自主自治的道路。

　　依據聯合國安理會第 1244 決議案，在尊重前南斯拉夫主權與領土完整，以及在國際管理之下，協助科索沃建立管理制度，最終自主決定科索沃的地位。對科索沃未來的最終地位問題，2005 年 11 月聯合國秘書長任命前芬蘭總統阿赫帝薩里（Martti Ahtisaari）為秘書長特使（Special Envoy），專責處理科索沃的最終地位問題。歷經與各方（包括塞爾維亞和科索沃）數月的協商斡旋之後，基於當事雙方的立場堅定不退讓：塞爾維亞堅持科索沃留在塞國，擁有自治地位，而科索沃

---

[43] 2021 年科索沃共有 38 個市，1467 個區（settlement），最大的市為首都普里斯汀納，居住人口約 20 萬人。最小的市為 Partesh，人口不到 2000 人。市設市長（Mayor）和市議會（Municipal Assembly），市長與市議員皆由直選產生，一任四年，in: https://mapl.rks-gov.net/wp-content/uploads/2018/09/3.Profili-i-komunave-anglisht.pdf (2022/10/17)

則主張獨立，阿赫帝薩里提出一份有關科索沃在國際監督下獨立的建議案。[44]阿赫帝薩里對科索沃未來的地位問題，共提出 4 點建議：[45]

1. 在國際監督之下，科索沃的地位應該要獨立
2. 整合入塞爾維亞不是一個可行的選項
3. 國際行政管理無法持久
4. 國際監督下的科索沃獨立是唯一可行的選項

　　國際社會對阿赫帝薩里建議案的意見分歧：塞爾維亞（與俄羅斯）完全拒絕該建議案，阿爾巴尼亞政府則支持該建議案規劃的去中央化；歐洲議會完全支持，歐盟的態度模稜兩可，而歐安組織表明，就科索沃地位的國際協商，歐安組織不採取任何角色，亦即歐安組織在此一問題上保持中立的態度。[46]在歐盟、俄羅斯和美國三方介入協商後，塞爾維亞依舊反對科索沃獲得一個即使是形式上的獨立地位。阿赫帝薩里的建議案最終也因為塞爾維亞的反對而宣告失敗。[47]眼見阿赫帝薩里的建議案未能成功，科索沃國會著手將阿赫帝薩里建議案法制化，並於 2008 年 2 月 17 日自行宣布獨立，4 月 9 日通過科索沃共和國憲法。

　　科索沃獨立在塞爾維亞引起軒然大波，民眾走上街頭，攻擊西方國家駐貝爾格勒的大使館。儘管如此，獨立事件並沒有引發科索沃塞裔族群大批出走，而塞爾維亞也沒對科索沃實施制裁措施，反倒是藉由聯合國大會（General Assembly）將科索沃自行宣布獨立事件，送入國際法院（International Court of Justice），尋求國際法院對科索沃獨立

---

[44] United Nations/Security Council, Report of the Special Envoy of the Secretary-General on Kosovo's future status, in:
https://www.securitycouncilreport.org/atf/cf/%7B65BFCF9B-6D27-4E9C-8CD3-CF6E4FF96FF9%7D/Kosovo%20S2007%20168.pdf (2023/01/17)

[45] Ibid.

[46] OSCE Annual Report 2007, p.42, in:
https://www.osce.org/files/f/documents/2/f/31303.pdf

[47] 參閱：Thomas Schmidinger, *Kosovo – Geschichte und Gegenwart eines Parastaates*, (Wien: bahoe books, 2018), pp.123-125.

事件表達意見。[48]另一方面,包括阿爾巴尼亞、法國、馬爾他等國家宣布承認科索沃獨立,而羅馬尼亞則指責科索沃的獨立,為非法的片面行動,並沒有取得塞爾維亞的同意。[49]歐安組織對科索沃國會自行宣布獨立,並沒有表示任何意見。不過由於參與國的立場不一,科索沃宣布獨立直接影響到參與國對歐安組織任務團是否,以及如何在科索沃執行工作,產生不同的意見。鑒於任務團已經成為聯合國在科索沃工作的四個支柱之一,且無法終止任務團的工作之下,反對科索沃獨立的少數參與國只好將原本工作期限延長為一年的原則,縮短為每次僅延長一個月。這個妥協方法雖把科索沃任務團置於隨時可被終止的不確定狀態,但最終也讓任務團能繼續留在科索沃。

自科索沃宣布獨立後,聯合國臨時行政當局將其在科索沃的工作限縮於促進安全、穩定和尊重人權的項目上。除了總部設於普里斯汀那外,並在北部靠近塞爾維亞的米特羅維查(Mitrovica)成立地區辦公室,處理該地區的族群相處問題。為便利塞爾維亞與臨時行政當局之間的溝通,聯合國在貝爾格勒成立一間辦公室(United Nations Office in Belgrade),該辦公室也負責觀察西巴爾幹地區涉及科索沃之情勢發展的事宜,並向臨時行政當局和聯合國相關部門(如維持和平部門)提交觀察報告。

---

[48] 國際法院最終在 2010 年 7 月 22 日宣布科索沃的獨立宣言既無違反國際法,也沒有違反聯合國安理會第 1244 號決議案;尤其是自行宣布獨立也沒有違反前南斯拉夫(塞爾維亞)的領土完整,因為國際法下的領土完整是國與國之間的關係,而不適用於一國之內的某個實體。從塞爾維亞的角度來說,國際法院的意見既無確認科索沃獨立宣言的有效性,也沒有否認塞爾維亞領土的完整性。見:Bojana Barlovac, "Belgrade Praises UN Adoption of Kosovo Resolution", BalkanInsight, September 13, 2010, in: https://balkaninsight.com/2010/09/13/belgrade-praises-un-adoption-of-kosovo-resolution/ (2023/01/17)

[49] 見:Balkaninsight, "Romania:Kosovo Independence is Illegal", February 18. 2008, in: https://balkaninsight.com/2008/02/18/romania-kosovo-independence-is-illegal/ (2023/01/17)

第二節　科索沃任務團

　　歐安組織以任務團方式「介入」科索沃，約可分為三個階段：第一階段是為期不到一年（1992/09-1993/07）就撤離的「科索沃、山德亞克和沃伊沃地那長期任務團」[50]；第二階段為「科索沃查證任務團和科索沃特別工作隊」（Kosovo Verification Mission and the Task Force for Kosovo，1998/10-1999/6）；第三階段則是以「歐安組科索沃任務團」（OSCE Mission in Kosovo）的名稱，取代（或者延續）前者的工作。

一、科索沃查證任務團和科索沃特別工作隊

　　科索沃的情勢到了 1998 年已經升高到接近戰爭的狀態。3 月 31 日，聯合國安全理事會在其第 3868 次會議，做出第 1160 號決議案，譴責塞爾維亞警方對平民的鎮壓，以及科索沃解放軍對一般平民的恐怖手段，要求涉入暴行的各方立即停止武力行動，並撤除鎮壓平民的武裝組織，以及保障國際監視人員在科索沃的監視工作。同時，安理會支持歐安組織以和平方式解決科索沃危機的努力，包括支持輪值主席個人代表（專門負責科索沃）西班牙前總理龔薩雷茲（Felipe González，同時也是歐盟的特別代表）的工作，以及支持歐安組織長期任務團重返科索沃。[51]龔薩雷茲的主要任務在於查核前南斯拉夫的民主制度發展是否符合歐安組織與國際的規範，以便評估恢復南國會籍的可能性；此外並和前南斯拉夫協商，讓歐安組織長期任務團重回科索沃的可能性。[52]歐安組織常設理事會亦決議加強其在阿爾巴尼亞和史高比耶（Skopje）任務團於鄰近科索沃邊界的情勢監視工作，俾對危機可

---

[50] 有關這個任務團，請參閱本書第三章塞爾維亞部分。
[51] 聯合國安全理事會第 1160 號決議案全文，見：Resolution 1160 (unscr.com) (2023/01/20)
[52] Jens Reuter, op.cit., p.210.

能蔓延過邊界時，提出預警；並要求各參與國派駐貝爾格勒的外交代表，持續關注與監視科索沃的情勢發展。[53]

有關如何解決所謂的「科索沃問題」，安理會第 1160 號決議案表明此一問題需在前南斯拉夫領土完整的基礎上來處理，而安理會支持提升科索沃在前南斯拉夫內的地位，亦即擁有更大的自主權和有意義的自我管理。換言之，科索沃阿裔族群追求的科索沃獨立，此時尚未在國際社會的考慮之內。

9 月 23 日，聯合國安全理事會在其第 3930 次會議，作出第 1199 號決議案，除要求交戰團體立即停火外，並要求前南斯拉夫：[54]

1. 依據安理會第 1160 號決議案，停止武裝部隊所有影響平民的行動，並撤出迫害平民的武裝部隊
2. 保障歐洲共同體在科索沃不受阻礙地進行國際監視任務
3. 依據第 1160 號決議案，盡速與阿爾巴尼亞裔團體進行建立信任措施對話，以政治協商解決科索沃的地位問題，目標是讓科索沃在前南斯拉夫內具有更高的自治地位。

10 月在郝爾布魯克與米洛塞維奇的雙方會談中，後者同意由歐安組織成立一支觀察任務團，進入科索沃，觀察內部情勢發展，並於 16 日由前南斯拉夫外長約萬諾維奇（Zivadin Jovanovic）和歐安組織輪值主席波蘭外長蓋萊梅克（Bronislaw Geremek）簽訂同意派遣觀察任務團的協議。[55]在歐安組織方面，從 3 月到 10 月常設理事會就科索沃的衝突問題，分別通過四項決議案，最後在 10 月 25 日的第 263 號決議案，決議成立科索沃查證任務團（Kosovo Verification Mission），初期以一年

---

[53] 見：" OSCE Permanent Council Decision No. 218", in: https://www.osce.org/pc/20518?download=true
[54] 聯合國安全理事會第 1199 號決議案全文，見：Resolution 1199 The Situation in Kosovo (FRY), in: http://unscr.com/en/resolutions/1199 (2023/01/20)
[55] Marcus Wenig, "Wo die Kosovo-Mission an ihrer Grenzen stieß", Dieter S. Lutz/Kurt P. Tudyka (ed.), *Perspektiven und Defizite der OSZE*, (Baden-Baden: Nomos Verlagsgesellschaft, 1999/2000), p.82.

為任務期限，倘若輪值主席或前南斯拉夫要求，可再續延一年。[56]查證任務團的總部設於普里斯汀那，另成立五個地區中心，國際查證員人數預計擴充至 2,000 人。國際查證員的主要工作有查核科索沃各方團體有無遵守聯合國安理會第 1199 號決議案、監督選舉、記錄違反人權和國際規範事件，以及向歐安組織常設理事會、聯合國安理會和其他組織，以及前南斯拉夫政府提出觀察報告和建議案。[57]1998 年 12 月查證任務團進入科索沃，任務團底下的人權部門訪問超過 2,800 位難民，記錄數百份違反人權與相關國際法的案例。[58]任務團的國際查證員一度曾超過 1,350 人，但隨著武裝衝突越演越烈，國際查證員的人身安全已無法獲得保障，遂於 1999 年 3 月 20 日完全撤出科索沃。四天之後，北約開始大舉轟炸前南斯拉夫境內的軍事目標。

歐安組織查證任務團撤出科索沃之後，並沒有就地解散，而是駐進鄰近科索沃邊界的阿爾巴尼亞和北馬其頓，協助理處因北約轟炸而衍生出的難民問題，以及持續與難民晤談，記錄違反人道事件。工作人員由原本的 1,350 人大幅縮減至 250 人左右。[59]在北約轟炸前南斯拉夫進入尾聲之際，歐安組織常設理事會於 6 月 8 日通過結束查證任務團，並同時將撤退至阿爾巴尼亞和北馬其頓的原任務團人員，重新組成過渡性質的科索沃特別工作隊（Task Force for Kosovo），執行下列工作：[60]

1. 盡速準備重返科索沃的各項設備與設施

---

[56] 有關任務團的期限延長，主文雖是記錄「輪值主席或前南斯拉夫的要求」。但是否延長，俄羅斯提出仍必須依據歐安組織的集體決定（共識決），或者是常設理事會的決定。見："OSCE Permanent Council Decision No. 263.", in: https://www.osce.org/pc/20595?download=true (2022/10/18)

[57] 見：OSCE Kosovo Verification Mission / OSCE Task Force for Kosovo (closed), in: https://www.osce.org/kvm-closed (2022/10/18)

[58] 參閱：OSCE, Kosovo/Kosova As seen, As told:An analysis of the human rights findings of the OSCE Kosovo Verification Mission October 1998 to June 1999, in: https://www.osce.org/files/f/documents/d/d/17772.pdf (2022/10/18)

[59] Sandra Mitchell, "Menschenrechte im Kosovo", in: IFSH (ed.), *OSZE-Jahrbuch 2000*, (Baden-Baden: Nomos Verlagsgesellschaft, 2000), pp.256-257.

[60] OSCE Permanent Council Decision No.296/Corrected issue, in: https://www.osce.org/files/f/documents/e/9/28926.pdf (2022/10/18)

2. 條件許可下，進入科索沃，查看情勢，為科索沃任務團預作準備
3. 與其他國際組織合作，預先規劃未來科索沃任務團的工作
4. 持續評估科索沃的人道狀況。

　　6月12日北約的「科索沃武力」（Kosovo Force）進入科索沃，兩天後，歐安組織的特別工作隊也派先遣小隊進入科索沃，並在原查證任務團的總部辦公室，重新成立工作辦公室，直到科索沃任務團成立並進駐為止。

　　從1992年到1999年初歐安組織在科索沃執行任務的過程，明顯可看出它在遂行任務方面遭受到的侷限性。首先是派遣國際工作人員必須取得當事國的同意入境，若當事國延遲或拒絕簽發入境簽證，或者禁止其前往發生違反國際規範的地區，會導致無法執行既定的任務。更有甚者，國際工作人員往往進入紛爭地區調查和記錄，但當局勢演變成暴力或武裝衝突時，難以自保的國際工作人員，只得撤出派駐地。因此，即使歐安組織屢屢強調任務團必須回到科索沃、要求南國當局必須放棄武力，進行對話，以及視情勢發展，考慮恢復南國會籍的可能性等，皆無法改變貝爾格勒以武力解決問題的強硬態度。[61]再者，在這段七年的時間裡，處理前南斯拉夫分裂問題，乃至武裝衝突的主要行為者並非是歐安組織，而是聯合國、北約、美國等，歐安組織所能扮演的角色不僅有限且被定型。

二、科索沃任務團

　　北約對前南斯拉夫連續轟炸79天，導致數十萬科索沃阿爾巴尼亞裔居民逃離家鄉，前往鄰國躲避戰火。但空中轟炸，最終也讓貝爾格勒將所有的武裝部隊撤出科索沃。6月10日聯合國安理會通過第1244號決議案，決議在科索沃成立臨時行政當局，俾讓科索沃民眾在前南斯拉夫共和國內享有自治權。聯合國在科索沃的衝突後重建工作分成四個支

---

[61] Jens Reuter, op.cit., p.210.

柱（pillars），歐安組織負責其中之一的民主化與制度建立；而科索沃的境內安全與秩序維護由北約領導的國際部隊「科索沃武力」負責。[62]

　　歐安組織以特別工作隊的形式，隨同北約國家組成的「科索沃武力」重回科索沃，除了監督安全情勢外，並評估成立任務團的可行性。7月1日，常設理事會正式決議成立歐安組織科索沃任務團（OSCE Kosovo Mission），在聯合國臨時行政當局之下，擔負人權、民主化、法治與制度建立的工作，主要的任務有：[63]

1. 建立人力資源：成立警察學校和訓練警察、培訓行政、司法人員和各級公務人員
2. 協助民主化與治理：發展公民社會、非政府組織、政黨和地方媒體
3. 籌辦和監督選舉
4. 監督、保護與促進人權發展：建立申訴制度
5. 其他由聯合國秘書長依據安理會第1244號決議案所委託辦理之事

　　科索沃戰爭於6月10日結束後，前南斯拉夫部隊很快地撤出科索沃，而流離失所的難民陸續回到家鄉。許多難民見到的是殘破的家園和一無所有的景象。隨著阿裔族群的返鄉，少數族群如塞爾維亞人、吉普賽人，以及「叛徒」，則是倉皇逃離，擔心受到阿裔人士（尤其是科索沃解放軍）的報復。全科索沃境內，陸續爆發對塞爾維亞人和吉普賽人的報復行動。[64]家園重建、建立自治制度、保護人權等乃成為歐安組織任務團的重要工作。

---

[62] 北約的「科索沃武力」規模，初期高達五萬人，隨著科索沃境內的安全情勢好轉，部隊人數也跟著縮減。2022年部隊人數有來自27個國家的軍士官共3,762人。
[63] 見：OSCE Permanent Decision No. 305, in: https://www.osce.org/pc/28795?download=true (2022/10/18)
[64] 就在塞爾維亞部隊撤出科索沃的數日內，據估計約有12萬塞裔、吉普賽人等少數族群被驅離，吉普賽人居住在米特羅維查的社區（Roma Mahala）被洗劫一空，房屋全被燒毀。Thomas Schmidinger, *Kosovo – Geschichte und Gegenwart eines Parastaates*, (Wien: bahoe books, 2018), p.112.

歐洲安全暨合作組織與巴爾幹——東南歐任務團

　　任務團的初期工作期限至 2000 年 6 月 10 日，為期約一年，期滿前再由常設理事會決議是否延長。任務團總部設於科索沃首府普里斯汀那，另設 5 個區域中心和 19 個地方辦公室。任務團配置的國際工作人員可達 650 人和當地聘僱 1,900 人。[65]科索沃任務團最初分為五個部門：警察教育與發展、媒體、民主化、人權與法治，以及選舉。隨著科索沃內部情勢逐漸穩定下來後，任務團的工作也擴及到治理、公共安全等項目。由於任務團的成員部署多分散於科索沃地方，而非像聯合國臨時行政當局多集中於首都，故任務團所執行的各項諮詢、協助和監督等工作，可說是從基層出發的制度建設。[66]

　　科索沃任務團的期限延長，與其他任務團頗為不同。首先是任務團工作初期一年（1999/07-2000/06），第一次延長時不像其他任務團的一年期限，而只延長 6 個月（2000/06-2000/12，常設理事會第 354 號決議案）。第二次延長，依慣例延長一年（2000/12-2001/12，常設理事會第 382 號決議案）。2001 年 12 月討論延長期限時，俄羅斯代表表達歐安組織所有任務團的期限應自動延長一年的原則，且認為此一原則具高度恰當，各參與國應納入實際考量。[67]此後直到 2007 年 12 月之前，皆延長一年。但面對科索沃脫離塞爾維亞，宣布獨立的態勢越來越明朗後，常設理事會於 2007 年 12 月 21 日決議（第 835 號），除非有參與國致函輪值主席表示反對，否則任務團從此後每次延長以一個月為限；若任務結束，任務團也會立即撤出科索沃。[68]此次會議有兩個參與國（塞爾維亞和俄羅斯聯邦）堅持必須每月討論期限是否延長，而歐盟和美國代表皆表達不同意見，認為每月更新將危及任務團獲致

---

[65] 見：OSCE Annual Report 1999, p.23. in: https://www.osce.org/secretariat/14539?download=true (2023/01/20)
[66] Helmit Kramer and Vedran Dzihic, *Die Kosovo Bilanz – Scheitert die internationale Gemeinschaft?*, (Wien: Lit Verlag, 2006), pp.29-30
[67] 見：OSCE Permanent Council Decision No. 449 Extension of the Mandate of the OSCE Mission in Kosovo, in: https://www.osce.org/files/f/documents/7/8/18260.pdf (2022/07/19)
[68] 見：OSCE Permanent Council Decision No. 835 Extension of the Mandate of the OSCE Mission in Kosovo, in: https://www.osce.org/files/f/documents/a/c/30186.pdf (2022/07/19)

的成效,同時也對任務團人員的工作帶來高度不確定性。歐盟代表甚至認為任務團的期限延長應以一年為期;美歐參與國之所以同意每月更新的決議,只是欲避免因會中無法達到共識,而使任務團的任務被迫於 2008 年 1 月 1 日終止而已。[69]塞爾維亞與俄羅斯聯邦之所以堅持任務團的期限每月更新(換言之,可以隨時終止),乃是擔心任務團有可能成為執行芬蘭前總統阿赫蒂薩里(Martti Ahtisaari)於 2007 年提出之解決科索沃地位之建議案的工具。在阿赫蒂薩里的建議案中,科索沃將在國際組織(含歐安組織在內)的協助下,有計畫地逐步走向獨立。[70]不過,即使科索沃於 2008 年 2 月宣布獨立,但塞爾維亞並無動用終止科索沃任務團的提議,原因在於任務團以保持中立的態度,僅只執行聯合國安理會第 1244 號決議案的授權工作,並無涉入足以讓科索沃獨立獲得正當性的活動。[71]這點與歐安組織喬治亞任務團的命運大不相同,2008 年俄喬戰爭結束後,俄羅斯不再同意延長喬治亞任務團的期限,致使該任務團必須結束在喬治亞的工作。

其次是自塞爾維亞於 2000 年 11 月加入歐安組織後,屢屢於正式會議中對科索沃任務團的名稱,表達不同的意見,且要求該意見必須以附件的形式,併入決議案本文。究其原因在於塞爾維亞主張,聯合國安理會第 1244 號決議案,連同先前的第 1160 和 1199 號決議案,皆表明尊重前南斯拉夫主權與領土的完整,且在前南斯拉夫的基礎上,處理科索沃的問題。因此,塞爾維亞作為前南斯拉夫的繼承國,科索沃任務團的名稱應(依時間順序)改為「科索沃/南斯拉夫聯邦共和國」、「科索沃/塞爾維亞與蒙特內哥羅」,以及「科索沃/塞爾維亞共和國」。[72]不過,塞爾維亞提出的異議一直未獲得它所期待的效果,歐安組織並無更改科索沃任務團的名稱。

---

[69] Ibid.
[70] Marcin Czaplinski, "The OSCE in the New International Environment in Kosovo", in: IFSH (ed.), *OSCE Yearbook 2009*, (Baden-Baden: Nomos Verlagsgesellschaft, 2009), p.181.
[71] Ibid., p.183.
[72] 同註 62 與 63。

科索沃任務團的工作項目繁多，以下僅對民主制度建立和人權保護至關重要的選舉，以及人權與少數民族議題，來檢視任務團的工作：

（一）、選舉

2000 年 10 月 28 日，在歐安組織任務團的籌畫下，科索沃舉行自 1999 年以來的第一次選舉（地方選舉）。[73]這一次選舉可說是科索沃自衝突結束以來，邁向重建與族群之間信任建立的第一步，對歐安組織是項重大的挑戰，也是優先工作之一。為查驗此次選舉與國際選舉規範的符合程度，聯合國秘書長特別代表庫希納（Bernard Kouchner）特別邀請歐洲理事會擔任國際選舉觀察的主持人，組團前往科索沃，觀察此次選舉是否符合歐安組織民主選舉的相關規範。歐洲理事會受邀後，組成一支 150 人的長短期選舉觀察團，進入科索沃觀察該次的選舉情形。[74]

籌備選舉的行政事務由歐安組織負責，包括與科索沃中央選舉委員會，共同監督和指導各地區的選舉委員會（Municipal Election Commission）、成立各地的投開所委員會、開辦選民和候選人登記等。中央選舉委員會由聯合國臨時行政當局成立，委員包括 9 位科索沃人士（其中一位由塞裔人士擔任）和 3 位國際選舉專家。各地區投開票所的行政作業則由歐安組織派遣的國際監督員負責督導。[75]

對歐安組織來說，選民登記可說是最大的挑戰。由於科索沃的戶口登記不甚健全，再加上戰爭時的流離失所，進行登記時，科索沃居民必須提出 1998 年以前即居住在某處的證明，如載有姓名和地址的電話帳單，或者在文件全遺失的情況下，只要兩位證人證明其屬於某族群即可。此外，大批科索沃居民避居國外，因此暫居國外的難民可

---

[73] 此次選舉共有 27 個政黨提出超過 5,500 位候選人（包括獨立候選人），爭取 30 個市議會，共 920 個議員席位。

[74] 見：Council of Europe, Muncipal elections in Kosovo – 28 October 2000, CG/Bur (7)63, Strasbourg, 15, December 2000, in: https://rm.coe.int/168071a3cf (2023/01/20)

[75] 這一次選舉總共成立 380 個投開票中心，每一個投開票中心負責 1 到 7 個不等的投開票所，全科索沃共設立 1,464 個投開票所。

選擇採取通訊方式投票。[76]最後總共有 90 萬人登記為選舉人。在 90 萬登記的選民當中，只有 2,000 人屬塞裔族群，這數目只占戰後居住在科索沃的塞裔人口的 2%。約 5,500 位候選人當中，也沒有任何一位塞裔候選人。原因來自於塞爾維亞前總統米洛塞維奇不僅阻止居住在塞爾維亞的科索沃塞裔居民回鄉或參加郵寄投票[77]，更呼籲科索沃塞裔杯葛投票，而塞裔族群領袖亦呼應米洛塞維奇的指示，與選舉保持距離。不過，避居在北馬其頓的科索沃阿裔族群則響應此次的地方選舉，也參與投票。

選戰期間科索沃境內多處爆發爆裂物攻擊，或政黨的候選人接獲恐嚇電話，也破獲塞裔激進團體自製爆裂物等事件，可說相當不平靜。為此，北約「科索沃武力」也加強兵力，維護各選區的安全與秩序。儘管選戰期間動盪不安，選舉當日卻出乎意料之外地平順與平靜。在超過千位國際與當地選舉觀察員的監視下，科索沃完成首次民主選舉，投票率且高達 79%，為民主化過程立下一個良好的開始。[78]對歐安組織來說，可以順利完成科索沃的首次民主選舉，並獲得國際佳評，已經彰顯出歐安組織在科索沃的制度與民主建立，以及人權保護方面，扮演一個領導性的角色。[79]然而，歐洲理事會選舉觀察團提出的觀察報告卻也指出，投票時雖可觀察到不同族群選民同時出現在同一投開票所投票，而且也沒有傳出任何暴力事件，部分少數族群，如吉普賽人或波士尼亞人，在投票時「感覺」受到威嚇。[80]

此次選舉結果，以總統魯戈瓦為首的科索沃民主聯盟（Democratic League of Kosovo）囊括 58%的選票，成為第一大黨；其次是由科索沃

---

[76] Phlip Banse, "Erste Kommunalwahlen in Kosovo", 26.10.2000, in: Erste Kommunalwahlen im Kosovo | deutschlandfunk.de (2023/01/20)

[77] 科索沃戰爭結束後，約有 15 萬科索沃塞裔避居在塞爾維亞。

[78] Kosovo Municipal Elections 2000 –Final Results, in: https://www.osce.org/files/f/documents/d/2/20464.pdf (2021/07/26)。

[79] 見：Parliamentary Assembly of the Council of Europe, "Observation of the municipal elections in Kosovo (28 October 2000)", pp/173-177. in: https://rm.coe.int/09000016809796c6 (2021/09/29)

[80] Ibid., p.177.

解放軍「轉型」而來的科索沃民主黨（Democratic Party of Kosovo）和哈拉迪納伊（Ramush Haradinaj）領導的科索沃未來聯盟（Alliance for the Future of Kosovo）。選後，魯戈瓦總統宣稱將繼續追求科索沃獨立，而可能的方式將是和聯合國協商，或者逕自舉行公民投票。[81]而同一時間新當選塞爾維亞總統（2000/10/7）的柯斯圖尼查則宣布不承認科索沃的選舉結果，認為此次選舉更加鞏固一個單一族群的科索沃。[82]

繼地方選舉之後，聯合國秘書長特別代表宣布將於2001年年底舉行國會大選，以協助科索沃發展民主制度。為協助辦理首次的國會大選，歐安組織常設理事會通過2千1百萬歐元的追加預算，主要用於選民登記（名單更新），以及選舉事務本身。為使更多居住國內外的科索沃人能較便利地投票，任務團以六個星期的時間，重新檢視前一年的選民名單，便利陸續返鄉的科索沃人登記，或讓滯居外國（主要為塞爾維亞和蒙特內哥羅）的科索沃人選擇在當地投票或選擇郵寄投票。任務團的努力獲得極佳的成果，總共約125萬人登記為選民，比2000年多了35萬人。國會選舉依舊由歐洲理事會擔任國際選舉觀察的主持人，觀察在科索沃、塞爾維亞和蒙特內哥羅舉行的投票過程，以及郵寄投票的情形。這一次選舉，塞爾維亞總統反倒是鼓勵塞裔族群參加選民登記。[83]

---

[81] Stephan Israel, "Kosovo-Kommunalwahlen: Rugova erklärt seine Partei zum Sieger", Tagesspiegel 29.10.2000, in: https://www.tagesspiegel.de/politik/kosovo-kommunalwahlen-rugova-erklaert-seine-partei-zum-sieger/174892.html (2021/07/26)

[82] 為鼓勵更多科索沃塞裔族群參加選舉，聯合國秘書長特別代表 Hans Haekkerup 於2001年11月5日和塞爾維亞總統柯斯圖尼查簽署共同協議，再次確認聯合國臨時當局為管理科索沃的唯一機構，不觸及憲法框架與臨時政府。雙方也同意在調查失蹤人口與俘虜事宜方面合作，成立雙邊的高階官員工作小組，以及成立包含科索沃臨時政府在內的三邊工作小組，處理共同的問題。這一份共同協議，在科索沃內部引起強烈反應，咸認為如此將使貝爾格勒對科索沃的影響力大增。Brnhard Knoll and Kara Johnson Molina, "Ein steiniger Weg:Das Kosovo im Übergang zur vorläufigen Selbstverwaltung", in: IFSH (ed.), *Das OSZE-Jahrbuch 2002*, (Baden-Baden: Nomos Verlagsgesellschaft, 2002), p.159.

[83] 見：OSCE welcomes statement by Yugoslav President on voter registration for Kosovo elections, 24 May 2001, in:
https://www.osce.org/kosovo/53573 (2023/01/17)

第陸章　科索沃與歐安組織

2001 年的國會大選，以科索沃全境為單一選區，政黨（或政治團體、聯盟）提出各自的候選人名單，以比例代表制來決定各政黨應獲得的席位。候選人登記期限結束後，共有 26 個政黨/聯盟提出總共 1,333 位候選人的選舉名單，參加首次國會大選。[84]這次的選戰不像前一年地方選舉的選戰般激烈，儘管仍有一些小插曲[85]，但整體來說平順許多。

首次國會大選的投票率為 64.3%，阿裔社區的投票率為 65%，塞裔社區只有 46%。在科索沃以外地區（塞爾維亞和蒙特內哥羅）的投票率為 57.38%，郵寄投票 65.71%。[86]塞裔投票率之所以低，原因在於許多塞裔被恐嚇不得去登記為選民，或者謠傳登記為選民的各項資料會被送往海牙的國際戰犯法庭，或者會被註銷護照等等。[87]參與競選的 26 個政黨/聯盟，只有 14 個政黨/聯盟獲得席位。在 2000 年地方選舉獲勝的科索沃民主聯盟只獲得 47 席，無法成為國會多數黨。居次的是科索沃民主黨 26 席，第三為科索沃塞裔組成的返鄉聯盟（Coalition Return），獲得 22 席。前一次地方選舉頗有斬獲的科索沃未來聯盟只得到 8 席。由塞裔人士組成的「返鄉聯盟」不僅獲得憲法框架保障給塞裔族群的 10 席，在 100 席開放競選的席位中，更斬獲 12 席。歐洲理事會選舉觀察團對此次大選的評價為，「整個選舉過程是在一種有效的民主方式，且相當大程度上免於威嚇和暴力的環境中完成。」[88]

---

[84] 政黨要參加選舉，必須提出一份有 1000 位合格選民的簽名連署書，少數政黨因違造簽名，而被剔除在競選之外。另有政黨的候選人名單中，因有人被美國布希政府列入黑名單，最後由聯合國秘書長特別代表以行政命令，將其移出該政黨的名單。

[85] 如撕毀它黨的海報，換貼上本黨的海報；少數族群政黨出現在電視上的機會比大黨少很多，或者少數族群政黨人士在演說時，會被阿爾巴尼亞語的旁白蓋掉等。

[86] 登記在塞爾維亞和蒙特內哥羅投票的科索沃選民共約 10 萬人，來自 33 個國家的 36,372 位科索沃選民採郵寄投票。

[87] Council of Europe Election Observation Mission－2001 Kosovo Assembly Elections Final Report, pp.7-8, in: https://rm.coe.int/090000168058e2b7 (2022/10/18)

[88] Council of Europe Election Observation Mission－2001 Kosovo Assembly Elections Final Report, 2nd Edition-December 2001, SG/Inf(2002)1, 18 January 2002, in: https://rm.coe.int/090000168058e2b7 (2022/10/18)

歐安組織任務團在科索沃的首次國會與地方選舉中,扮演選舉籌備、選務人員訓練,以及監督執行的角色。自 2003 年起任務團將舉辦選舉的部分業務,逐漸移交給中央選舉委員的秘書處,讓它有能力籌備和舉辦地方選舉。[89] 自 2008 年起,任務團逐漸卸下辦理選舉事務的重任,將之移轉給科索沃中央選舉委員會,退居一旁擔任選舉專業諮詢與協助性的角色。自 2015 年起,任務團將與選舉有關的工作重心,轉移至培養和訓練科索沃非政府組織,讓這些非政府組織具備專業知識與能力,在選舉過程中監督各級選舉委員會、執行選舉觀察,以及參與選務改革。[90]

　　科索沃任務團不只協助科索沃中央選舉委員會,舉辦大小選舉而已,它還協助塞爾維亞中央選舉委員會(Republican Election Commission),在科索沃舉辦塞爾維亞的總統和國會大選的投票。在塞爾維亞的眼中,科索沃仍是塞爾維亞的一部分,故塞爾維亞的總統和國會大選,科索沃居民有權參與投票。在科索沃自治政府的允許之下,塞爾維亞政府請求歐安組織任務團擔任選舉過程的看護人。[91] 投票結束後,由任務團人員將票櫃加以封箱,運往邊界城市拉什卡(Raska)和弗拉涅(Vranje),交給塞爾維亞中央選舉委員會,進行計票。

　　2022 年 3 月塞爾維亞舉行總統與國會大選,科索沃總理庫爾提(Albin Kurti)要求塞爾維亞必須先提出開設投票站的申請。在塞爾維亞拒絕後,庫爾提首次拒絕在科索沃境內開設塞爾維亞選舉的投票站。由美英法德義組成的五國非正式決策小組(QUINT)發表聲明指出,科索沃此舉無法展現出其保護(少數族群之)人權與公民權的承諾,無助於科索沃加入歐洲的期望。[92]

---

[89] 見:OSCE, "OSCE Kosovo Mission to transfer elections operations to local body", in: https://www.osce.org/kosovo/55534 (2022/10/18)
[90] 見:OSCE, "Building electoral capabilities in Kosovo – giving a voice to many", in: https://www.osce.org/kosovo/132341 (2022/10/18)
[91] 直到 2017 年的總統大選,塞爾維亞皆在科索沃開設 90 個投票站。2020 年的國會選舉,增加 50 個投票站,使其總數達到 140 個。
[92] 見:Quint countries greatly disappointed with Pristina's decision; Kurti: "No deal", March 23, 2022, in: https://www.b92.net/eng/news/world.php?yyyy=2022&mm=03

（二）、人權與少數民族議題

聯合國臨時行政當局 2001 年頒布的臨時自治政府憲法框架中，第三章為人權（Human Rights）篇章，第四章則規範社群（Community）的權利。第三章第一項指出，所有的科索沃人應享有人權與基本自由。而人權與基本自由的具體內容，第二項舉出八份國際人權公約，公約所列舉出的項目皆為科索沃的人權與基本自由的內容。[93]憲法框架第四章規範社群的權利，在名稱的使用上，以「社群」來取代一般慣用的少數民族（Minority）一詞。社群指的是具有相同種族、宗教信仰或語言的團體。在憲法框架中，社群的權利規範與保護已符合國際規範的水準。儘管社群一詞避開了多數與少數的差別，實際人口結構中佔超過 90%的阿爾巴尼亞裔，無疑已是多數社群。相對於這個絕對多數，其他非阿爾巴尼亞裔的居民，即成為憲法框架特別保護的對象。究竟科索沃有哪些少數社群?憲法框架給了答案，共有 7 個少數社群（non-majority communities）。

居於「少數」的社群所具備的權利有：自由使用語言與文字、接受使用母語教學的教育、擔任公職人員的平等權利、使用和展示社群的象徵、尊重社群傳統、保有對社群重要的宗教、歷史或文化場址、使用宗教機構等等。除了這類的權利與自由外，少數社群的政治參與也得到特別的保障。依據國會議員組成的規定，少數社群被保障可分配到特定數目的席位。國會 120 席議員中，100 席為開放公開競爭，20 席保留給非阿爾巴尼亞裔社群，其中 10 席分配給塞爾維亞裔社群，吉普賽人、阿許卡里人和埃及人共 4 席，波士尼亞裔 3 席、土耳其裔 2 席，

&dd=23&nav_id=113354 (2022/10/18); Milica Stojanovic, "Kosovo Serbs to Vote in Serbian Elections in Serbia", in: BalkanInsight, March 25. 2022, in: https://balkaninsight.com/2022/03/25/kosovo-serbs-to-vote-in-serbian-elections-in-serbia/ (2022/10/18)

[93] 這八份國際人權文件為聯合國人權宣言、公民權利及政治權利國際公約與議定書、歐洲保護人權與基本自由公約與議定書、消除一切形式之種族歧視公約、消除一切形式之歧視婦女公約、兒童權利公約、區域或少數民族語言歐洲憲章、歐洲理事會保護少數民族公約框架。

以及古拉尼人一席。不過對科索沃塞裔社群來說，依據安理會第1244號決議案，科索沃屬於塞爾維亞的一部分，因此塞裔社群認為他們不應被列為「少數社群」。[94]由於過往的歷史恩怨，如何重建阿爾巴尼亞裔和其他社群的正常關係，亦即可以和平共處共生，是歐安組織（和其他國際組織）在科索沃衝突後重建的重大挑戰。

任務團開始工作後，人權部門即將工作重心置於少數社群的人權保護，透過執行一系列專案，如人權教育（新聞記者、公職人員）、非政府組織人權計畫、婦女的政治與社會參與、青少年人權教育，以及監督和紀錄違反人權與公民權事件、人口販賣、司法制度的問題等，來改善和提升尊重與保護人權的意識與實踐。此外，也執行一系列計畫，協助少數社群成立和發展自己的廣播媒體和新聞報紙。任務團的工作雖有進展，但2004年爆發的社群衝突，卻又加大原本的社群裂痕，導致塞裔和吉普賽人出走科索沃。

2004年3月科索沃北部城市米特羅維查（Mitrovica）爆發阿裔與塞裔之間的社群衝突，此一衝突引發科索沃全境數日的動盪不安。[95]發源於蒙特內哥羅的伊巴爾河（Ibar），往北流經科索沃的米特羅維查，進入塞爾維亞。自1999年的科索沃戰爭結束以來，伊爾巴河即成為隔離兩大社群的象徵，但也是社群可以和平共處的希望。河的南岸多居住阿裔，北岸則以塞裔為主要人口，此一情形可說是另類的兩岸關係。3月17日數千阿裔群聚跨越伊巴爾河大橋的南端，橋的北端則聚集欲阻擋阿裔群眾過橋的塞裔群眾，兩個對峙族群之間則是固守大橋的北約檢查哨。阿裔群眾欲強行過橋，北約法國士兵施放催淚瓦斯阻擋阿

---

[94] Helmut Kramer and Vedran Dzihic, *Die Kosovo Bilanz -Scheitert die internationale Gemeinschaft?*, (Wien: Lit Verlag, 2006), p.15

[95] 有兩件事件可說是導致3月17日發生暴動的導火線：一是3月15日有位住在首都南邊村莊的塞裔少年被一部駛過的汽車內乘客開槍射殺，塞裔居民憤而封鎖馬路，阿裔民眾揚言要打開交通要道；另一事件發生於米特羅維查市，兩位（一說三位）阿裔少年不知何故溺斃於伊巴爾河，阿裔媒體臆測溺斃事件背後應有塞裔人士主謀。David Buersteddle, "Die OSZE-Mission in Kosovo:Neue Prioritäten nach dem Ausbruch der Gewalt im März 2004", in: IFSH (ed.), *Das OSZE-Jahrbuch 2004*, (Beden-Baden: Nomos Verlagsgesellschaft, 2004), p.146.

裔人士過橋，塞裔狙擊手以輕武器對準阿裔人群開火，隨後趕到的美國增援部隊以武力壓制塞裔狙擊手。米特羅維查事件不僅引起當地阿裔群眾的憤怒，更開啟科索沃全境的族群暴動。阿裔不僅將矛頭對準塞裔，也對準聯合國臨時行政當局，攻擊其辦公室和燒毀公務車。在北約部隊陸續抵達各地的暴動地點，強化維安之後，情勢迅即平息下來。[96]總計不到三天的暴動導致數百人傷亡，數千難民流離失所，多處塞裔住房和東正教教堂被焚毀。

　　針對 2004 年 3 月的全境暴動事件，任務團在事件結束後不久，即提出事件的原因報告。報告中指出，事件之所以會如野火燎原般地蔓延，原因有組織化的民族主義、未解的（科索沃）地位問題、舊有的仇恨、年輕人失業率高、年輕世代缺少受教育的機會、媒體的態度偏差，以及不信任在科索沃的國際組織，尤其是聯合國臨時行政當局。[97]針對這些問題，歐安組織任務團可以提出的有效解決方案相當有限，尤其是在科索沃的未來地位與經濟發展方面。這兩個問題，大概只有歐盟有能力處理。另一方面，在群眾暴動時，歐安組織的辦公室和車輛幾乎沒受到甚麼樣的傷害，可見歐安組織在民眾心中仍具有一定的公正與中立的地位。

　　與少數民族相關的是難民與國內流離失所者（internally displace persons）返鄉議題。依據聯合國難民署（UN Refugee Agency）2021 年的統計顯示，在塞爾維亞的難民與國內流離失所者共有 247,205 人，其中來自克羅埃西亞與波士尼亞的難民有 25,800 人（多為塞爾維亞裔），而國內流離失所者高達 213,059 人。[98]依據聯合國安理會第 1244 號決議案，科索沃屬塞爾維亞領土的一部分，故這一群高達 21 萬的國內流

---

[96] Erich Rathfelder, *Kosovo: Geschichte eines Konflikts*, (Berlin: Suhrkamp Verlag, 2010), pp.346-348.

[97] David Buersteddle, "Die OSZE-Mission in Kosovo: Neue Prioritäten nach dem Ausbruch der Gewalt im März 2004", in: IFSH (ed.), *Das OSZE-Jahrbuch 2004*, (Beden-Baden: Nomos Verlagsgesellschaft, 2004), p.147.

[98] 見：UNHCR The UN Refugee Agency: Republic of Serbia February 2021, https://www.unhcr.org/search?query=bi-annual%20fact%20sheet%202021%20serbia (2023/01/15)

離失所者大多來自科索沃，其中以塞裔族群為最大宗，其餘為吉普賽人和波士尼亞裔等少數族群。有關科索沃的難民與國內流離失所者返鄉問題，主導機構為聯合國難民公署，而歐安組織科索沃任務團則扮演協助的角色：觀察和紀錄返鄉後的安置過程與情況，以及提供必要的協助，評估返鄉的政策與法律框架的制度化效率並提出報告。

在國際社會（如美國國務院）與國際組織（如國際難民組織、歐盟、丹麥難民委員會等）的經費資助與合作之下，任務團協助執行各項專案，以協助和補助返鄉者，如建造庇護社區、過渡期的補貼、子女（尤其是吉普賽人）接受教育等。返鄉議題所遭遇到的障礙主要來自於財產權的爭議、人身安全無法獲得保障，以及部分社區反對接納返鄉者。[99]在財產權的爭議方面，返鄉者回到原居住處後，其原有的房屋不是被非法占有，就是毀於戰火，難以回復原貌，也無法獲得應有賠（補）償。2016年10月科索沃自治政府通過財產權戰略（Kosovo National Strategy on Property）[100]，採取措施，以回復返鄉者的財產權，如收回被非法佔據的房屋、強制驅離非法占有者、提供公益律師、免除訴訟費用等。不過由於訟訴時間過長，或者發生佔有者被強制驅離後，又再度非法占有的例子（或者是提起訴訟，試圖爭回住屋），皆影響返鄉者的返鄉意願。[101]

至於人身安全問題則存在主客觀因素，塞裔族群「認為」必須在警察或北約部隊的保護下，才可能平安地進入以阿裔族群為主的社區。這些難以克服的障礙，使得返鄉之路困難重重。依據歐安組織的估計，從科索沃戰爭結束後到2014年7月，共有25,430人返鄉，而暫居境外（尤其是在塞爾維亞）的仍有約22萬人。[102]即使科索沃內部的法律與安全

---

[99] OSCE: An Assessment of the Voluntary Returns Process in Kosovo, November 2019. https://www.osce.org/files/f/documents/3/8/440726.pdf (2023/01/15)

[100] 見：Kosovo National Strategy on Property. https://kryeministri.rks-gov.net/repository/docs/SKDP_17_10_2016_ENG.pdf (2023/01/15)

[101] 參閱：Inna Toropenko, "Kosovo's IDP:problems and lessons", *New Geopolitics*, in: https://www.newgeopolitics.org/2021/03/12/kosovos-idp-problems-and-lessons/ (2022/08/16)

[102] OSCE: An Assessment of the Voluntary Returns Process in Kosovo, October 2014, https://www.osce.org/files/f/documents/f/2/129321.pdf (2023/01/15)

環境，逐年獲得改善，返鄉者的人數卻有逐年下降的趨勢：2015 年／802 人，2016 年／582 人，2017 年／498 人，2018 年／327 人，2019 年降至 115 人，2020 年略為回升到 245 人。塞裔族群絕大部分都回到以塞裔為主要人口的地區定居，而吉普賽人則回到其傳統的定居地，但也有少部分的阿裔族群入住塞裔社區。這情形加重原先族群居住已偏向集中化的趨勢。依據人權觀察組織的年度報告，吉普賽人的處境比阿裔族群更為艱難，必須面對歧視、高失業率、住宅不足等問題。[103]

對吉普賽人、「埃及人」、阿許卡里人等少數社群在科索沃境內的處境，歐安組織持續邀集各參與國和國際組織召開圓桌會議，努力協商出一套永續的解決方案（Sustainable Solutions），以符合安理會第 1244 號決議案，以及憲法框架對少數社群的保護。2021 年 6 月，歐安組織公布針對科索沃少數社群的權利評估報告（Community Rights Assessment Report）[104]，這是自 2009 年來的第五次。在這一份評估報告中，歐安組織任務團表示，儘管在保護和促進少數社群權利方面，獲得某些進展，但在許多方面，情況並沒有獲得改善，如少數社群的語言仍未完全可使用在教育方面；儘管內部的制度與立法皆有改善，返鄉者的人數仍非常少；波及少數社群成員的安全事件不時發生，而社群之間的緊張關係仍持續存在。[105]

此外依據「國際少數民族權利」（Minority Rights Group International）組織對全球各國人民受威脅（Peoples under Threat）的程度評比[106]，科索沃在 2011 年全球排第 49 名，從 2012 年到 2015 年情

---

[103] 見：Human Rights Watch, "World Report 2021", p.396, in: http://fileserver.idpc.net/library/2021_hrw_world_report.pdf (2023/01/15)
[104] 歐安組織科索沃任務團自 2009 年起，分別於 2019、2010、2012 和 2015 年公布科索沃社群權利的評估報告，以評估科索沃自治政府實踐歐洲理事會部長委員會提出之「保護少數民族權利之框架公約」（Framework Convention for the Protection of National Minorities）的實際進展情形，見：OSCE, Community Rights Assessment Report 5th, June 2021, in: https://www.osce.org/files/f/documents/6/f/493675.pdf (2023/01/15)
[105] Ibid., p.55.
[106] 這一個人民受威脅的全球性評比，共有十項指標，包括自決衝突、武裝衝突、政治謀殺、難民、群體不滿、派系化精英的崛起、聲音與透明、政治穩定、法

OSCE
歐洲安全暨合作組織
與巴爾幹──東南歐任務團

況有點惡化，一度上升到第 39 名。但自 2016 年後，情況逐漸好轉，一路下降到 2021 年的第 60 名。[107]歐安組織任務團協助科索沃的目的是希望建立一個真正包容、和平和穩定的社會，而促進與保護少數社群的權利乃是該社會的基石。大體而言，科索沃內部的社群關係，以及對非多數社群的權利保護，在國際組織的協助下，確實獲得進展。但內部最大的社群問題殆為塞裔與阿裔之間的緊張關係，一直未獲得有效的紓解，這又和塞爾維亞堅持科索沃為其領土的一部分有關。塞爾維亞作為科索沃塞裔的母國（homeland），直接決定了塞裔與阿裔關係的走向。

　　除了歐安組織的任務團之外，歐洲理事會也參與科索沃的戰後制度重建。1999 年科索沃戰爭結束後，歐洲理事會即隨著其他國際組織進入科索沃，在首都普里斯提那設立一個辦公室（Council of Europe Office in Pristina），與其他國際組織合作，協助科索沃建立人權、法治和民主的制度。這個辦公室的規模並不大，人員約在 15 人上下，然而它所執行的協助建立制度計畫，多半皆和歐盟共同資助，如從 2012 年到 2022 年三階段的「對抗經濟犯罪計畫」（Project against Economic Crime in Kosovo）共計投入 588 萬歐元，以對抗貪污、洗錢，以及改善相關的立法與組織機構。[108]另外也有單獨的小型計畫，如由挪威資助（50 萬歐元），歐洲理事會執行的 2 年期計畫，協助科索沃的憲法法庭法官增進有關歐洲人權公約的素養。[109]

治，以及 OECD 的國家危機分類等。評分越高者代表人民受威脅的程度越大，2020 年敘利亞排名第一。2011 年共有 70 個國家被納入評比排名，到了 2020 年已增加到 115 個國家，顯見問題的嚴重性。如果沒有被納入評比排名，如德國或台灣，在個別國家（或地區）的項目內，會記載「沒有人民受到威脅的數據」。

[107] 見：Peoples under Threat, in: https://peoplesunderthreat.org/countries/kosovo/#0 (2023/01/15)

[108] 見：Project against Economic Crime in Kosovo (PECK I, II, III) https://www.coe.int/en/web/corruption/completed-projects/peck (2023/01/15)

[109] 見：Improving the protection of European Human Rights Standards by the Constitutional Court, in: https://www.coe.int/en/web/national-implementation/kosovo-improving-the-protection-of-european-human-rights-standards-by-the-constitutional-court-of-kosovo (2023/01/15)

科索沃雖已自行宣布獨立，但它還無法加入歐洲理事會，成為正式會員國。不過，科索沃的國會以「其他代表團」（Other Delegation）的名義，參與歐洲理事會的國表大會（Parliamentary Assembly）。國會代表大會除正式會員國外，非會員國也可以「觀察員」、「民主夥伴」（Partner for Democracy）或「特別貴賓」（Special Guests）的名稱，參與代表大會的會議與工作。[110]由於塞爾維亞為歐洲理事會的會員國，故科索沃無法以法定名稱參與，轉而另創一個新的名稱「其他代表團」。歐洲理事會文件涉及科索沃時，都會另加註解，表明這個科索沃乃是聯合國安理會第 1244 號決議案下的科索沃。[111]

第三節　任務團的成效與困難

歐安組織以任務團方式「介入」科索沃至今，不論中斷期間，已將近 20 年。在這 20 年中，科索沃任務團已發展成為最多（或次多）工作人員與預算經費的任務團。2020 年任務團國際與當地雇員人數（435 人）占歐安組織任務團總人數（2,975 人）的 14.7%，僅次於烏克蘭特別監督任務團（Special Monitoring Mission to Ukraine）的 43.5%（1,295 人）；而經費則固定佔年度總預算的 13%（見表 12）。此項編列的經費為所有任務團中最多者，且在歐安組織的所有機構中，僅次於秘書處的 30%，可見歐安組織在科索沃投下甚為龐大的人力與物力。

---

[110] 觀察員有加拿大、以色列和墨西哥；民主夥伴有約旦、吉爾吉斯、摩洛哥和巴勒斯坦。

[111] 全文為：All reference to Kosovo, whether to the territory, institutions or population shall be understood in full compliance with United Nations Security Council Resolution 1244 and without prejudice to the status of Kosovo.

表 12：科索沃任務團人數與年度經費一覽表（2016-2021 年）

年度	團員	當地雇員	經費（歐元）	13%
2016	134	398	17,942,400	13%
2017	76	370	17,510,500	13%
2018	117	387	17,414,300	13%
2019	117	387	17,462,600	13%
2020	117	387	17,462,600	13%
2021	115	375	17,462,600	13%

* 筆者自行整理
**資料來源：歐安組織 2016-2021 年度報告

　　1999 年 7 月 1 日歐安組織常設理事會通過第 305 號決議案，決定成立科索沃任務團，除擔任聯合國臨時行政當局架構的重要組成之外，「在有關制度與民主建立和人權方面，擔任領導性的角色」，並在五個工作項目，協助科索沃建立真正的自治。2008 年 2 月科索沃自行宣布獨立，即表示科索沃已經走上自治的道路，而且有能力進行自我管理，可說已達成自治的目標。尚待改善者，只是自我管理的各項制度，如何符合國際規範，尤其是在民主、法治和人權保護方面。

　　以建立民主制度而言，歐安組織擔任籌備和舉行科索沃中央與地方選舉的重任。在歐安組織任務團的籌備、舉辦與監督之下，歷次的選舉皆獲得歐洲理事會國際選觀察團的正面評價。[112]科索沃宣布獨立後，歐安組織將選舉工作移轉給科索沃的中央選舉委員會，退居「幕後」，扮演諮詢的角色。從「交棒」的角度來看，歐安組織確實是「功成身退」，但任務團和民主辦公室還繼續在歷次選舉中，協助國際選舉觀察團。儘管已不再擔任主導的角色，持續參與選舉事務確實對科索沃的民主制度建立助益甚大。世界自由之家在 2021 年國家轉型的政策建議中明確指出，「國家當局應該定期檢視過去的（選舉）觀察發現，

---

[112] 一般說來，參與國的選舉觀察皆由民主制度與人權辦公室負責，但因為科索沃在國際法上仍是屬於塞爾維亞的一部分，而非歐安組織的參與國。故在科索沃進行的選舉觀察，只能由其他國際組織辦理。

以及依照建議來行動，以改善或改革選舉過程。」[113]此外，英國選舉專家團在觀察科索沃2021年的國會提前選舉後，提出的選舉觀察報告指出，選舉是科索沃內部最少爭議的領域之一，亦即選舉已經成為科索沃建立民主制度的日程議程。[114]任務團以及民主公室在選舉方面，協助科索沃的成效可說相當顯著。

要評價歐安組織科索沃任務團的工作成效，著實不容易。原因在於民主制度的建立，並非短期內就能收到成效；再者，在科索沃協助的國際組織甚多，尤其又以聯合國和歐盟為主，儘管各組織多採分工合作的模式，但若某方面獲得進展，通常都是涉入者共同努力的結果，很難歸結於某個組織的功勞。以任務團的維持治安（policing）工作為例，其主旨為協助公安部門提升對抗任何形式的跨國威脅的效能，為內部創造一個讓所有社群皆可安居的環境，以及監督警方執勤是否符合國際人權標準，並提供相關建議。

然而，在維持治安方面，歐安組織並不是唯一的協助方，歐盟從2008年起，派遣一個法治任務團到科索沃（European Union Rule of Law Mission in Kosovo, EULEX），任務之一是協助科索沃警方與國際合作，提升執勤的標準，以及提升警察面對和處理群眾暴動與暴亂的能力和能量。[115]法治任務團下的警察部門（Formed Police Unit）除協助提升警方的執勤能力與標準外，還直接擔任處理公安事件的第二批支援警力。[116]

---

[113] 見：Freedom House, Nations in Transit 2021 Policy Recommendations, in: https://freedomhouse.org/report/nations-transit/2021/antidemocratic-turn/policy-recommendations (2022/10/12)

[114] 見：Westminster Foundation for Democracy, "Kosovo Early Assembly Elections 2021 Final Report and Recommendations: UK Election Expert Mission", in: https://www.wfd.org/2021/03/25/kosovo-early-assembly-elections-2021-final-report-and-recommendations-uk-election-expert-mission/

[115] 見：European Union, About EULEX, in: https://eulex-kosovo.eu/?page=2,60 (2023/01/20)

[116] 依據科索沃的安全反應機制共規劃三層，第一層為科索沃警方，第二層為法治任務團的警力，第三層為北約科索沃武力。見：European Union, EULEX – Operation Support, in: https://www.eulex-kosovo.eu/?page=2,59 (2023/01/20)

歐盟法治任務團的人員和預算比歐安組織科索沃任務團多了許多[117]，兩者的工作不僅有重疊之處，前者的工作項目比後者更多。雖然歐安組織任務團的規模無法與歐盟法治任務團相比，但歐安組織仍在科索沃擔任它所擅長的事務。具體而言可以這麼說，歐安組織擔任的是諮詢與教育的角色，所從事的工作多為辦理講座、教育訓練工作坊和課程等，而歐盟科索沃法治任務團除了辦理講座與訓練課程外，它還參與實際維護地方安全的工作（如巡邏）。

經過多年的協助，科索沃任務團的工作項目目前集中在人權與社群權利、民主化，以及公共安全等三方面。在這三大項目下，又可細分眾多的子項專案。如在人權與社群權利方面，任務團的工作重點之一為少數社群的語言使用。2020年爆發新冠肺炎之際，任務團協助翻譯不同語言的防範新冠肺炎相關資料和手冊；為了社群之間可以互相了解對方的語言，任務團開設阿爾巴尼亞語和塞爾維亞語課程。在民主項目方面，任務團協助中央和地方政府、國會的公務人員、媒體等，熟悉政府部門的行政運作，與相關的國際規範。在公共安全方面，任務團除維持治安項目外，另著重於對抗組織化犯罪、網路犯罪、人口販賣，以及強化少數社群與警方的對話，提升女性在警察官階中的地位等。任務團的協助工作可說鉅細靡遺，幾乎涵蓋人權、民主與制度建立的各面向。

2021年3月科索沃代理團長德籍外交官瓦爾（Kalian Wahl）赴維也納常設理事會，進行任務團的工作報告。英國駐歐安組織大使布希（Nell Bush）總結任務團的三項工作：民主與監督（包括媒體自由）、性別與少數社群權利，以及執法能量，認為科索沃任務團的表現，充分顯示出其做為歐安組織早期預警的重要組成。[118]的確也是，自科索

---

[117] 2021年歐盟科索沃法治任務團的成員共約450人，2021年6月到2023年6月的預算共編列17,300萬歐元，也就是一年的預算約為8,684萬歐元，這數額比歐安組織科索沃任務團還多了7,000萬歐元。

[118] 見：GOV.UK, "Acting Head of the OSCE Mission in Kosovo: UK response", 4 March 2021, in: https://www.gov.uk/government/speeches/acting-head-of-the-osce-mission-in-kosovo-uk-response

沃衝突結束後,任務團即在科索沃協助衝突後重建的建立民主制度和人權保護。儘管以世界自由之家對全球 210 個國家和政治實體的自由評分來看,2021 年科索沃尚屬部分自由國家[119],任務團派駐迄今的成效是有目共睹。

科索沃自 2008 年宣布獨立後,先後陸續獲得多達 117 個國家承認,期間雖然有國家接受塞爾維亞的要求,撤消對科索沃的承認,但在國際社會中,仍是一個被視為是獨立的國家。[120]依據聯合國安理會第 1244 決議案,尊重前南斯拉夫主權與領土完整,以及在國際管理之下,協助科索沃建立管理制度,最終自主決定科索沃的地位。科索沃已經自主決定獨立,但仍未獲得國際組織的普遍接納,其原因眾所皆知,乃是塞爾維亞依據第 1244 號決議案,堅持科索沃為塞爾維亞的一部分。透過含歐安組織在內的眾多國際組織的協助,科索沃已經達成自治的目標。所剩者,僅是和塞爾維亞,就科索沃的最終地位達協議而已。在這方面,歐安組織毫無著力之處,因為依據前述安理會的決議案,歐安組織只是四個重建支柱當中的一個。處理科索沃最終地位的問題,並非是歐安組織及其任務團的職責。

第四節　結語

歐安組織任務團進入科索沃已超過 20 年之久,期間所經歷的各種障礙,非其他任務團可比。但自科索沃戰爭結束後,任務團總算可以在一個比較穩定的情況下,協助科索沃的衝突後重建。歐安組織任務團較為顯著的成效在於選舉,此一任務也是聯合國安理會第 1244 號決

---

[119] 在該次調查中,科索沃總分為 54 分,約與波士尼亞同級。公民自由的分數(31)略高於政治權利的 23 分。

[120] 塞爾維亞總統武契奇堅稱有 106 個國家沒有承認科索沃的獨立,承認的國家只有 86 個而已。見:Milica Stojanovic, "Serbian President Claims 'Nine More Kosovo Recognition Withdrawals', BalkanInsight, January 5, 2023, in: https://balkaninsight.com/2023/01/05/serbian-president-claims-nine-more-kosovo-recognition-withdrawals/ (2023/01/20)

OSCE 歐洲安全暨合作組織 與巴爾幹——東南歐任務團

議案所賦予的制度建立工作之一。在籌備和舉辦過首次的地方與中央選舉，且獲得國際社會的正面評價後，任務團逐漸將選舉工作移轉給中央選舉委員會，退而擔任選舉專業諮詢的角色。另一方面，任務團亦協助塞爾維亞在科索沃辦理塞爾維亞的總統與國會選舉投票。只是這一項工作在 2022 年的塞爾維亞總統與國會提前大選時，遭到科索沃總理拒絕，以至於投票站只得設在塞爾維亞鄰近與科索沃邊界的四個城鎮。科索沃總理拒絕開設行之有年的投票站，為早已紛擾不安的雙方關係，再增添一項干擾因素。

任務團的另一個工作重點，也是任務團預防族群衝突可以著力之處為人權與少數族群權利保護，包括返鄉者的權利。在這方面，任務團與歐安組織其他機構（如少數民族高級委員）合作，舉辦人權教育工作坊和講座，也走入少數社群居住的地區，紀錄人權事件實錄；或者訪問返鄉者，並提供必要的協助。儘管歐安組織的努力，科索沃內部的族群關係一直呈現緊張的狀態，尤其是阿裔與塞裔之間的對峙，絲毫未見舒緩。主要原因乃是貝爾格勒和普里斯提那決定了兩個族群關係的走向。在吉普賽人、阿許卡里人和所謂的「埃及人」方面，工作機會、參與公共職位（如擔任警察）等，即使任務團推展各項促進措施，仍有待進一步的改善，而這又和阿裔主導的中央政府的態度有關。總體來說，人權保護是有進步的，但還未到完全符合歐安組織的相關規範。

自 1999 年科索沃戰爭結束以來，藉由國際組織的協助，科索沃已經建立民主、法治和人權保護等相關組織與制度。在科索沃的衝突後重建過程中，歐安組織任務團擔負起特定的角色，而這一個角色也符合歐安組織自 1990 年代以來的自我定位。科索沃的衝突後重建問題未能完全解決，關鍵點不在歐安組織，而在於塞爾維亞、科索沃和歐盟的態度；更何況此一問題，已經超出歐安組織的問題處理能量甚多。

第柒章
波士尼亞與赫塞哥維納與歐安組織

歐洲安全暨合作組織與巴爾幹——東南歐任務團

波士尼亞與赫塞哥維納（Bosnia and Herzegovina，以下簡稱波赫）原為前南斯拉夫六個共和國之一，1992年3月宣布獨立，歐盟和美國相繼承認，4月加入歐安組織，5月成為聯合國的會員國。然而獲得國際相繼承認並未能阻止，反倒推進前南斯拉夫分裂過程中的第三場戰爭，亦即波赫內戰的爆發。4個月之後，當時的

圖10：波士尼亞與赫塞哥維納簡圖
資料來源：Google 地圖，筆者自行繪製

資深官員委員會決議，依據莫斯科人道面向機制，在最短時間內派遣一個報告員任務團到波赫，和國際紅十字會與聯合國難民署共同調查北部和東部地區，尤其是該地區的非法居留營（detention camps）內的人道情況。[1]此一報告員任務團依據所觀察到的人道問題，提出一份造成不幸事件的個人問責提案，包括設立特別法庭的可能性。[2]不過，直到1995年簽署岱頓和平總框架協定（The General Framework Agreement for Peace in Bosnia and Herzegovina，以下簡稱岱頓協定）之前，歐安組織在波赫地區所扮演的實際角色也僅限於上述的報告任務團。

第一節　歷史發展與概況

波赫的國土面積有51,197平公里，人口約379萬人（2020）。1991年人口曾達約430萬人，但1992年到1995年的內戰，導致人口大量流失。波赫的人口中以信奉伊斯蘭教的波士尼亞人為最大宗，約占總

---

[1] 見：CSCE Fifteenth Meeting of the Committee of Senior Officials, Prague 1992, Annex 1, p.4., in: https://www.osce.org/files/f/documents/1/1/16159.pdf (2023/01/20)
[2] 見：OSCE/ The Secretary General, Annual Report 1993 on CSCE Activities, in: https://www.osce.org/files/f/documents/7/2/14581.pdf (2023/01/20)

人口數的 45.2%。其次是信奉東正教的塞爾維亞人（約占 31%），第三為信奉天主教的克羅埃西亞人（約占 15%），其餘的少數族群有吉普賽人、蒙特內哥羅人、斯洛維尼亞人等。近年來，波赫的人口呈緩慢流失當中，除了死亡人數高於出生人數外，平均每天約有一位居民移居海外。[3]在歷史發展過程中，波士尼亞與赫塞哥維納其實是兩個公國，於鄂圖曼和奧匈兩個帝國的手中，逐漸走向「統一」。

波士尼亞（Bosnia）指的是東南歐的一個地區，具體來說，指的是今日波士尼亞與赫塞哥維納的北部（約占波赫總面積的 80%），而其南部為赫塞哥維納。中世紀早期，斯拉夫人陸續走入此一地區，開墾土地並定居。西元 7 世紀到 9 世紀之間，天主教和東正教相繼傳入波士尼亞，接受信仰的住民中，前者以克羅埃西亞人為主，後者多為塞爾維亞人。14 世紀，波士尼亞曾經一度為強大的區域性王國。特維科一世（Tvrtko I Kotromanic, 1353-1391）主政下，儘管只有統治塞爾維亞的一小部分，1377 年自封為「波士尼亞、塞爾維亞和海岸的國王」（King of Serbia, of Bosnia and of the Coast），疆界擴及到亞得里亞海。[4]特維科一世於 1391 年過世後，波士尼亞王國國勢逐漸走下坡，成為周遭鄰國掠奪的對象。15 世紀中葉，鄂圖曼帝國進入巴爾幹半島，而此際在巴爾幹半島上，互相敵對殺伐的小公國，因缺乏共同抵禦外侮的內在因素，以至於無能抵抗鄂圖曼的武力入侵，逐一落入帝國的手中。1463 年鄂圖曼帝國佔領波士尼亞，成立波士尼亞區（Sandjak Bonia），為一個省下的二級行政單位，在天主教和東正教之間，引進第三種宗教：伊斯蘭教。

赫塞哥維納（Herzegovina）來自於德語，原意為「公爵（Herzog）統治的土地」。西元一、二世紀時，羅馬人佔據此地，將之置為羅馬行省大馬提亞（Dlamatia）的一部分。羅馬帝國走入歷史後，東哥特人（Ostgoten）進入此地，成為東哥特王國的一部分。約在西元 530 年，

---

[3] 2023 年 1 月 1 日至 21 日，出生 1,662 人，死亡 1,876 人。見：Bosnien und Herzgovina Bevölkerung, in: https://countrymeters.info/de/Bosnia_and_Herzegovina (2023/01/21)

[4] Stevan K. Pavlowitch, *Serbia – The History behind the Name*, (London: C. Hurst & Co. Ltd., 2002), pp. 8-9.

成為東羅馬帝國的一部分。西元 6-7 世紀時,斯拉夫人相繼進入此一地區,先後成為克羅埃西亞人(西元 1000 年左右)、塞爾維亞人(西元 1180-1321)的領地。14 世紀時被塞爾維亞和波士尼亞瓜分。1465 年鄂圖曼帝國佔領赫塞哥維納大片土地,設立赫塞哥維納區(Sandjak Herzegovina),1483 年完全佔領。自此之後,波士尼亞與赫塞哥維納成為一個鄂圖曼帝國的行政區。[5]不過在鄂圖曼統治巴爾幹半島期間,波士尼亞與赫塞哥維納曾經合了又分,分了又合。

19 世紀下半葉,波士尼亞起兵反抗鄂圖曼統治,由於鄂圖曼帝國相繼對塞爾維亞和蒙特內哥羅,以及俄羅斯作戰,故無法消滅波士尼亞和赫塞哥維納的武裝反抗。1878 年俄土戰爭結束後,奧匈帝國實際占領波士尼亞,但奧匈帝國的軍隊卻在此地遭到強烈的抵抗,損失慘重(總共動員 25 萬人,5,000 人陣亡),直到 1878 年年底才彌平當地穆斯林的反抗。爆發反抗的原因乃是認為奧匈帝國進軍波士尼亞,是為了解救在鄂圖曼帝國統治下,即無權利又無土地的天主教徒而來。[6] 1882 年,穆斯林為反對被徵召入帝國軍隊服役,以及在赫塞哥維納的塞裔耕農反對強行徵稅,兩方共同起兵反抗帝國的統治。奧匈帝國出動以克羅埃西亞人為主的帝國軍隊鎮壓此次的暴動。克裔、塞裔和穆斯林逐漸成為帝國行政單位操縱來互相對抗的棋子。[7]

為將波士尼亞整合入帝國內,奧匈帝國任命財政部為波士尼亞的行政管理官,開始有計畫地進行現代化建設,開發鐵礦、煤礦與林木。直到 1907 年之前,總共分別建造 2,000 公里的公路和 1,000 公里的鐵路,也投資開發林業和煤、銅等礦產。儘管建設有成,但波士尼亞仍是奧匈帝國一個偏遠的省份。1908 年奧匈帝國宣布正式併吞波士尼亞。此舉引發塞爾維亞的強烈反彈,政府動員軍隊,群眾走上街頭燒毀奧匈帝國的旗幟。另一方面,奧匈帝國也動員軍隊,並且設定 1909 年 3

---

[5] Heinrich Schneider, *Friede für Bosnien-Herzegovina? Ein Vertragswerk als Herausforderung für Europa*, (Bonn:Europa Union Verlag GmbH, 1996), p.11.
[6] Francine Friedmann, *Bosnia and Herzegovina: A polity on the brink*, (London: Routledge, 2004), p.10.
[7] Ibid., p.11.

月19日為最後通牒日。由於動員能力不足，無法與奧匈帝國開戰，塞爾維亞政府發布聲明，表示放棄抗議，並希望維持兩方的友誼關係。

從1878年到1941年，波士尼亞共歷經五個不同的統治者，夾在具擴張意圖的鄰國之間，波士尼亞面臨三個內外拉扯的勢力：塞爾維亞人的大塞爾維亞主義、克羅埃西亞的大克羅埃西亞主義，以及波士尼亞穆斯林本身希望保有政治自主和領土完整的努力。而歐洲大國對波士尼亞的態度，不全然以波士尼亞為主要考量，著眼點主要在於如何平衡各國的勢力，避免產生一個巴爾幹霸權。[8]第一次世界大戰期間，波士尼亞的穆斯林與奧匈帝國結盟的土耳其並肩作戰，但大戰結束後，其議會卻宣布成為「塞爾維亞、克羅埃西亞和斯洛維尼亞王國」的一部分。1941年波士尼亞被納入克羅埃西亞，此地成為三個不同族群之間既聯合又互相對抗的游擊戰區。在互相敵對的塞爾維亞與克羅埃西亞之間，波士尼亞的穆斯林被前者視為是對抗土耳其時的叛徒（1389年科索沃戰役！）；但在克羅埃西亞的眼中，他們卻又是克羅埃西亞民族的一部分。[9]

在前南斯拉夫年代，波赫歷經三次國名更改，首先是1943到1946年的「民主的波士尼亞與赫塞哥維納」（Democratic of Bosnia and Herzegovina），其次是1946年與其他五個共和國成立前南斯拉夫的「波士尼亞與赫塞哥維納人民共和國」（People's Republic of Bosnia and Herzegovina, 1946-1963），第三次為1963到1992年獨立前的「波士尼亞與赫塞哥維納社會主義共和國」（Socialist Republic of Bosnia and Herzegovina）。

1989年的中東歐劇變，連帶也讓前南斯拉夫面臨解體狀態，克羅埃西亞和斯洛維尼亞欲脫離南斯拉夫而去；[10]另一方面，塞爾維亞則欲

---

[8] Steven L. Burg and Paul S. Shoup, *The War in Bosnia – Herzegovina – Ethnic Conflict and international Intervention*, (New York: Routledge, 2015), p.34.

[9] Heinrich Schneider, op.cit., p.12.

[10] 斯洛維尼亞和克羅埃西亞於1991年6月25日宣布獨立，隨即引發內部武裝衝突。由於斯洛維尼亞的族群甚為單一，斯洛維尼亞人占約91.4%，塞裔族群居於少數（2.5%），衝突持續約10天即告結束；而克羅埃西亞的衝突則持續到隔年的1月2日，交戰團體簽訂停火協定後結束。衝突期間，大批塞裔族群離開

「強留」各共和國在南斯拉夫的體制內。1990 年 4 月到 12 月的六個共和國內部選舉結果，可說瓦解塞爾維亞追求統一南斯拉夫的努力。波赫 1990 年的大選結果，不僅徹底消除共黨在境內的勢力，從選舉勝出的三個帶有強烈民族主義色彩的政黨大抵決定了波赫未來的政治局勢。[11]三分天下的結果也埋下分崩離析的種子。由於沒有任何政黨取得多數，故只得組成聯合內閣。

有關前南斯拉夫內部的爭議，歐安組織 1991 年 6 月召開的柏林部長會議做出一份「疲軟無力」的南斯拉夫情勢聲明（Statement on the Situation in Yugoslavia）。參與國部長們在聲明中強調，只有南斯拉夫的人民才能決定國家的未來，以及不應以武力做為解決南國憲法困境的方案。[12]只是情勢發展剛好與部長們的期望相反，1991 年夏天，斯洛維尼亞和克羅埃西亞相繼以武力走上自己的道路，進而開啟長達十年之久的「南斯拉夫分裂的大戲」。面對克羅埃西亞內部武裝衝突日趨激烈，歐盟（時為歐洲共同體）12 國在海牙召開和平會議（Peace Conference for the Former Yugoslavia），商討前南斯拉夫的內部情勢。會議由英國前外長卡林頓（Lord Carrington）主持，由於與會各國的意見分岐，既無法一致同意以（外在）武力終止衝突的措施，也無法達成政治性的解決方案。[13]

此外聯合國安理事會亦召開會議，邀請前南斯拉夫外長與會。會中除討論秘書長提交的情勢報告外，並就前南斯拉夫政府提議的組成聯合國維和行動一事互相交換意見。安理會 1991 年各項有關前南斯拉夫的決議（713、721 和 724）中，做成對前南斯拉夫實施武器禁運，

克羅埃西亞，逃難到塞爾維亞。2021 年在塞爾維亞仍有 17,675 位來自克羅埃西亞的塞裔難民。

[11] 這三個民族主義色彩濃厚的政黨分別為：波士尼亞穆斯林人的民主行動黨（Party of Democratic Action），在 240 席位中，獲得 86 席；塞爾維亞人的塞爾維亞民主黨（Serbian Democratic Party），獲得 70 席以及克羅克羅埃西亞民主聯盟（Croatian Democratic Community），獲得 45 席。

[12] OSCE, First Meeting of the Council, Statement on the Situation in Yugoslavia, 19-20 June 1991, in: https://www.osce.org/files/f/documents/5/1/40234.pdf (2023/01/20)

[13] Pierr Gerbet, "The vain attempts of the European Community", in: https://www.cvce.eu/content/publication/2003/5/15/cf4477b6-87a5-4efb-982d-fb694beac969/publishable_en.pdf (2023/01/20)

但有關組成維和部隊一事並未做成決議。直到 1992 年 2 月安理會通第 743 號決議案，才決定派遣維和部隊（UN Protection Force, UNPROFOR）進入克羅埃西亞，執行聯合國保護區的去軍事化和維護居民安全、監視情勢等，以便創造一個可以協商平和的安全環境。[14]波士尼亞內戰升溫後，原本只在克羅埃西亞執行任務的聯合國維和部隊，於 4 月派遣軍事觀察員進入波士尼亞；6 月安理會擴大維和部隊在波士尼亞的任務，如監督防空武器撤出薩拉耶佛；10 月第二支維和部隊（UNPROFOR II）進入波士尼亞，執行護送人道援助車隊的安全任務。[15]

大部分國土被克羅埃西亞和塞爾維亞包圍，再加上境內除塞裔外，波赫人民要求獨立的呼聲日高，波赫總統伊塞貝哥維奇（Alija Izetbegovié）認為解決之道在成立一個獨立且獲得國際支持的波赫。[16]但對塞裔來說，宣布獨立意味戰爭不可避免。1992 年 2 月底波赫舉行獨立與否的公民投票，在塞裔的杯葛與暴力破壞之下，投票率為 66%（高過歐盟國家設定超過 50%始承認的門檻），其中贊成脫離前南斯拉夫獨立的民眾達 99%。[17] 3 月 1 日波赫宣布獨立，並陸續獲得國際社會承認，4 月底加入聯合國。部分歐盟國家希望透過承認波赫獨立，進而緩解內部三族之間的緊張情勢。但前南斯拉夫宣稱波赫的獨立，不僅讓三個族群之間的政治協商成為不可能，更會激化未來的族群衝突。[18]不願獨立的塞裔自行成立「波士尼亞與赫塞哥維納塞爾維亞共和國」（為現今斯普斯卡共和國的前身，又稱塞族共和國，Republika Srpska），並認為與

---

[14] United Nations, Security Council Resolution 743 (1992), 21 February 1992, in: NR001102.pdf (un.org) (2023/01/20)

[15] 見：Former Yugoslavia – UNPROFOR, in: https://peacekeeping.un.org/mission/past/unprof_b.htm (2023/01/20)

[16] 塞裔族群強烈反對波赫獨立，主要原因在於認為波士尼亞的塞裔可在南斯拉夫聯邦體制內，獲得塞爾維亞的支持。如果波赫獨立，那麼數百年前的土耳其統治將會再度降臨。

[17] 參閱：Laura Silber, "Bosnians hold Independence Referendum", The Washington Post, March 1, 1992, in: https://www.washingtonpost.com/archive/politics/1992/03/01/bosnians-hold-independence-referendum/9aade8bb-a390-4b3e-82ce-50dee3822ccc/ (2023/01/20)

[18] 見：nd journalismus von links, "Die EU erkennt Bosnien-Herzgovina an", 07.04.1992, in: https://www.neues-deutschland.de/artikel/352705.eg-erkennt-bosnien-herzegowina-an.html (2023/01/20)

波赫處於戰爭狀態，而波赫則把塞族共和國看作是境內的非法政權。克羅埃西亞裔也成立自己的「波士尼亞與赫塞哥維納克羅埃西亞共和國」（Croatian Republic of Herzeg-Bosnia），以莫斯塔（Mosta）為首都，此舉引發和當地穆斯林之間的流血衝突。

美國和歐盟於 4 月 7 日承認波赫的獨立地位，但波赫全境卻爆發三個族裔之間的武裝衝突，以及塞裔大規模驅離非塞裔族群（種族清洗，ethnic cleansing）。歐美承認波赫獨立後的兩個星期內，境內已有高達 15 萬人被強行驅離家鄉，成為難民，一年後難民總數達百萬人以上。在前南斯拉夫國民軍的協助下，塞裔民兵初期佔領三分之二的波赫領土。不久之後，內戰全面爆發。[19]波赫於 4 月即已加入歐安組織，成為歐安組織的參與國之一。境內爆發內戰，而另一國（前南斯拉夫）的武裝部隊介入，就歐安組織來說，此舉嚴重侵犯赫爾辛基《最後議定書》主張的國家獨立與領土完整；而武裝衝突引發的迫害人權，也違背了歐安組織相關的人權規範。

鑒於前南斯拉夫在波赫地區犯下嚴重違反歐安組織的義務與規範，前資深官員委員會於 7 月 8 日決議，停止前南斯拉夫參加 9 日召開的赫爾辛基高峰會議和後續會議的權利。[20]由於制度化工作的優先需要，9 日召開的高峰會議反而對波赫的武裝衝突著墨甚少，僅在赫爾辛基宣言第 13 點提到：「數十年來，我們首次在歐安組織區域內面對戰爭。新的武裝衝突和大規模使用武力追求霸權與領土擴張持續發生。生命的損失和人道災難，包括引發的無數難民，是二次世界大戰以來最嚴重的。我們應個別或共同地在歐安組織、聯合國和其他國際組織之內，尋求減輕災難，以及尋找已發生之危機的長遠解決方案。」[21]而

---

[19] 有關波赫內戰的經過，請參閱：洪茂雄著《南斯拉夫 巴爾幹國家的合與分》，（台北：三民書局，2019 三版），頁 163-164；馬細譜著《南斯拉夫興亡》，（北京：社會科學文獻出版社，2010），頁 455-466。

[20] 見：OSCE, Serbia and Montenegro suspended as a participating State, 8. July 1992, in: https://www.osce.org/node/58332 (2023/01/20)

[21] 見：OSCE Helsinki Summit Declaration, 9-10 July 1992, in: https://www.osce.org/files/f/documents/7/c/39530.pdf (2023/01/20)

一個月後舉行的前資深官員委員會會議明確指出，必須思考進一步的措施，以處理針對波赫的「武裝侵略他國領土」。[22]

在歐盟無力獨自解決前南斯拉夫境內的衝突問題後，聯合國和歐盟於 1992 年 8 月 26-27 日在倫敦召開會議，會中決議成立「前南斯拉夫國際會議」（International Conference on Former Yugoslavia），以聯合國秘書長和歐盟輪值主席為共同主席，提供給涉入衝突的交戰團體一個討論和協商的論壇。兩位共同主席可再各自任命一位副主席，以襄助工作的進展。[23]會議底下除成立一個指導委員會（Steering Committee）外[24]，還設六個工作小組：波士尼亞-赫塞哥維納、建立信任與安全暨驗證措施、經濟議題、少數族群、人道議題和系列議題。倫敦會議的作用或許可看作是，為有效處理前南斯拉夫境內的衝突問題，國際社會協調彼此之間的資源與行動，以整合出一個多邊的南斯拉夫政策，而非多頭馬車，各行其是。[25]

事實上，國際社會和各大國際組織是相繼提出和平計畫的，如 1992 年的歐洲共同體卡靈頓—古提來羅（Carrington-Cutileiro）計畫[26]、1993

---

[22] 見：OSCE Fifteenth Meeting of the Committee of Senior Officials, Prague 1992, Annex 1: Decisions of the Committee of Senior Officials, in: https://www.osce.org/files/f/documents/1/1/16159.pdf (2023/01/20)

[23] 聯合國秘書長的兩位副主席相繼為范斯（Cyrus Vance, 1992.08.26-1993.05.01）和史托騰伯格（Thorvald Stoltenberg, 1993.05.01-1996.01.30）；歐洲聯盟的副主席為歐文（Lord David Owen, 1992.08.26-1995.06.09）和畢爾德（Carl Bildt, 1995.06.09-1996.01.30）

[24] 指導委員會由安理會常任理國代表、歐洲共同體和歐安會議前現後任輪值主席、伊斯蘭國家代表一名、前南斯拉夫鄰國代表各一名等組成。

[25] Carsten Giersch, Konfliktregulierung in Jugoslawien 1991-1995 – Die Rolle von OSZE, EU, UNO und NATO, (Baden-Baden: Nomos Verlagsgesellschaft, 1998), p.147

[26] 歐洲共同體於 1992 年 2 月提出的卡靈頓—古提來羅計畫指出，未來的波赫將是一個依據族群原則所組成的國家，亦即大部分的中央行政權力移轉到由三個族群所成立的地方政府，同時也會考慮經濟、地理和其他的條件。不過波赫總統伊塞貝哥維奇拒絕接受一個依族群原則而建立的聯邦國家。古提來羅（José Cutileiro）為葡萄牙的前外交官，曾於 1994-1999 年擔任西歐聯盟的秘書長。Carsten Giersch, *Konfliktregulierung in Jugoslawien 1991-1995 – Rolle von OSZE, EU, UNO und NATO*, (Baden-Baden: Nomos Verlagsgesellschaft, 1998), pp.69-71.

年 1 月前南斯拉夫國際會議共同主席提出的「范斯―歐文計畫」（Vance-Owen Plan）；5 月美國、俄羅斯、英國和西班牙共同提出的「聯合行動計畫」（Joint Action Plan）[27]；8 月的「歐文―史托騰伯格計畫」（Owen-Stoltenberg Plan）；11 月歐盟的朱佩―克林克計畫（EU Juppé-Klinkel Plan）等，這些規範內戰後新秩序的和平計畫，皆試圖在維持波赫主權與領土完整之下，以各族群於領土方面互相讓步的方案，解決族群之間的衝突問題。[28]

相較於具備「實力」的國際組織來說，正處於制度化中的歐安組織在處理和解決衝突問題的工具選項實在有限，除了輪值主席代表歐安組織訪問貝爾格勒，商討情勢，以及巡視在前南斯拉夫的歐安組織任務團（位於北馬其頓的外溢監督任務團）之外，並不具備可以解決衝突問題的強制性措施；此外上述的各項和平計畫，也沒有邀請歐安組織參加。雖是如此，針對波赫地區的武裝衝突問題，歐安組織明確指出，處理波赫衝突必須注意：一是必須維持波赫地區的領土完整，二是在歐洲共同體參與國和美國的提議下，依據莫斯科人道面向機制，派出報告員任務團到波赫，觀察與紀錄平民遭受迫害的情況。依據任務團的報告，贊成設立特別法庭，以起訴必須對戰爭犯行負責的個人，以及三必須為波赫地區規劃出憲政制度上的安排。[29]

國際社會堅持波赫地區的領土完整必須被確保，如此一來，要能解決地區內的衝突問題，必須得到塞爾維亞裔、克羅埃西亞裔，以及波士尼亞穆斯林等三方的同意，最重要的是三方一致同意下的內部疆界安排。在波赫的武裝衝突初爆發之際，歐盟的波士尼亞特使古提來羅（José Cutilheiro）已有依據族群居住的人數比例關係，將波赫內部一分為三的構想，但此一構想被波赫總統伊塞貝哥維奇明確拒絕。[30]伊

---

[27] 這是一個由歐文和史托騰伯格來居間協調的三方分隔計畫（three-way partition）。
[28] 詳見：Edgar O'Balance, *Civil War in Bosnia 1992-94*, (London: Macmillian Press Ltd., 1995), Chapter 8 and 9.
[29] OSCE: Third Meeting of the Council Summary of Conclusions Decision on Peaceful Settlement on Disputes., in: https://www.osce.org/files/f/documents/9/2/40342.pdf (2023/01/20)
[30] Heinrich Schneider, op.cit., p.18.

塞貝哥維奇或者是執政黨的想法是，必須確保波赫為一個獨立的、單一的國家，其邊界即是波赫在前南斯拉夫時期的邊界，而塞裔和克裔亦將享有如同在前南斯拉夫時代的平等權利。[31]

在「范斯─歐文計畫」的草案中，規劃將波赫劃分成 10 個自治省，而每一個族群將在其中的三個省份裡居多數。首都設在塞拉耶佛，具有特殊地位。[32]在「歐文─史托騰伯格計畫」的計畫中，波赫會是一個共和國聯盟（Union of Republics），其中塞爾維亞佔有 52%的土地面積，穆斯林 31%，克裔的土地面積為 17%。[33] 不過，國際社會提出的和平計畫都遭到一方或者多方的拒絕。除了和平計畫之外，有鑑於波赫地區爆發多起種族淨化、強暴、監禁和虐待等嚴重違反國際法事件，聯合國於 1993 年 2 月決議成立國際法庭，起訴和懲罰自 1991 年起，在前南斯拉夫領土內，嚴重違反國際人權法的個人。[34] 5 月 6 日聯合國宣布塞拉耶佛和波士尼亞穆斯林居住的地區為安全區（safe area），要求塞裔撤退民兵，並停止武裝攻擊。[35] 6 月 5 日，安理會呼籲各會員國提供必要的武力，包括後勤支援在內，以協助聯合國維和部隊執行涉及安全區的各項規定；採取必要的措施，包括使用武力在內，對砲轟安全區的團體進行反擊。此外，聯合國也呼籲各國和國際組織採取包括空中武力在內的所有必要措施，以協助維和部隊維護安全區的任務。[36]以一決議案開啟北約以武力介入波赫內戰的大門。

波赫內戰爆發之初，塞裔一度取得優勢，佔領三分之二的土地，克裔和波士尼亞人僅能自保。雖面對共同的強敵，後兩者彼此之間還是產生嫌隙。為爭奪對莫斯塔（Mostar）的控制權，雙方發生激烈的武

---

[31] Elisabeth M. Cousens and Charles K. Cater, *Toward Peace in Bosnia – Implementing the Dayton Accords*, (Colorado: Lynne Rienner Publishers, Inc., 2001), p.21.
[32] 原本克裔和穆斯林在不同程度上都接受「范斯─歐文計畫」，但最後被波士尼亞塞裔國會以 51 比 2 票否決，以致胎死腹中。
[33] Heinrich Schneider, op.cit., p.22.
[34] United Nations: Security Council Resolution 808 (1993), in: N9309821.pdf (un.org) (2023/01/20)
[35] 聯合國安理會第 819 號（1993）和第 824（1993）號決議案，皆將波赫的特定地區劃為安全區。
[36] 聯合國安理會第 836（1993）號決議案，in：N9333021.pdf (un.org) (2023/01/20)

裝衝突。後在美國單方面的強力介入下，波赫總理西拉伊季奇（Haris Silajdzić）、克羅埃西亞外交部長格拉尼奇（Mate Granić），以及克裔代表祖巴克（Kresimir Zubak）於 1994 年 3 月 1 日在美國華盛頓簽署框架協定，成立以波士尼亞人和克裔為主的波赫聯邦（Federation of Bosnia and Herzegovina），組成軍事聯盟，以收復被塞裔佔領的土地，以及在戰後雙方可共同治理該聯邦。[37]

為盡速處理波士尼亞衝突問題，減少人道災難，1994 年 2 月參與前南斯拉夫和平會議的美英法德義俄等六國成立接觸小組（contact group），處理和平會談事宜。在同一時間，塞裔民兵砲擊塞拉耶佛市場，造成 68 位無辜平民死亡，北約隨即在四天之後（2 月 9 日），對塞裔下達最後通牒，要求其將重武器撤出城外 20 公里處，否則將對塞裔陣地發動空中攻擊。塞拉耶佛成為北約的保護區。此後，聯合國的安全區相繼成為北約的軍事保護區。隨著北約發出最後通牒，美俄英法德五國組成「波士尼亞-接觸小組」，草擬波士尼亞和平解決方案。和平解決方案進行的並不順利，塞裔除了透過國會拒絕之外，還進行種族淨化，驅離伊斯蘭教徒和克裔婦女、小孩和老人，成年男子則送進集中營。1995 年 8 月，塞裔民兵砲擊塞拉耶佛，再次造成多人傷亡。8 月 30 日，北約執行代號「審慎武力」（Deliberate Force）行動，對塞裔陣地和軍事設施發動空襲，北約的空襲行動一直持續到 9 月 20 日。空襲首日，波士尼亞塞裔即表示，願意授權由前南斯拉夫政府代表塞族共和國，出席未來的和平會談。其實在空襲前一日（8 月 29 日），塞族共和國代表已經和前南斯拉夫政府簽下授權協議，代其出面協商。[38]

儘管北約持續空襲塞裔陣地，波赫、克羅埃西亞和塞爾維亞於 9 月 8 日起即在日內瓦，展開和平協商。協商的草案內容，大致是維持波赫的主權與領土完整之下，波赫由兩個政治實體組成（波士尼亞與赫塞

---

[37] Elisabeth M. Cousens and Charles K. Cater, op.cit., p.23.
[38] 見岱頓協定「一般框架協議」前言："Noting the agreement of August 29, 1995, which authorized the delegation of the Federal Republic of Yugoslavia to sign, on behalf of the Republika Srpska, the parts of the peace plan concerning it, with the obligation to implement the agreement that is reached strictly and consequently."

哥維納聯邦和塞族共和國），兩個實體的土地面積比為 51：49。兩個實體可以和鄰國發展進一步的關係，但必須符合波赫的主權與領土完整的原則。

　　塞拉耶佛獲得解圍之後，北約於 9 月 14 日停止空襲，然克裔與波士尼亞聯軍卻在地面戰中大有斬獲，塞裔所佔有的土地面積已經小於 49%。北約停止空襲後，克波聯軍仍在波赫西部展開攻勢。最後在美國的強大壓力下，交戰各方於 10 月 5 日達成停火協定，並於 10 日起正式生效。11 月 21 日，交戰各方、克羅埃西亞和塞爾維亞於美國俄亥俄州岱頓市的懷特—彼得森（Wright-Patterson）空軍基地，簽署和平協定，該基地位於岱頓市，故將協議稱為岱頓協定。12 月 14 日，在南斯拉夫國際會議成員國領袖見證之下，各方於巴黎簽署岱頓協定，正式結束波赫內戰。據估計，波赫內戰總共造成約 45 萬人傷亡，120 萬人逃往國外，100 萬人成為難民或國內流離失所者（Internally Displaced Person）。經濟損失約達 150 億到 200 億美元之間，80%的農業機具全毀，煤礦的產量只剩戰前的 10%，能源供應不到一半，全國半數以上房屋不是全毀，就是無法居住，失業率高達 90%。[39]

　　岱頓協定是一組相當複雜、規範範圍廣泛，有關波赫未來的協定集合體，由一份 11 條條文的「一般框架協議」（General Framework Agreement for Peace in Bosnia and Herzegovina）、11 份附件，以及數十封表示同意的相關國家政府首長的簽名信函所組成。[40]簽署協定的成員，可分成兩類：一是「一般框架協議」由波赫總統伊塞貝哥維奇、克羅埃西亞總統圖季曼（Franjo Tudjman）和塞爾維亞總統米洛塞維奇簽署。見證人為南斯拉夫國際會議各國代表團的代表；另一類主要由波赫總統、波赫聯邦總統祖巴克（Kresimir Zubak），以及塞族共和國總統克拉伊什尼克（Momcilo Krajisnik）等三人簽署的 11 份附件，其中部分附件（如區域穩定、內部邊界）還增加克羅埃西亞和前南斯拉夫總統的簽名。12 月 14 日在巴黎正式簽訂時，美國總統柯林頓（Bill Clinton）、英國首相

---

[39] Elisabeth M. Cousens and Charles K. Cater, op.cit., p.25.
[40] 見：United Nations, General Framework Agreement for Peace in Bosnia and Herzegovina, in: BA_951121_DaytonAgreement.pdf (un.org) (2023/01/20)

梅傑（John Major）、法國總統席哈克（Jacques Chirac）、德國總理柯爾（Helmut Kohl）以及俄羅斯總理切爾諾梅爾金（Viktor Chernomyrdin）皆出席會議簽名，見證歷史性的一刻。

　　岱頓協定不僅正式確定波士尼亞與赫塞哥維納的獨立地位：簽約任一方不得使用威脅或使用武力來反對波赫的領土完整與政治獨立（一般框架協議第 1 條），以及前南拉夫聯邦共和國和波士尼亞與赫塞哥維納在其國際邊界內，互相承認為主權獨立的國家（第 10 條）；而且也確立波赫境內的兩個政治實體：波士尼亞與赫塞哥維納聯邦和塞族共和國。有關波赫的戰後重建與憲政制度建立，以及區域穩定，由 11 份附件加以規範。為協助這些工作，簽約各方同意由國際組織主導或協助。（見表 13）

表 13：岱頓協定有關波士尼亞與赫塞哥維納戰後重建事項一覽表

編號	主旨	主責國際組織
附件 1-A	和平處理的軍事面向	聯合國/北約
附件 1-B	區域穩定	歐安組織/安全合作論壇
附件 2	實體間的邊界與相關議題	――
附件 3	選舉	歐安組織
附件 4	憲法	――
附件 5	仲裁	――
附件 6	人權	歐安組織/歐洲理事會
附件 7	難民與流離失所者	聯合國難民署
附件 8	國家遺址維護委員會	聯合國教育、科學、文化組織
附件 9	公營企業	歐洲重建暨發展銀行
附件 10	實踐和平協定的非軍事面向	聯合國
附件 11	國際警察任務隊	聯合國

*筆者自行整理。
資料來源：
https://peacemaker.un.org/sites/peacemaker.un.org/files/BA_951121_DaytonAgreement.pdf

岱頓協定首要關切波赫的內外安全問題，因此附件 1 分為兩部分：附件 1-A 規範波赫內部的安全秩序，由北約多國部隊組成的「執行武力」（Implementation Force, IFOR），負責維護波赫的內部安全。[41]附件 1-B 為區域穩定，規範波赫、克羅埃西亞和前南斯拉夫的軍備管制，以及建立信任暨安全措施。各附件中，相關委員會的組成，部分由國際組織任命（見表 14）。不過，這些由國際組織參與的委員會，工作期限為五年，五年後所有的工作移轉給波赫政府的相關部門。

表 14：波赫各委員會成員組成分配一覽表

附件	名稱	波赫聯邦	塞族共和國	國際組織
附件 4	憲法法庭 9 人	4 人	2 人	歐洲人權法院任命 3 人
附件 6	人權委員會 a.人權監察官 1 人 b.人權事務室 14 人	- 4	- 2	歐安組織任命人權監察官 1 人 歐洲理事會任命委員 8 人
附件 7	難民與流離失所者委員會 9 人	4 人	2 人	歐洲人權法院院長任命 3 人
附件 8	國家遺址維護委員會 5 人	2 人	1 人	聯合國教科文組織任命 2 人
附件 9	公營企業委員會 5 人	2 人	1 人	歐洲重建暨發展銀行任命 2 人

＊筆者自行整理

---

[41] 北約的「執行武力」部隊於 1995 年 12 月進入波士尼亞，取代聯合國維和部隊，期限一年，主要執行岱頓協定的附件一。1996 年 11 月北約的「穩定武力」部隊（Stabilization Force, SFOR）取代「執行武力」部隊。「執行武力」部隊的主旨在執行和平協定，「穩定武力」部隊，顧名思義乃是為穩定和平所設。「穩定武力」部隊於 2004 年 12 月結束任務，改由歐盟部隊（EUFOR）接手。

附件 4 為波赫的憲法。波赫為一個民主的國家，國名原為「波士尼亞與赫塞哥維納共和國」，但新憲法將共和（Republic）兩字去除，只呈現「波士尼亞與赫塞哥維納」，其下有兩個實體（Entity）：波赫聯邦和塞族共和國。依憲法規定，共有 10 項政策權限屬於波赫中央政府，包括外交政策、對外貿易政策、關稅政策、貨幣政策、移民、難民與庇護政策、實體間的運輸規範、空中交通管制等。波赫採兩院制：眾議院（House of Representatives）和民族院（House of Peoples）。眾議院共 42 席，採直選制，波赫聯邦擁有三分之二席位，塞族共和國可選三分之一席位。民族院 15 席，波赫聯邦有 10 席（克裔和穆斯林各 5 席），塞族共和國 5 席，採間接選舉制，由各省（canton）議會的議員選出。國家元首由三個族群各自選出一人組成主席團（Presidency），採共識決。最高行政機關為部長會議（Council of Ministers），其主席由主席團提名，經眾議院同意後就任；主席再提名外長、對外貿易部長，以及其他部會首長，但來自波赫聯邦的部長人數不得超過部長總數的三分之二。

由於戰亂，以及境內主要族群未能達成共識，因此波赫的憲法不是一部表達境內人民意志的憲法，而是一套為解決內部族群紛爭，由外部設計出的憲政制度。這一部憲法充分反映族群分而治理的現實需求，追求的卻是多元族群共和共榮的長遠目標。為符合一個完整的波赫國家、兩個實體和三個憲法族群的現實需求，這部憲法總共創造出 9 位正副總統、6 個共有 324 名議員的國會、3 位總理和數十位部長，以及 146 個省/區/市議會和行政首長。此外，為討論與解決憲法實施後所產生的實際問題，在附件 4 的附錄 2 特別成立一個臨時聯合委員會（Joint Interim Commission），以便提出處理問題的建議案。此一委員會的組成亦是採三分法：波赫聯邦 4 人、塞族共和國 3 人，波赫中央政府一人。委員會開會時由高級代表（High Representative）擔任主席，主持會議。

為能確保內部的長治久安，以及匡正戰亂時對人權的嚴重侵犯，這部憲法不僅規範民主制度與其運作，更在憲法第 2 條，將《歐洲保障人權與基本自由公約》（Convention for the Protection of Human Rights and Fundamental Freedoms）及其相關協議，規定必須在波赫內直接適

用,且高於所有的法律。另外在附件 4 的附錄 1 臚列出 14 份具國際規範標準的人權與自由公約,如 1957 年《已婚婦女國籍公約》(Convention on the Nationality of Married Women)、1989 年《兒童權利公約》(Convention on the Rights of the Child)、1992 年《區域或少數民族語言歐洲憲章》(European Charter for Regional or Minority Languages)等,這些人權公約都必須適用於波赫境內。而憲法第 10 條第二項更明確規定:任何憲法修正案皆不得排除或削弱本憲法第 2 條揭示的權利與自由,也不得更改既有的條文。以明令禁止的方式,來確保人權與自由的最高價值。

岱頓協定規劃了波赫未來的面貌,但在法治、民主與人權能穩定建立且運作良好之前,簽約各方(最主要為涉入波士尼亞戰爭的歐盟與美國)在附件 10,任命一位依聯合國安理會相關決議產生的高級代表,協助波赫的和平重建,以及協調各國際組織在波赫的非軍事面向的重建工作。這一位高級代表的權力極大,堪稱為波赫的總督(viceroy)。依據附件 10 的規範,高級代表監督岱頓協定中所有非軍事面向的工作(附件 10 第一條)[42],而軍事面向的工作(穩定情勢、安全維護)則交由北約的執行武力部隊負責,兩者可說波赫事務的「最高負責人」。

波赫戰後重建與制度建立的各項工作中,歐安組織被賦予兩項工作:附件 1-B 的區域穩定和附件 3 的選舉。

附件 1-B 的簽約方有五位:波赫、克羅埃西亞、前南斯拉夫(塞爾維亞)、波赫聯邦以及塞族共和國,簽約的目的乃是為建立一個區域性的穩定和平,而採取之區域穩定與實踐軍備管制措施,以及在波赫內部建立信任與安全措施。岱頓協定生效後的七天內,在歐安組織的主持下,波赫、波赫聯邦和塞族共和國必須商討建立一系列的措施,以提升多邊互信和降低發生衝突的危險因子,措施包括在特定區域內

---

[42] 岱頓協定非軍事面向的工作相當廣泛,幾乎包括衝突後所有的重建工作,如人道援助、基礎設施與經濟重建、建立政治的和憲法的機構、促進尊重人權、難民與內部流離失所者返鄉、舉辦選舉等等。

限制軍事部署與演習、限制重型武器（坦克和裝甲車）的部署地點、解散民兵、從特定區域撤出重型武器等。

在區域性的建立信任與安全措施方面，簽約五方在特定日之前，不進口重型武器、戰鬥機和武裝直升機、地雷等。有關次區域的軍備管制措施方面，由歐安組織擔任主持，簽約各方進行研商軍備管制措施，且以前南斯拉夫的武器規模總量為基礎線（Baseline），以 5：2：2 的比例，進行裁減軍備。換言之，前南斯拉夫的軍備應為基礎線的 75%，克羅埃西亞和波赫皆為 30%。而波赫的兩個實體，波赫聯邦與塞族共和國的比例為 2：1。歐安組織為此任命兩位特別代表；挪威籍外交官艾德（Vigleik Eide）和匈牙利籍外交官吉亞馬提（Istvan Gyarmati），於安全合作論壇的框架內，分別主持簽約各方的軍備管制會談，以便在前南斯拉夫鄰近區域建立區域平衡。[43]

在附件 3 中，簽約三方（波赫、波赫聯邦以及塞族共和國）請求（request）歐安組織通過並執行波赫地區的選舉計畫，舉行選舉的項目共有：波赫的眾議院、（總統）主席團、波赫聯邦的眾議院、塞族共和國的國會（National Assembly）和總統，以及可能的話，各省的議會與市鎮長。選舉日訂在岱頓協定生效後六個月內，最遲不超過九個月。為籌劃與執行選舉事宜，歐安組織成立一個臨時選舉委員會（Provisional Election Commission），委員會由歐安組織任務團團長（擔任主席）、非軍事面向的高級代表、簽約三方的代表，以及任務團團長認為必要，且與簽約方協商後之人員組成。簽約三方同意成立常設性選舉委員會（Permanent Election Commission），以接替臨時選舉委員會的後續選舉工作。

除了上述兩項明確指定負責的工作之外，歐安組織在附件 6 的「人權協定」中，由輪值主席任命一位任期五年的人權監察官（Human Rights Ombudsman），以及簽約各方可邀請歐安組織和其他國際組織，共同觀察波赫的人權實踐與發展情況，包括成立地方辦公室，派遣觀

---

[43] 見：OSCE, "Confidence-building and arms control talks begin under OSCE auspices", 2 January 1996, in: https://www.osce.org/bih/52544 (2023/01/20)

察員和記錄員等。在附件 7 的難民與國內流離失所者協定中，簽約方應給予聯合國、國際紅十字會，以及其他相關國際組織、地方和非政府組織，探視和訪問難民與流離失所者的權利，且不得施加行政措施上的阻礙（如禁發簽證）。依據這一項規定，歐安組織可在人權保護的項目下，訪問與紀錄難民與流離失所者的人權保護情形。

岱頓協定堪稱是規範波赫戰後國家重建之複雜且適應現實的制度性安排，涉入協助的國際組織相當多。就歐安組織而言，1995 年 12 月的布達佩斯部長會議總結出歐安組織於波赫制度重建所扮演的角色與工作：[44]

- 監督選舉的籌備、執行與觀察，釐清可以舉辦選舉的條件
- 密切觀察波赫全境的人權情況，任命人權監察官
- 協助當事團體執行武器管制與建立安全暨信任的會談

第二節　波士尼亞與赫塞哥維納任務團

岱頓協定於 1995 年 11 月 21 日完成草約後，歐安組織隨即於 12 月 8 日的布達佩斯部長會議中通過「波士尼亞與赫塞哥維納和平、民主與穩定行動決議」，成立波士尼亞與赫塞哥維納任務團（OSCE Mission to Bosnia and Herzegovina），初次任務執行期限為期一年，主要工作乃執行岱頓協定所委託的任務。任務團的首期經費編列 2 億 4 千 5 百萬奧地利幣（約 1,780 萬歐元）[45]。

事實上，早在涉入衝突的團體於岱頓進行會談之前，歐安組織即依據時任輪值主席的匈牙利外長柯瓦克（Laszlo Kovacs）之指示，成立

---

[44] OSCE, Fifth Meeting of the Ministerial Council, Decision on OSCE Action for Peace, Democracy and Stability in Bosnia and Herzegovina (MC(5).DEC/1, 8 December 1995, in: 40409.pdf (osce.org) (2023/01/20)
[45] 在歐元正式使用之前，奧地利先令（Austrian schilling）一直是歐安組織的貨幣計算單位。奧地利先令與歐元的兌換，1999 年到 2002 年的過渡期間，維持在固定的 1 歐元兌換 13.7603 先令。

歐洲安全暨合作組織與巴爾幹——東南歐任務團

一個歐安組織特別工作小組，規劃和草擬歐安組織在波赫可能承擔的任務。這一個工作小組擬定任務團的組織藍圖和預算經費，並與波赫的重要政治人物進行會商。[46]而常設理事會也曾於 1994 年 6 月，決議派遣一個可增至五人的小型任務團到塞拉耶佛（OSCE Mission to Sarajevo），協助在該地由歐安組織輪值主席為波赫聯邦所任命的三位人權監察官（Ombudsmen）。三位人權監察官的由來，乃是波赫聯邦憲法規定：委託歐安組織與波赫聯邦的總統和副總統協商後，分別從主要族群（塞爾維亞人和其他族群、克羅埃西亞人與波士尼亞人）中，各自任命一人擔任人權監察官，負責監督波赫聯邦憲法賦予的人性尊嚴、各項人權與自由等保護。[47]波赫聯邦三位人權監察官於 1995 年 1 月被任命後，先參加由歐安組織民主辦公室舉辦的講座訓練，再到塞拉耶佛和聯邦各地監督和紀錄人權情況。[48]

歐安組織的塞拉耶佛任務團於 1994 年 10 月開始正式工作，除了必要時協助人權監察官和提供諮詢之外，並提供他們後勤支援，以及將其報告傳送給輪值主席。在協助人權監察官執行任務時，若與人道面向有關，也須向歐安組織報告。1994/95 年間，歐安組織共派遣出 8 個任務團，絕大部分的任務團都與衝突預防和危機處理有關，唯有這一個塞拉耶佛任務團被賦予特定的人權任務。1995 年布達佩斯部長會議決議成立波士尼亞任務團後，這個塞拉耶佛任務團被併入前者，改組成為任務團下的獨立部門。

波士尼亞任務團於 1995 年 12 月 29 日開始運作，總部設於塞拉耶佛，另設有 6 個區域中心和 25 個工作站，可說遍及波赫全境。任務團首任團長由美籍福妻維克（Robert H. Frowick）大使擔任，由他所任命

---

[46] Robert H. Frowick, "Die OSZE-Mission in Bosnien und Herzegovina", in: IFSH (ed.), *OSZE-Jahrbuch 1996*, (Baden-Baden: Nomos Verlagsgesellschaft, 1996), p.163.

[47] 見：OSCE Chairmen-in-Office appoints Ombudsmen of the Federation of Bosnia and Herzgovina, 4 January 1995, in:https://www.osce.org/cio/52526 (2023/01/20)

[48] 三位人權監察員分別是塞爾維亞裔的 Vera Jovanovic、克羅埃西亞裔的 Branka Raguz 和波士尼亞裔的 Esad Muhibic。三人在半年內（1995 年 1 月到 6 月）總共登記超過 400 件有關違反人權的事件，主要與財產權有關，其次是難民的處境。此外亦有非法拘捕監禁和種族清洗等事件。

的四位副團長分別執掌選舉、人權、區域穩定和行政支援。任務團的工作人數約 230 人，另聘有 250 位當地工作人員，為當時歐安組織規模最大的任務團。[49]任務團的首要大事為籌備和舉辦合乎 1990 年哥本哈根人道面向會議文件有關選舉之規範的選舉[50]，這一項任務福妻維克稱之為「歐安組織自 1990 年巴黎高峰會以來的最大挑戰。」[51]依據岱頓協定，選舉的種類共有：波赫的眾議院（中央層級）、（總統）主席團、波赫聯邦的眾議院、塞族共和國的國會和總統，以及可能的話，各省的議會與市鎮長。此外，選舉必須在和平協定簽署生效後的六個月內舉行，最遲不得超過九個月。

依據岱頓協定，為使選務順利進行，歐安組織於 1996 年 1 月成立臨時選舉委員會，並召開首次會議，2 月則通過各項選舉法規。籌備和舉辦選舉的最大困難在於，「歷經撕裂國土的 1992 年 4 月到 1995 年 9 月的戰爭之後，必須在極短時間內籌辦選舉。族群之間於歷史性的劇烈衝突中所爆發的強烈情緒，需要經年累月才能逐漸平息。」[52] 在這一股互不信任的氣氛中[53]，以及屢屢出現嚴重違反臨時選舉委員會所通過的選舉法規之下，歐安組織輪值主席依舊宣布將依照時程，於岱頓協定所規定的最後期限（1996 年 9 月 14 日）舉行選舉，但地方性選舉則延至 11 月（之後再延到 1997 年的 9 月）。

9 月 14 日，除了任務團派出的 1,200 位選舉觀察員外，在歐安組織國際觀察協調專員（Co-oordinator for International Monitoring）范廷（Eduard van Thijn）的規劃下，約有超過 1,200 位來自歐安組織參與

---

[49] Robert H. Frowick, op.cit., pp.165-67.
[50] 岱頓協定在附件 3 中，特別舉出歐安組織參與國舉辦選舉時，必須遵守的規範，如定期選舉、普通和平等的選舉、秘密投票、公平與自由的選戰、組織政治團體或政黨的自由等。
[51] Robert H. Frowick, op.cit., p.164.
[52] Robert H. Frowick, op.cit., p.171.
[53] 如一般認為各族群的政治領袖對如何產生一個可運作的中央政府的興趣不大，反倒是把注意力放在如何維持和鞏固自身在各自區域的權力上。Marie-Janine Calic, "Der Beitrag der OSZE zur Demokratisierung Bosnien-Herzegovinas", in: IFSH (ed.), *OSZE-Jahrbuch 1997*, (Baden-Baden: Nomos Verlagsgesellschaft, 1997), p.146.

國、國際組織和其他非官方組織的選舉觀察員，赴將近 3,000 處投開票所，進行全面性的選舉觀察。大選投票率約為 80%：波赫總統投票率為 80.4%，眾議院為 79.4%。儘管選舉本身和選舉的過程中出現諸多可責難之處，國際觀察協調專員提交的選舉評估報告書認為，歷經四年的戰爭後，很難以一般理解的自由和公平（free and fair）原則去評估波赫的選舉過程，但該地區的選舉是依據投票資格（eligibility）[54]、投票權利（access）、參與和透明等國際規範所舉辦的。[55]

因選舉技術問題（如選民登記、戶籍變動、旅居國外的難民投票問題等）而延遲到 1997 年 9 月 13 和 14 日舉行的地方選舉，在將近 400 位國際選舉觀察員的注視下，亦平順落幕。依據歐安組織民主辦公室所提出的選舉觀察報告書指出，「考慮到波士尼亞的選舉，在符合歐安組織的相關規範，成為日常事件（routine event）之前，還有好長一段路要走時，此次的地方性選舉確實代表和平過程中的重要成就。」[56] 儘管這兩次由歐安組織所籌備和舉辦的選舉仍遭受諸多批評，唯獨透過「自由和公平」的選舉，波赫的各政治實體才具有合法性和正當性；而這兩次的選舉也成為波赫民主化的出發點。[57]

1996 年的波赫中央級選舉結果初步證實內戰所帶來的「三分天下」：穆斯林的民主行動黨（Party of Democratic Action）、塞爾維亞民主黨（Serbian Democratic Party）和克羅埃西亞民主聯盟（Croatian Democratic Union of Bosnia-Herzegovina），這三個帶有民族主義色彩的政黨，在各自的選區贏得多數，分別成為各族群的最大黨。民族主義

---

[54] 依據岱頓協定附件三第四條的規定：凡名字出現在 1991 年人口普查中的 18 歲以上公民皆具有投票權。

[55] 見：The Election in Bosnia and Herzegovina 14 September 1996 – Preliminary Statement of the Co-ordinator for International Monitoring, p.2. in: https://www.osce.org/files/f/documents/b/1/14031.pdf (2023/01/21)

[56] 見：The Office for Democratic Institutions and Human Rights Bosnia and Herzegovina Municipal Election 13-14 September 1997, in: https://www.osce.org/files/f/documents/3/a/14025.pdf (2023/01/21)

[57] Maria Prsa, "Die OSZE-Mission in Bosnien und Herzegovina", in: IFSH (ed.), *OSZE-Jahrbuch 2002*, (Baden-Baden: Nomos Verlagsgesellschaft, 2002), p.169.

政黨之所以在首次選舉中獲得多數支持,原因乃在戰亂剛結束不久,選民還懷有對過往的懼怕,以及對未來的安全的特別需求。[58]

波赫的民主化為歐安組織任務團的重點工作之一,而任務團的協助分別從上層的政治組織和下層的公民社會著手。隨著選舉的順利進行,上層的政治組織逐漸形成並進入穩定運作階段。而下層公民社會所必需進行的工作,包含媒體、人民團體,以及民主化教育,以下將從三個面向來簡述歐安組織的民主化工作:

波赫的媒體沿襲著前南斯拉夫共和國的特性,表現為官方的宣傳工具。岱頓和平協定簽署後,這些工具多半成為各民族主義政黨的傳聲筒。因此,任務團的工作重點即在於促進一個多元的媒體社會(包含出版社和廣播電台),讓各種聲音可以被聽見、培養具獨立與中立意識的新聞從業人員,以及促進波赫地區各族群之媒體從業人員的交流與交換。[59]

任務團順利完成1996年的大選工作後,先後執行波赫地區的民主化專案:如促進民選政治人物的民主與法治意識(Ownership-Concept)、良善治理計畫(Good-Governance-Program)、社區專案(Communal Project)、設立政治資源中心(Political Resource Centres)、培養年輕人的下一代倡議(Successor Generation Initiative)等。其中,良善治理計畫的重點在於提供地方和省/區級的行政官員與民意代表,有關基礎建設之預算編列與執行的專業知識和諮詢,以及鼓勵民眾參與政策決策過程;於全國成立的11個政治資源中心,提供各政黨辦公和舉行會議之場所,並為各政黨的幹部舉辦民主與法治的講座課程;「下一代倡議」係專門為年輕人所開辦的經濟、政治、教育、媒體等講座與活動,希望透過有計畫的教育訓練,可為波赫培養下一世代的領導菁英。[60]

---

[58] Doga Ulas Eralp, Politics of the European Union in Bosnia – Herzegovina – Between Conflict and Democracy, (Maryland: Lexington Books, 2012), pp.16-17.

[59] Marie-Jainine Calic, "Der Beitrag der OSZE zur Demokratisierung Bosnien-Herzgowinas", in: IFSH (ed.), *OSZE-Jahrbuch 1997*, (Baden-Baden: Nomos Verlagsgesellschaft, 1997), p.153.

[60] Maria Prsa, op.cit., pp176-179.

歐安組織在波赫的第三項重點工作為區域穩定，亦即建立信任暨安全措施和軍備管制。為協助執行岱頓協定在這方面的規定，歐安組織布達佩斯部長會議（1995年12月）特別委請輪值主席任命一位輪值主席個人代表（Personal Representative），協助當事團體協商和執行建立信任措施和軍備管制事宜。[61]岱頓協定簽署後不久，德國政府即出面邀請相關人員與專家到波昂舉行會議，並草擬波赫地區的建立信任暨安全措施協議。這份協議於1996年初簽署，各方同意波士尼亞穆斯林和克裔，以及塞裔等三方的武裝部隊軍事聯絡官舉行定期集會、不定期舉行武裝部隊視察。6月4日前南斯拉夫聯邦、克羅埃西亞和波赫三國完成軍備管制會談，建立東南歐的軍備管制機制。[62]

第三節　任務團的成效與困難

歐安組織波士尼亞與赫塞哥維納任務團自1995年12月8日決議成立，並於29日正式運作以來，至今已歷經26次的展延。從任務團迄今還未結束任務的角度來看，沒有功成身退即代表尚有需要任務團協助的地方，或者在任務團的協助下，波赫尚未達到岱頓協定所設定的目標：一個穩定的、安全的和民主的國家。岱頓協定賦予歐安組織的任務有三：籌備和舉辦選舉、監督人權情況，以及促進建立波赫地區的信任暨安全措施和軍備管制。以下就這三項任務，以及媒體自由與教育項目，論任務團已達致的成效和執行過程中所遭遇困難：

---

[61] 岱頓協定附件 1-B 區域穩定協議所稱的當事團體有波士尼亞與赫塞哥維納共和國、克羅愛西亞、南斯拉夫聯邦共和國、波士尼亞與赫塞哥維納聯邦，以及斯普斯卡共和國等五方。

[62] Robert H. Frowick, op.cit., pp.169-170. 三國武裝部隊的武器數量（坦克、大砲、戰鬥機、攻擊直升機等）與人數的比例為 5：2：2，以當時南斯拉夫所擁有的武裝部隊規模為基準線，三國的上限維持在 75%、30%和30%，而波赫內部波士尼亞和克族與塞族之比為 2：1。

一、選舉

　　由歐安組織所舉辦的選舉，依據的是臨時選舉委員會所制定的選舉法。自波赫的中央政府於 1996 年成立後，任務團即協助擬定新的選舉法草案。但草案在國會中無法獲得多數的支持，原因係各民族主義政黨，如克裔的亞民主聯盟（The Croatian Democratic Union of Bosnia and Herzegovina, HDZ），大多反對新的選舉法和一個完整國家的體制。直到 2000 年 11 月在國際社會的努力之下，整合 10 個具改革理念的政黨組成「改革聯盟」（Allianz for Change）[63]，並贏得該年的大選後，新的選舉法才於 2001 年 8 月 21 日獲得新國會的通過。於此同時，國會也通過成立波赫選舉委員會（BiH Election Commission）[64]，委員經臨時選舉委員會提名，由高級代表任命。新選舉法和新選舉委員會象徵著選舉已經成為未來波赫政治生活的日常事件（routine event）。2002 年 10 月波赫選舉委員會主辦首次的選舉結束後，臨時選舉委員會功成身退，正式將其所有選舉業務移交給前者。

　　波赫的歷屆選舉和選戰皆處於壁壘分明的民族主義政黨[65]，激烈競爭和互相攻訐的動盪狀態之下，這對選舉的過程造成不小的影響。[66]以 2018 年 10 月的總統和國會選舉來說，歐安組織民主辦公室的選舉觀察報告書總共提出 32 項選舉改革建議，包括政府本身、選舉法、選區與名額、選民登記等，如「國家應採取積極措施，以保護選民自由和秘

---

[63] 見：Bosnia's Alliance for (Smallish) Change, ICG Balkan Report No. 132, Sarajevo/Brussels, 2 August 2002, https://www.files.ethz.ch/isn/28052/132_bosnia_change.pdf (2023/01/21)

[64] 2006 年更名為中央選舉委員會（Central Election Commission）

[65] 參閱：洪茂雄著《南斯拉夫史—巴爾幹國家的分與合》，（台北市：三民書局，2019 年三版），頁 206-210。

[66] 如德國媒體（ntv.de）即以〈波士尼亞的菁英欲維持混亂局面〉（Eliten in Bosnia wollen das Chaos erhalten）為標題，來報導 2018 年的選戰，in:https://www.n-tv.de/politik/Eliten-in-Bosnien-wollen-das-Chaos-erhalten-article20658117.html (2023/01/21)

密選擇的權利。應該檢視投票程序，以確保秘密投票，以及防止對選民的過度影響。在訓練選舉會委員和選民教育的教材中，應該強調秘密投票的重要性」、「選區和代表的名額應定期檢視，以確保選票的平等性」等等。[67]從這 32 項改革建議可以看出，波赫雖已經歷十餘次的大小選舉，但選舉的品質還未能完全符合哥本哈根規範。自 2000 年以來，波赫的歷屆選舉投票僅有一次超過 60%（波赫眾議院 63.7%），其餘皆在 55%左右。這說明選民對透過選舉來改變政治生態或政策較無信心，亦即選民不太相信選舉結果會帶來重要的改變。

二、人權與民主化

2021 年世界自由之家（Freedom House）給波赫的評分為 53 分，將其列為一個部分自由（Partly Free）的國家，約與科索沃同級，與北馬其頓或阿爾巴尼亞的 66 分，尚有一段差距。在各項目評分方面，司法獨立、政府的公開與透明，以及對抗貪腐的得分最低，在這幾方面仍有待進一步的努力；在公民權方面，組織團體、信仰自由和表達自由的表現較佳。民主項目的得分為 39 分，歸類為轉型期或混和體制（Transitional or Hybrid Regime）國家。[68]世界自由之家的評分相當程度上反映出選民對選舉的負面態度。

2020 年歐安組織任務團在波赫執行一項有關歧視（discrimination）的意見調查。有 87%的受訪者認為，歧視是波赫內部的一個大問題，

---

[67] 對波赫 2018 年的選舉改革建議，參閱：OSCE/ODIHR, Bosnia and Herzegovina 2018 EOM Parliamentary and Presidential elections, in: Support to Elections in the Western Balkan, https://paragraph25.odihr.pl/search?dayOfElection=2018-10-07T00%3A00%3A00.000Z&numberOfTheRecommendationInTheFinalReport=1&numberOfTheRecommendationInTheFinalReport=32&page=2&projectBeneficiary=Bosnia%20and%20Herzegovina&typeOfElection=Parliamentary&typeOfElection=Presidential&yearOfElection=2018&yearOfElection=2018 (2023/01/21)
[68] 見：Freedom House, Countries and Territories, in: https://freedomhouse.org/countries/nations-transit/scores (2023/01/21)

也是一個嚴肅的議題。[69]最為明顯的例子就是波赫國家元首主席團（總統）的規定：克裔、塞裔和波士尼亞裔各選一人，完全忽略其他少數族群（如吉普賽人）競選總統的權利。

2009年波士尼亞吉普賽人Dervo Sejdic和尤太裔[70]Jakov Finci曾為此上告歐洲理事會的歐洲人權法院，法院判決波赫的憲法涉嫌歧視。不過時至今日，波赫的憲法在相關條款方面並無修改。歐盟也曾數次嘗試讓波赫去修改憲法，最後皆無功而返。無法改變此一涉嫌歧視事件的最大阻力來自三大族群的政黨，由於事關政治權力的分配問題，因此也就無法讓步妥協。[71]

這一項涉及選舉資格的歧視規定，歐安組織民主辦公室的歷屆選舉觀察報告書中，也都有指出該條款已違反歐洲人權公約與歐安組織的相關規範。該項基於族群因素的歧視規定，在歐安組織的選舉觀察報告書內，已經成為長期存在的缺點。[72]

自上一世紀的戰爭結束以來至今，帶有族群或宗教因素的衝突事件時有所聞。此類事件在群眾當中，自然引起不必要的恐懼，也阻礙了族群或不同宗教之間的諒解。[73]依據人權觀察（Human Rights Watch）組織2021年的年度報告，波赫有關人權方面的嚴肅課題有族群分立、歧視、少數族群的權利，以及庇護者保護。在涉及宗教方面，克裔天主

---

[69] OSCE, OSCE Mission to Bosnia and Herzegovina, Discrimination in Bosnia and Herzegovina Public Perceptions, Attitudes, and Experiences, p.14, 20 March 2020, in：https：//www.osce.org/files/f/documents/6/0/448852.pdf（2023/01/21）

[70] 「猶太」為中文通用翻譯名詞，但因「猶」字的部首為犬部，與古代四夷（東夷西戎南蠻北狄）類似，通指異族人士，帶有歧視味道，故本書改以尤太一詞。

[71] Mladen Lakic, "Bosnia Still Failing to Address Discrimination Verdict", December 15, 2017, in: https://balkaninsight.com/2017/12/15/bosnian-constitution-remains-discriminatory-12-14-2017/ (2021/11/16)

[72] OSCE, Bosnia and Herzegovina General Elections 7 October 2018 – ODIHR Election Observation Mission Final Report, 25 January 2019, p.1, in: https://www.osce.org/files/BIH%202018%20General%20-%20final%20report%20with%20MM_upd.pdf (2023/01/21)

[73] Mladen Lakic, "Religious and Ethnic Hate Crimes Still Rattle Bosnia", November 20, 2017, in: https://balkaninsight.com/2017/11/20/religious-and-ethnic-hate-crimes-still-rattle-bosnia-11-19-2017/ (2021/11/16)

教教會在首都塞拉耶佛舉行克羅埃西亞烏斯塔沙（Ustaša）成員於二戰末期遭受南斯拉夫游擊隊殺害事件的追悼會，引發塞拉耶佛居民的抗議，抗議克裔試圖平反烏斯塔沙政權。[74]

波赫的少數族群，尤其是吉普賽人經常是遭受歧視的對象，儘管歐安組織任務團和其他國際組織採取相關的權利保護措施，以及協助促進吉普賽人獲得較好的工作機會，吉普賽人的處境一直未見好轉。在巴爾幹地區，長期存在著反吉普賽人主義（antigypsyism），只是各國政府不願承認此一現象的存在。2020 年歐盟通過「包容吉普賽人框架」（Framework for Roma Inclusion），鼓勵巴爾幹國家採取包容政策，以對抗反吉普賽人主義。[75]

在波赫，吉普賽人在教育、就業、社會福利、醫療健康、住房和財產權方面，一直受到不平等的對待。歐安組織任務團採取相對應的專案計劃，試圖改善吉普賽人在波赫，以及在其他巴爾幹國家的處境。不過，此類行動計劃的成效有限，主要原因在於當事國政府的態度消極，以及民眾對吉普賽人的刻板印象無法獲得大幅度的改變。[76]

三、軍備管制

歷經波士尼亞任務團和歷屆輪值主席個人代表 12 年的努力後，歐安組織部長會議於 2014 年正式決議終止個人代表的工作，並將執行岱頓協定在軍備管制方面的協議，交由當事團體負責。部長會議的理由

---

[74] Human Right Watch, World Report 2021, pp.100-104, in: https://www.hrw.org/sites/default/files/media_2021/01/2021_hrw_world_report.pdf (2023/01/21)

[75] Stephan Müller, "Roma Inclusion in Balkans Depends on Governments Recognising Antigypsyism", July 8, 2020, in: https://balkaninsight.com/2020/07/08/roma-inclusion-in-balkans-depends-on-governments-recognising-antigypsyism/ (2023/01/21)

[76] 對吉普賽人的刻板印象有：小提琴手和傻瓜、奇怪的風俗和落後的傳統、沒有宗教信仰、小孩新娘、沒有接受教育、乞丐、無情的父母、販毒與癮君子、偷小孩等等，見：OSCE, Roma on the Margins – A History of Persecution, Discrimination and Exclusion, Sarajevo 2018, in:
https://www.osce.org/files/f/documents/8/2/406001.pdf (2023/01/21)

是,「在執行協議時,當事團體已建立合作的精神、信任和信心」,以及滿意當事團體表達出完全遵守軍備管制機制的政治意願。[77]歐安組織輪值主席個人代表們(前後共6位)所負責的期間(1996-2014),總共進行709次地區視察和129次武器裁減視察,銷毀多達一萬件的重型武器。共有29個參與國協助武器裁減措施。[78] 至此,岱頓協定第4條附件1-B 所交付給歐安組織的任務,可說圓滿完成。即便如此,歐安組織仍支持此一地區後續的軍備管制措施。

四、媒體自由

如同部分東南歐國家,波赫媒體記者的工作環境充滿不友善的態度,記者甚至會遭受到生命的威脅。2016 年歐安組織媒體自由代表 Dunja Mijatović 舉出至少八件攻擊記者與媒體的事件,這些事件顯示出,「必須以最嚴厲的態度來公開譴責對記者和媒體的汙辱與威脅,民主社會是無法容許對記者和媒體的攻擊與威脅。」[79]即便媒體自由代表的公開譴責,波赫媒體記者的處境並沒有好轉,反倒有日趨惡劣的現象,尤其是政治人物對記者帶有參雜族群情緒的口語威脅,幾乎成為常態。[80]依據「記者無國界」(Reporters without Borders)的觀察指出,波赫內部政治分化對立的結果,產生一個對媒體抱有敵意的環境。媒

---

[77] 見:OSCE/Ministerial Council, Declaration on the Transfer of Ownership to the Parties to the Agreement on Sub-Regional Arms Control, Annex 1-B, Article IV of the General Framework Agreement for Peace in Bosnia and Herzegovina, MC.DOC/4/14, 5 December 2014, in:
https://www.osce.org/files/f/documents/b/e/130541.pdf (2023/01/21)

[78] 見:OSCE, A new era for South-East Europe – Rebuilding peace, security and stability in aftermath of war, 25 November 2014, in:
https://www.osce.org/cio/126754 (2023/01/21)

[79] 見:OSCE, "OSCE Representative condemns incidents directed at journalist and independent voice in Bosnia and Herzegovina", 29 July, 2016, in:
https://www.osce.org/fom/257086 (2023/01/21)

[80] Mladen Lakic, "Bosnian Serb Leader has His History of Targeting Journalists", BalkanInsight, August 29, 2018, in: https://balkaninsight.com/2018/08/29/bosnian-serb-leader-has-history-of-targeting-journalists-08-29-2018/ (2023/01/21)

體社論反映出族群的分裂，仇恨語言越來越明顯。[81]在「記者無國界」全球 180 個國家的媒體自由評比中，波赫的排名約在 62-68 名之間，2021 年上升至 58 名（台灣排第 48 名）。

2021 年 11 月歐安組織媒體自由代表瑞貝蘿（Teresa Ribeiro）在常設理事會發表她的年度第二份報告，指出在整個歐安組織地區，媒體與言論自由沒有獲得改善，反倒有惡化的現象。在部分地區，媒體自由的問題更加尖銳化，媒體記者經常遭受口語和生理上的暴力威脅。[82]瑞貝蘿以靜默外交（quiet diplomacy）方式訪問波赫，與政府機關商討波赫內部對媒體記者的網路暴力、騷擾和不友善對待的問題，以及相關法律限制媒體自由的情形。[83]靜默外交乃是媒體自由代表可資利用的工具，在不對外公開（靜默）之下，和當事國政府進行開誠布公的秘密會談，提出改善和解決問題的建議。

五、教育

波赫的教育制度，於中央層級設有聯邦教育暨科學部（Federal Ministry of Education and Science），主要職掌涉及各級教育的計畫與活動協調，提供行政和專業上的協助。由於波赫憲法有關聯邦職權方面，並沒有提到教育，是以雖然在中央層級設立教育與科學部，卻無法派任教育與科學部部長。雖無部長，設置秘書長、首席（Head of Cabinet）、四位助理部長等職位。波赫高中以下的教育規劃，掌握在地方政府（州，canton）手中。

---

[81] Reporter without Borders, "Further collapse of public service broadcaster", in: https://rsf.org/en/bosnia-herzegovina (2023/01/21)

[82] OSCE, "Media freedom situation deteriorated all over the region, said OSCE Media Freedom Representative at Permanent Council meeting in Vienna", 25 November 2021, in:
https://www.osce.org/representative-on-freedom-of-media/505573 (2023/01/21)

[83] OSCE, *The Representative of Freedom of Media Teresa Ribeiro Regular Report to the Permanent Council*, 25 November 2021, in:
https://www.osce.org/files/f/documents/a/a/505564.pdf (2023/01/21)

第柒章　波士尼亞與赫塞哥維納與歐安組織

　　1995年戰爭結束後，為妥適照顧所有族群的孩童接受教育，以及顧及到難民返鄉後的教育銜接，乃實施暫時性的「一個屋頂兩所學校」（two schools under one roof）的制度，亦即在同一所學校內，國高中小學生依據族群身分，接受以自己的語言和教材的教育，但也有權利接受其他族群的語言教學與教材。這一個暫時性的措施，雖然包括歐安組織在內的國際社會嘗試讓此一制度轉型，但實施日久之後，反倒成為常態。如今「一個屋頂兩所學校」已經成為波赫內部涉及族群歧視最為明顯的例子。[84]這種分立而教的做法甚至嚴重到了，即使在同一所學校，依據族群身分不同而有不同的出入口，以及錯開下課時間，讓不同族群的學生無法互動。2014年波赫聯邦憲法法院曾經判決依據族群分校接受教育的作法涉嫌歧視，屬違憲。然而憲法法院的判決無法改變教育現狀，仍有超過五十幾所的國中小學依舊實施「一個屋頂兩所學校」的制度，尤其是在波赫的中南部省分。[85]

　　歐安組織任務團的工作之一乃在協助波赫地方政府與教育機構，改善教育品質、發展普遍與無歧視的教育，以及協助波赫設計共同核心課程，改革目前現行的課程架構，讓年輕學子可以面對未來的世界等。[86]不過，任務團的工作計畫卻必須面對波赫內部，以各自族群利益為優先的民族主義政黨的挑戰。這些政黨為鞏固自身利益，不惜利用「一個屋頂兩所學校」的措施，來實踐族群分立的主張。尤其是在以塞爾維亞人為主的塞族共和國（Republika Srpska），不僅將東正教的宗

---

[84] OSCE Mission to Bosnia and Herzegovina, *"Two Schools Under One Roof" The Most Visible Example of Discrimination in Education in Bosnia and Herzegovina*, November 2018, in:
https://www.osce.org/files/f/documents/3/8/404990.pdf (2023/01/21)

[85] Rodolfo Toè, "Bosnia's Segregated Schools Perpetuate Ethnic Divisions", BalkanInsight, July 12, 2016, in: https://balkaninsight.com/2016/07/15/bosnia-s-segregated-schools-perpetuate-ethnic-divisions-07-15-2016/ (2023/01/21)

[86] 見：OSCE, Open call to CSOs and interested individuals for preparation of comments on the Canton Sarajevo draft subject curricula, 6 May, 2021, in:
https://www.osce.org/mission-to-bosnia-and-herzegovina/485615 (2023/01/21)

教課程列為高中必修[87]，更接受塞爾維亞的國中小課綱[88]，還接收塞爾維亞對 1992 到 1995 年之間的內戰史觀。[89]缺乏一個擁有權力的中央層級教育部，再加上各州教育相關單位的各行其是，波赫想要達到其憲法前言所宣示之戮力「和平、正義、容忍和和解」的目標，實在還有好長的一段路要走。

第四節　結語

　　北約藉由其強大的軍事能力，於 1995 年結束長達四年之久的波士尼亞戰爭（1992-1995）。交戰各方所簽署的岱頓協定，將波赫置於聯合國的「託管」之下，並透過國際組織的分工合作，期望建設波赫成為一個實踐法治與自由選舉的民主國家。岱頓協定賦予歐安組織的工作為選舉、人權和區域穩定。為執行交付的任務，歐安組織常設理事會決議成立波赫任務團，以協助波赫邁向一個正常的國家。在任務團和歐安組織其他單位（如民主辦公室）的努力下，已經完成選舉和區域穩定的工作，並將兩項工作移交給當事國家繼續執行，轉而退居成為諮詢單位。在人權方面，由於受到族群對立與分化、少數族群權利不彰等影響，任務團的工作成效並不那麼明顯。

　　歐安組織波赫任務團在六個東南歐任務團當中，是僅次於科索沃任務團，於人員與經費預算方面為第二大的任務團。任務團年度經費約占歐安組織年度總預算的 8%。（見表 15）

---

[87] Mladen Lakic, "Bosnian Serbs to Introduce Mandatory Religious Education", BalkanInsight, April 12, 2018, in: https://balkaninsight.com/2018/04/12/bosnian-serbs-mull-for-mandatory-religion-classes-04-11-2018/ (2023/01/21)

[88] Danijel Kovacevic, "Bosnian Serbs to Adopt Same School Curriculum as Serbia", BalkanInsight, February 26, 2018, in: https://balkaninsight.com/2018/02/26/the-same-curriculum-for-pupils-in-serbia-and-rs-02-23-2018/ (2023/01/21)

[89] Mladen Lakic, "Bosnian Serb Schoolbook to Teach Same War History as Serbia", BalkanInsight , July 22, 2019, in: https://balkaninsight.com/2019/07/22/bosnian-serb-schoolbooks-to-teach-same-war-history-as-serbia/ (2023/01/21)

表 15：波赫任務團人數與年度經費一覽表（2016-2021）

	團員	當地雇員	經費預算（歐元）	佔年度總預算
2016	27	284	11,493,300	8%
2017	29	290	11,373,600	8%
2018	35	294	11,647,200	8%
2019	29	280	11,682,000	8%
2020	27	284	11,682,000	8%
2021	34	280	11,682,000	8%

資料來源：歐安組織年度公報（Annual Report），筆者自行製表

任務團的總部設於塞拉耶佛，另在波赫內部的兩個實體共設立 8 個地區辦公室（Field Offices），此外還在布爾奇科特區（Brčko）成立一個辦公室。與其他涉入波赫國際組織不同的是，歐安組織採取的是草根式的專案協助，而非直接與中央打交道。

2001 年波赫前外交部長拉古姆奇亞（Zlatko Lagumdžija）曾說：「我們需要國際社會在專家層面上的協助，但我們已經不再需要有人替我們做決定。國際社會的角色應該是幫助我們，而不是替我們工作、思考和下決定。」[90]拉古姆奇亞所言誠然代表波赫獨立建國，自行作主的心聲。但岱頓協定下的「一個國家、兩個政治實體」的憲政體制，是一個相當奇怪，在當時卻又不得不然的設計。這樣的一個依據族群勢力而妥協出（或者說是適應現實）的設計注定了族群三分的局面。[91]這樣的設計也讓波赫的內政處於族群動盪之中，更何況塞爾維亞和克羅埃西亞還在波赫的族群關係中，扮演具影響力的角色。

---

[90] Maria Prsa, "Die OSZE-Mission in Bosnia und Herzgovina", in: IFSH (ed.), *OSZE-Jahrbuch 2002*, (Baden-Baden: Nomosverlagsgesellschaft, 2002), p.171.（註釋 6）

[91] 參閱：郭秋慶著〈波士尼亞與赫塞哥維納憲政體制的選擇及其運作—兼論『戴頓協定』20 周年政局的發展〉，*台灣國際研究季刊*，2015 年冬季號，第 11 卷第 4 期，頁 111-31。

2021年7月國際危機組織（International Crisis Group）的波赫國家報告指出，國際波士尼亞高級代表奧地利籍外交官茵茲柯（Valentin Inzko）決定修改波赫的刑法，將否認1995年斯雷布雷尼查（Srebrenica）大屠殺的言論，科以最高五年的有期徒刑。此一決定引起塞裔的不滿，波赫塞裔總統多迪克（Milorad Dodik）揚言解散波赫，塞族共和國的代表和國會議員全體杯葛波赫政府和議會機構的運作，直到特別代表撤回成命為止。塞族共和國國會甚且通過決議，完全封鎖高級代表茵茲柯的修改刑法決定，甚至通過破壞塞族共和國聲響者，科以最高15年的期徒刑的決議。[92]對高級代表，塞族共和國經常抱持敵對的態度，指責高級代表常為了波士尼亞裔，而損害塞族的利益。塞族共和國國會尚且通過廢除高級代表一職的決議。[93]不過，這項決議並無法影響聯合國安理會對高級代表人選的最終決定。

與歐盟、北約或歐洲理事會相比，歐安組織介入波赫衝突後重建的規模（人員與經費），可說並不大。以歐洲理事會為例，自2003年以來，即提出多年期的行動計畫，協助波赫在人權、法治與民主三個面向內，建立符合歐洲理事會相關規範的制度。2018年提出為期三年的波赫行動計畫（Action for Bosnia and Herzegovina 2018-2021），總經費達3,900萬歐元，平均年度經費比歐安組織任務團還要多。[94]此外，介入波赫協助重建工作的國際組織或機構，含歐安組織在內總共有13個。[95]每個國際組織雖有其獨特的角色可扮演，但其中也有工作領域重

---

[92] 見：International Crisis Group, "International High Representative for Bosnia imposed ban on genocide denial, prompting Bosnian Serb representatives to announce boycott of state institutions", July 2021, in: https://www.crisisgroup.org/crisiswatch/august-alerts-and-july-trends-2021#bosnia-and-herzegovina (2023/01/21)

[93] Danijel Kovacevic, „Bosnian Serb Parliament Says No to New High Representative", BalkanInsight, March 10, 2021, in: https://balkaninsight.com/2021/03/10/bosnian-serb-parliament-says-no-to-new-high-representative/ (2023/01/21)

[94] 見：Council of Europe, Action Plan for Bosnia and Herzegovina 2018-2021, in: https://rm.coe.int/bih-action-plan-2018-2021-en/16808b7563 (2023/01/21)

[95] 除歐安組織外，如聯合國、國際紅十字會、世界銀行、國際貨幣基金組織、北約、歐盟、歐洲理事會、國際前南斯拉夫犯罪法庭等。

疊之處,而歐安組織任務團在國際組織工作網絡之中,可說扮演一個特定的角色。雖不如歐盟受人注意,但卻協助波赫的衝突後重建工作,以建立內部持久的和平。從另一個角度來思考,任務團的存在或許提供了一定程度上的「保護」,以預防或阻止危害內部穩定的企圖。[96]雖說歐安組織的任務團並無硬實力可言,但它的軟實力確有助於促進內部的穩定。

---

[96] 參考:Wolfgang Zellner & Frank Evers, *The Future of OSCE Field Operations (Options)*, (The Hague: December 2014), p.9.

結 論

　　本書處理的歐安組織長期任務團所派駐的國家雖有六個，從第二次世界大戰結束後的疆域來看，卻只有兩個：阿爾巴尼亞和前南斯拉夫，這是因為其中有五個國家產自上一世紀九零年代前南斯拉夫解體的結果。長期觀察巴爾幹地區發展的尤大（Tim Judah）說「南斯拉夫已死，南斯拉夫區萬歲」。[1]尤大筆下的「南斯拉夫區」（Yugosphere）就是西巴爾幹五國國家，再加上斯洛維尼亞和克羅埃西亞。「南斯拉夫區」雖僅指涉前南斯拉夫分裂後的國家地理位置，這個名詞卻意涵著區域內的共同性，亦即這些國家多多少少具備某些共同的特性，如共通的語言，跨國的共同文化、散居各國的同一族群，或者是面對同樣的問題。

　　塞貝克（Nenad Šebek），一位塞爾維亞籍的資深記者，曾於 2012 年開辦一個西巴爾幹五國共有八個頻道可收看，且無須字幕翻譯或同步雙語的脫口秀電視節目「鄰里」（Okruženje）。[2]節目每集邀請五國來賓，回答主持人提出的簡短問題，如經濟危機、媒體、強權與巴爾幹、巴爾幹的年輕人等。[3]塞貝克稱這些問題具有區域面向，但解決問題的答案不會只是區域性的答案，而是需要創造一個歐洲區（Eurosphere）。[4]「鄰里」節目播出六季之後停播，在「巴爾幹歐洲基金」（European Fund for the Balkans）[5]和塞爾維亞歐洲運動（European Movement in Serbia）組織的

---

[1] 轉引自：Andreas Ernst, "Echoraum, nicht Pulverfass", *Aus Politik und Zeitgeschichte*, 29.09.2017, in: https://www.bpb.de/shop/zeitschriften/apuz/256917/echoraum-nicht-pulverfass/ (2022.11/11)

[2] 這個脫口秀節目最後擴增至八個國家的 12 個電視頻道：阿巴尼亞、波士尼亞與赫塞哥維納、克羅埃西亞、科索沃、北馬其頓、蒙特內哥羅、斯洛維尼亞和塞爾維亞。

[3] Luka Zanoni, "Okruženje, Yugosphere and its neighbourhood", *Osservatorio Balcani e Caucas Transeuropa*, 10/04/2012, in: https://www.balcanicaucaso.org/eng/Areas/Serbia/Okruzenje-Yugosphere-and-its-neighbourhood-115080 (2022/11/14)

[4] Ibid.

[5] 巴爾幹歐洲基金是由三個歐洲層級的基金會所成立：奧地利第一基金會（ERSTE Foundation），德國波許基金會（Robert Bosch Foundation）和比利時博

合作下，成立「鄰里」網路平台，以各種方式（談話節目、文章、討論會等）推動加入歐盟的準備工作，最終的目的是期望西巴爾幹國家能真正接受歐洲的價值。[6]

在世人，尤其是歐洲人的認知中，巴爾幹地區向來與暴力、落後、紛爭、缺乏紀律等負面概念連結在一起。對歐洲人來說，是奧匈帝國儲君費迪南（Franz Ferdinand）大公夫婦被塞爾維亞民族主義份子普林西普（Gavrilo Princip）刺殺，歐洲才會捲入一場死傷人數史無前例的世界大戰；是1990年代前南斯拉夫的解體過程，把戰爭場景直接帶進歐洲家庭的電視螢幕中，歐洲才會擔心家門口東側的戰火是否會一路往西延燒。因此當1991年夏天，巴爾幹半島槍砲聲初响之際，盧森堡外長波斯（Jacque Poos）就誇下豪語說：「如果有一個歐洲人應該解決的問題，那就是南斯拉夫問題。這是一個歐洲的時刻；這不是美國人的時刻。」[7]歐洲人是該解決南斯拉夫的衝突問題，只是歐洲人無能，也無力制止死傷慘重的武裝衝突與戰爭。以連環爆方式上場的分離與武裝衝突，最後在美國和北約的強大武力下，於1999年畫下最終的句點。從南斯拉夫分裂而出的國家，開始在國際官方和非官方組織的協助下，步上衝突後國家重建與制度建立的過程。

本書處理的六個任務團所在的國家，歐洲聯盟於1998年以西巴爾幹國家稱之。西巴爾幹，顧名思義，只是一個地理上的位置標誌。不過，如此的統稱，仿佛將這六個國家看作是具有區域共同性的國家。西巴爾幹雖有六個國家，其實只有兩類國家：阿爾巴尼亞和後南斯拉夫五國（Jugosphere！）。後者又可分為塞爾維亞與蒙特哥羅，以及三個尚未完成的國家（unfinished states）。所謂未完成的國家，其特徵在於：

杜安國王基金會（King Baudouin Foundation）。成立巴爾幹歐洲基金的宗旨乃是協助西巴爾幹國家強化民主制度和促進歐洲統合。巴爾幹歐洲基金的官網為：https://www.balkanfund.org/about-the-efb

[6] 參閱：Okruženje, in: About us – Okruženje (okruzenje.com) (2022/11/14)
[7] 吳萬寶著《邁向歐盟建軍之路—歐盟共同歐洲安全暨防衛政策》，（台北：韋伯文化國際出版有限公司，2003），頁46。

其一是國家的憲法並非來自於人民的意志,而是由外部行為者所制訂或主導,1995 年的岱頓和平協議、2001 年的奧赫里德協議,以及 2007 年為科索沃設計的阿赫蒂薩里計畫,分別規劃了波赫、北馬其頓和科索沃迄今的憲政運作;其二是三個國家的內部,無論在政治制度的安排方面,或是實際的運作裡,都還不是一個像 1995 年克羅埃西亞收復克拉伊納塞爾維亞共和國失土後,全境完成統一的國家。波赫內部的兩個政治實體和三個族群,北馬其頓的馬其頓人與阿爾巴尼亞裔,以及科索沃的阿爾巴尼亞裔與塞裔,這三個國家內部的族群對立,再加上如阿爾巴尼亞、塞爾維亞、克羅埃西亞等周遭國家的「虎視眈眈」,不僅加深內部族群融合與社會整合的困難度,對國際社會而言,族群衝突仿佛可能會隨時爆發一般。[8]不過,真實的情況是否就是如此?或者這又是歐洲,乃至世人對巴爾幹的刻板印象?

其實早就有聲音指出,一些專業觀察家或是媒體記者,為了搏版面或被當成巴爾幹專家看待,進而提供諮詢意見時,「有意」以戲劇化的尖銳角度來敘述西巴爾幹的情勢發展。[9]因此討論西巴爾幹國家時,視角不應該專注於如族群衝突等長久以來的刻板印象(儘管它仍事實存在),而應該注意這六個國家在制度建立與運作方面取得的實際成就。而派駐這六個國家的歐安組織任務團,正是協助這些國家取得實際成就的重要助手之一。

歐安組織任務團的工作向來是由當事參與國與歐安組織雙方協商而來,此外也有是規劃衝突後重建計劃時指定而來(聯合國)。無論是協商或指定,如今任務團的協助工作早已超出原先所設定的工作項目甚多(見表 16);

---

[8] 參閱:Srecko Latal, "Radical Rhetoric in Bosnia Revives Fears of New Conflict", *BalkanInsight*, October 5, 2021, in: https://balkaninsight.com/2021/10/05/radical-rhetoric-in-bosnia-revives-fears-of-new-conflict/ (2022/11/03)

[9] Andreas Ersnt, "Echoraum, nicht Pulverfass", *Aus Politik und Zeitgeschichte*, 29.09.2017, in: https://www.bpb.de/shop/zeitschriften/apuz/256917/echoraum-nicht-pulverfass/ (2022/11/03)

表 16：歐安組織東南歐任務團工作項目一覽表（2022）

	共同任務項目	特殊任務項目
阿爾巴尼亞	民主化、選舉、媒體自由與發展、法治、年輕人、人權、少數族群議題、容忍與不歧視、良善治理、性別平等、警政、吉普賽人、對抗人口販運、反恐	邊界管理、安全部門改革
波士尼亞		教育、邊界管理、衝突預防與解決、網路安全、環境保護、安全部門改革
科索沃		網路安全
蒙特內哥羅		武器管制、環境保護、
塞爾維亞		武器管制、教育、環境保護、安全部門改革
北馬其頓		武器管制、邊界管理、衝突預防與解決、教育

資料來源：筆者自行整理

　　在這六個國家裡，任務團的工作項目大抵相同（共同任務項目），少數工作項目因個別國家的需求或所面臨的問題較為特殊（特殊任務項目）而有不同，即便如此，歐安組織長期任務團在西巴爾幹地區所擔負的任務卻是一致的：衝突預防、危機處理和衝突後重建，希冀為這些國家建立可長久的民主、法治和尊重人權的制度。只是歐安組織的人員與經費編列若與其他歐陸國際組織相比，少得「可憐」。歐安組織為歐洲最大的國際組織，參與國已達 57 個之多，每年的年度預算卻只有區區 1.4 億歐元。而全部任務團的預算加起來，也只分配到約 54% 的年度總預算（2021 年）而已。對接受協助的參與國來說，歐安組織並非首選，歐洲聯盟才是他們一心想要加入的組織，而歐安組織則扮演敲門磚的角色。

如果說 19 世紀以前的巴爾幹歷史是一部各民族對抗外來統治（鄂圖曼帝國！）與獨立建國和擴張領土的漫長過程，那麼 20 世紀就是將斯拉夫民族結合起來，統一在一個國家之下的政治制度實驗史（南斯拉夫式社會主義模式）。[10]不過這一個政治實驗，最終以失敗收場。經過 10 年的血腥衝突，各民族基本上回到 19 世紀的獨立建國模式，但卻又留下許多未解的問題。巴爾幹地區之所以被賦予負面的印記，有一種論調認為，是受到鄂圖曼帝國長達 500 年的統治結果。「錯誤的社會發展和一般性的缺失，如政客貪污、行政無能、土地缺乏登記」等等，皆是鄂圖曼帝國帶給此一地區的遺產。[11]不過在聯合國、歐安組織、歐洲理事會，尤其是歐盟的協助下，巴爾幹諸國的再次獨立建國，卻有逐漸轉好的趨勢。而此一逐漸轉好的過程中，歐安組織乃是推動這些國家步上歐式常態（normality）的重要助手之一。

---

[10] Marie-Janine Calic, *Geschichte Jugoslawiens*, (München: Verlag C.H. Beck, 2020), p.332.

[11] Dieter Müller, "Der Balkan und Europa", Bundeszentrale für politische Bildung, 13.01.2022, in: https://www.bpb.de/themen/europa/suedosteuropa/322595/der-balkan-und-europa/ (2022/11/03)

參考文獻

本書大量使用歐安組織、聯合國、歐盟、歐洲理事會等國際組織的官方文件，由於文件數量相當龐大，除以隨頁註方式表示出處外，於參考文獻項目中，不再一一列出。

一、中文

Minton E. Goldmann 著，楊淑娟譯《中、東歐的革命與變遷—政治、經濟與社會的挑戰》，（台北：國立編譯館，2001）。

米哈洛伊塞諾布恩雅著，許綬南譯《南斯拉夫分裂大戲》，（台北市：麥田出版股份有限公司，1999）。

李大中著《聯合國維和行動—類型與挑戰》，（台北市：秀威資訊科技，2011）。

吳萬寶著《歐洲安全暨合作組織》，（台北市：五南書出版有限公司，2000）。

吳萬寶著《歐洲安全暨合作組織：導論與基本文件》，（新北市：韋伯文化出版有限公司，2003）。

洪茂雄著《南斯拉夫史 巴爾幹國家的合與分》，（台北市：三民書局，2019 三版一刷）。

馬克馬佐爾著，劉會梁譯《巴爾幹 被誤解的歐洲火藥庫》，（新店：左岸文化出版社，2005）。

馬細普著《巴爾幹紛爭》，（北京：北京大學出版社，1999）。

馬細普著《南斯拉夫興亡》，（北京：社會科學文獻出版社，2010）。

梁文韜著《國際政治理論與人道干預—論多元主義與團合主義之爭辯》，（新北市：巨流圖書公司，2012）。

楊燁、王志連著《飄浮不定的東歐》，（台北：五南圖書出版公司，1993）。

郭秋慶著〈波士尼亞與赫塞哥維納憲政體制的選擇及其運作〉,《台灣國際研究季刊》,第 11 卷第 4 期,2015 年冬季號,頁 111-131。

謝福助著《新干涉主義—科索沃案例議題研究》,(永和:韋伯文化國際出版有限公司,2003)。

二、外文

Baev, Pavel K., "External Interventions in Secessionist Conflicts in Europe in the 1990s", European Security, Vol.8, No.2 (Summer 1999), pp.22-51.

Becker, Jens und Achim Engelberg, Serbien nach den Kriegen, (Frankfurt am Main:Suhrkamp Verlag, 2008).

Beestermöller, Gerhard (ed.), Die humanitäre Intervention – Imperativ der Menschenrechtsidee?, (Stuttgart:W. Kohlhammer GmbH, 2003).

Bieber, Florian (ed.), Montenegro in Transition, (Baden-Baden: Nomos Verlagsgesellschaft, 2003).

Bjelic, Dušan, I. and Obrad Savic (ed.), Balkan as a Metaphor: Between Globalization and Fragmentation, (London:The MIT Press, 2002).

Boden, Dieter, Georgien:Ein Länderporträt, (Bonn:Bundeszentrale für politische Bikdung, 2018).

Boden, Martina, Nationalitäten, Minderheiten und ethnische Konflikte in Europa, (München:Olzog Verlag, 1993).

Brown, J.F., Nationalism, Democracy and Security in the Balkans, (Vermont:Ashgate Publishing Company, 1993).

Bujosevic, Dragan and Ivan Radovanovic, The Fall of Milošević – The October 5th Revolution, (New York: PALGRAVE MACMILLAN, 2003).

Bültermann, Lennart, Das Völkerrecht als Mittel zur Lösung ethnischer Konflikte, (Baden-Baden: Nomos Verlagsgesellschaft, 2017).

Calic, Marie-Janine, Geschichte Jugoslwiens, (München: Verlag C.H.Beck, 2020).

Danchev, Alex and Thomas Halverson (ed.), International Perspectives on the Yugoslav Conflict, (London: MacMillan Press Ltd, 1996).

Dominguez, Roberto (ed.), The OSCE: Soft Security for a Hard World, (Brussels: P.I.E. Peter Lang, 2014).

Dornfeld, Matthias, Das Konfliktmanagement der Organisation für Sicherheit und Zusammenarbeit in Europa (OSZE), (Berlin: poli-c books, 2006).

Dragasevic, Mladen, The Newest Old State in Europe – Montenegro Regain Independence, (Bonn: Center for European Integration Studies, 2007).

Eralp, Doga Ulas, Politics of the European in Bosnia – Herzegovina, (Maryland: Lexingtin Books, 2012).

Fagan, Adam, Europe's Balkan Dilemma – Paths to Civil society or State-Building, (London: I. B. Tauris, 2010).

Friedmann, Francine, Bosnia and Herzegovina: A polity on the brink, (London: Routledge, 2004).

Galbreath, David J., The Organization for Security and Co-operation in Europe, (London: Routledge, 2007).

Ghebali, Victor-Yves and Daniel Warner, New Security Threats and Challenges within OSCE Region, (Geneva: The Graduate Institute of International Studies, 2003).

Giersch, Carsten, Konfliktregulierung in Jugoslawien 1991-1995 – Die Rolle von OSZE, EU, UNO und NATO, (Baden-Baden: Nomos Verlagsgesellschaft, 1998).

Hauser, Gunther, Die OSZE Konfliktmanagement im Spannungsfeld regionaler Interessen, (Opladen: Verlag Barbara Budrich, 2016).

Hösch, Edgar, Geschichte des Balkans, (München: Verlag C.H.Beck, 2017).

Ibra, Kushtrime, The legal aspect of the European Union rule of law Mission in Kosovo, (Saarbrücken: LAP LAMBERT Academic Publishing GmbH, 2011).

Institut für Friedensforschung und Sicherheitspolitik an der Universität Hamburg (IFSH) (ed.), OSZE-Jahrbuch 1995-2016, (Baden-Baden" Nomos Verlagsgesellschaft, 1995-2016).

Jaenicke, Christine, Albanien – Ein Länderproträt, (Bonn: Bundeszentrale für politische Bildung, 2019).

Keil, Soeren (ed.), Multinational Federalism in Bosnia and Herzegovina, (Surrey: Ashgate Publishing Limited, 2013).

Kramer, Helmut and Vedran Dzihic, Die Kosovobilanz – Scheitert die internationale Gemeinschaft?, (Wien: Lit Verlag, 2006).

Kressing, Frank and Karl Kaiser (ed.), Albania – a country in transition, (Baden-Baden: Nomos Verlagsgesellschaft, 2002).

Laity, Mark, Preventing War in Macedonia – Pre-Emptive Diplomacy for the 21st Century, (London: Routledge, 2007).

Lutz, Dieter S./Kurt P. Tudyka (ed.), Perspektiven und Defizite der OSZE, (Baden-Baden: Nomos Verlagsgesellschaft, 2000).

Meyer, Berthold/Bernhard Moltmann (ed.), Konfliktsteuerung durch die Vereinte Nationen und die KSZE, (Frankfurt am Main, HAAG + HERCHEN Verlag GmbH, 1994).

Meyer, Edward C. (ed.), Balkans 2010, (New York: Council of Foreign Relations, 2002).

Neukirch, Claus, Konfliktmanagement und Konfliktprävention im Rahmen con OSZE-Langzeitmissionen, (Baden-Baden: Nomos Verlagsgesellscht, 2003).

O'Balance, Edgar, Civil War in Bosnia 1992-1994, (London: MacMillan Press Ltd, 1995).

Pacer, Valerie A., Russian Foreign Policy under Dmitry Medvedev, 2008-2012, (London: Routledge, 2016).

Parenti, Michael, To Kill a Nation The Attack on Yugoslavia, (London: Verso, 2000).

Pavlowitch, Stevan K., Serbia The History behind the Name, (London: Hurst & Co. (Publishers) Ltd, 2002).

Petritsch, Wolfgang, Bosnien und Herzegovina 5 Jahre nach Dayton, (Klagenfurt: Wieser Verlag, 2001).

Pinson, Mark (ed.), The Muslims of Bosnia-Herzegovina, (Cambridge: Harvard University, 1996).

Ramet, Sabrina P., Christine M. Hassenstab, and Ola Listhaug (ed.), Building Democracy in the Yugoslav Successor States, (Cambridge: University Printing House, 2017).

Rathfeder, Erich, Kosovo – Geschichte eines Konflikts, (Berlin: Suhrkamp Verlag, 2018).

Ringdal, Kristen and Albert Simkus, The Aftermath of War – Experiences and Social Attitudes in the Wester Balkans, (Burlington: Ashgate Publishing Company, 2012).

Sandole, Dennis J. D., Peace and Security in the Postmodern World: The OSCE and conflict resolution, (New York: Routledge, 2007).

Schmidinger, Thomas, Kosovo – Geschichte und Gegewart eines Parastaates, (Wien:bahoe books, 2019).

Schneider, Heinrich, Friede für Bosnien-Herzegovina? Ein Vertragswerk als Herausforderung für Europa, (Bonn: Europa Union Verlag GmbH, 1996).

Schwandner-Sievers, Stephanie and Bernd J. Fischer (ed.), Albanian identities: Myth and History, (London: C. Hurst & Co. (Publishers)Ltd, 2002).

Shaw, Jo and Igor Štiks (e.), Citizenship after Yugoslavia, (New York: Routledge, 2013).

Steglich, Peter and Günter Leuschner, KSZE – Fossil oder Hoffnung?, (Berlin: edition ost, 1996).

Stieger, Cyrill, Wir wissen nicht mehr, wer wir sind – Vergessene Miderheiten auf dem Balkan, (Bonn: Bundeszentrale für politische Bildung, 2018).

Stieger, Cyrill, Die Macht des Ethnischen – Sichbare und unsichtbare Trennlinien auf dem Balkan, (Zürich: Rotpunktverlag, 2021).

Tardy, Thierry (ed.), European Security in a Global Context – Internal and external dynamics, (London: Routledge, 2009).

The Economist Intelligence Unit, Yugoslavia (Serbia-Montenegro) 1999-2000, (London: The Economist Intelligence Unit Limited, 1999).

Thomas, Robert, Serbia under Milošević Politics in the 1990s, (London: C. Hurst & Co. (Publishers)Ltd., 2000).

Tocci, Nathalie, The EU and Conflict Resolution, (London and New York: Routledge, 2007).

Tsurtsumia, Ann, Conflicts in Kosovo and Abkhazia, Georgia – Should Kosovo serve as a Precedent for Abkhazia?, (Saarbrücken: VDM Verlag Dr. Müller Aktiengesellschaft & Co. KG, 2010).

Tudyka, Kurt P., Das OSZE-Handbuch, (Opladen: Leske+Budrich, 2002).

Tudyka, Kurt P., Die OSZE – Besorgt um Europas Sicherheit, (Hamburg: merus verlag, 2007).

Velickovic, Eve-Maria, Der institutionelle Wandel der KSZE/OSZE nach dem Ende des OST-West-Ko

Vickers, Miranda and James Pettifer, From Anarchy to a Balkan Identity, (New York: New York University Press, 1997).

Von Kohl, Christine, Albanien, (München:Verlag C.H. Beck, 1998).

Warner, Daniel (ed.), Preventive Diplomacy:The United Nations and the OSCE, PSIO Occasional Paper, Number 1/1996.

Wenig, Marcus, Möglichkeiten und Grenzen der Streitbeilegung ethnischer Konflikte durch die OSZE, (Berlin: Duncker & Humblot, 1996).

Weschke, Katrin, Internationale Instrumente zur Durchsetzung der Menschenrechte, (Berlin: BERLIN VERLAG Arno Spitz GmbH, 2001).

國家圖書館出版品預行編目資料

歐洲安全暨合作組織與巴爾幹——東南歐任務團／吳萬寶　著
－初版－
臺中市：天空數位圖書　2024.11
面：17*23 公分
ISBN：978-626-7576-01-4（平裝）
1.CST：歐洲安全暨合作組織　2.CST：國際組織　3.CST：歷史
4.CST：巴爾幹半島
578.12　　　　　　　　　　　　　　　　　　　　113016494

書　　　名：歐洲安全暨合作組織與巴爾幹——東南歐任務團
發 行 人：蔡輝振
出 版 者：天空數位圖書有限公司
作　　　者：吳萬寶
美工設計：設計組
版面編輯：採編組
出版日期：2024 年 11 月（初版）
銀行名稱：合作金庫銀行南台中分行
銀行帳戶：天空數位圖書有限公司
銀行帳號：006—1070717811498
郵政帳戶：天空數位圖書有限公司
劃撥帳號：22670142
定　　　價：新台幣 580 元整
電子書發明專利第　I　306564　號
※如有缺頁、破損等請寄回更換

版權所有請勿仿製

服務項目：個人著作、學位論文、學報期刊等出版印刷及DVD製作
影片拍攝、網站建置與代管、系統資料庫設計、個人企業形象包裝與行銷
影音教學與技能檢定系統建置、多媒體設計、電子書製作及客製化等
TEL　　：(04)22623893　　　　MOB：0900602919
FAX　　：(04)22623863
E-mail　：familysky@familysky.com.tw
Https　：//www.familysky.com.tw/
地　址　：台中市南區忠明南路 787 號 30 樓國王大樓
No.787-30, Zhongming S. Rd., South District, Taichung City 402, Taiwan (R.O.C.)